Zwischen Seidenstrumpf und Mauerwerk

Für Regina Töpfer und Ina Thierfelder

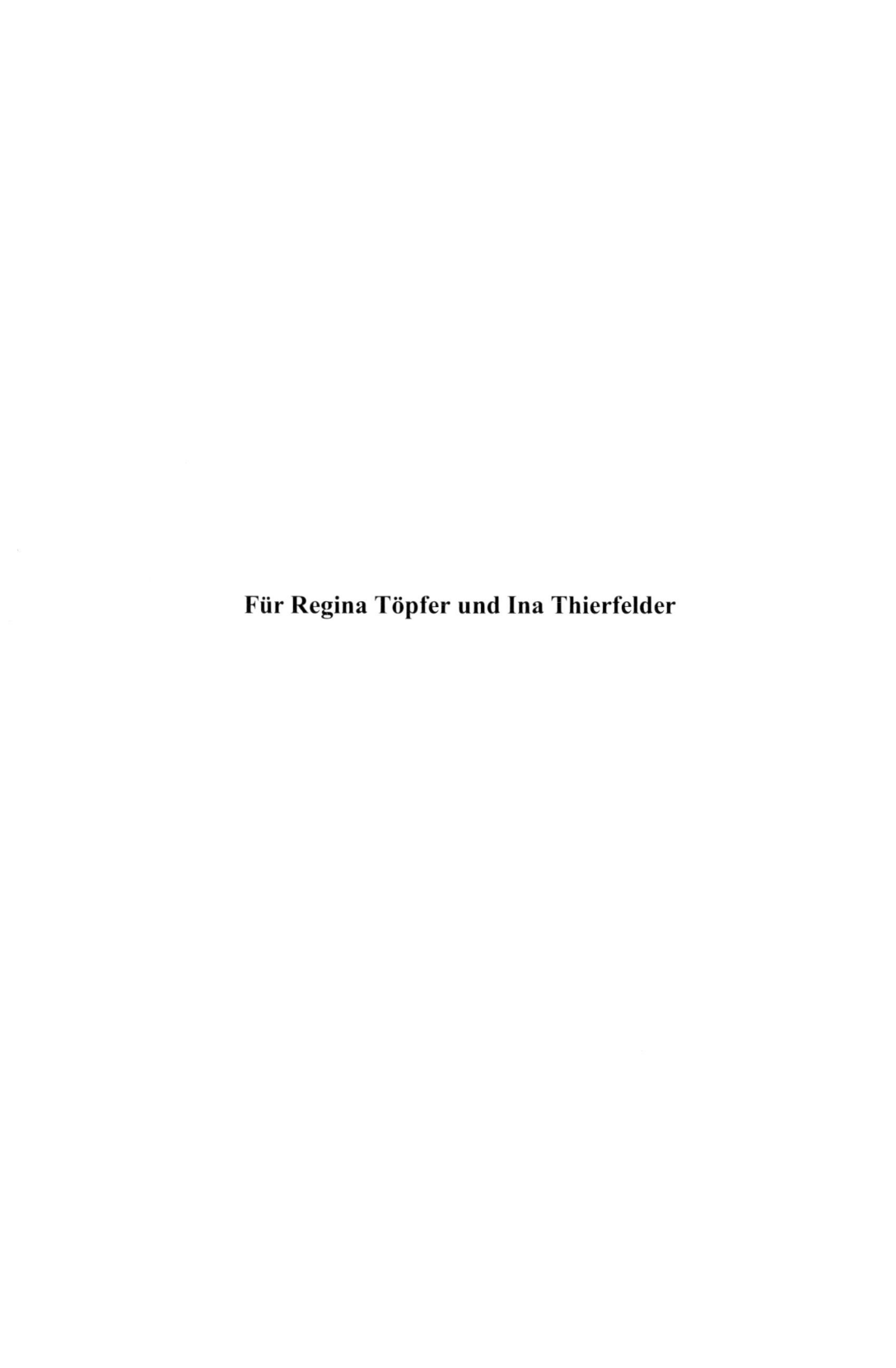

Rocco Techt

Zwischen Seidenstrumpf und Mauerwerk

Enthüllungen…
– was Sie schon immer wissen wollten…
– wie es wirklich war…

*Bibliografische Information der Deutschen Nationalbibliothek:
Die Deutsche Nationalbibliothek verzeichnet diese Publikation in der Deutschen Nationalbibliografie; detaillierte bibliografische Daten sind im Internet über http://dnb.dnb.de abrufbar.*

© 2015 **Rocco Granzin-Techt**

Gestaltung: **Jens Wiemer,** *Fotos aus privater Sammlung*

*Herstellung und Verlag: BoD – Books on Demand, Norderstedt
ISBN: 978-3-**732289134**

Inhaltsverzeichnis

Zuerst war der Anfang	Seite 9
Der Welpe lernt das Laufen	Seite 13
Erster Abschied	Seite 20
Ferienzeit mit Robinson	Seite 25
Erwachsenwerden ist nicht schwer…	Seite 27
Nur die eine Frau in meinem Leben	Seite 33
Abschied vom Gestern	Seite 42
Berlin, Berlin	Seite 44
Das Glück kennt nur Minuten…	Seite 50
Nach Silvester 1986/87	Seite 52
Lehre und Laster	Seite 54
Das VARIETÉ MOBIL	Seite 58
Im Osten was Neues	Seite 68
Frisch geölt singt es sich besser	Seite 70
Pornos im Osten	Seite 71
Schweißfüße und das Fensterkreuz	Seite 72
Karl-Marx-Stadt (Die Sache mit der Tür)	Seite 74
Hasensilvester	Seite 78
Der letzte „Clou" und etwas Chi-Chi	Seite 80
Eine Tüte Haribo	Seite 85
Cabaret Berlin	Seite 89
Pulverfass und leichte Jungs	Seite 94
Züricher Intermezzo	Seite 99
ALCAZAR – ganz und gar niedersächsisch	Seite 105
The Company of Thunderman	Seite 109
Sylvia Swanson	Seite 110
JOHN – Den du elsker	Seite 111
Barbara von Streusand	Seite 114
Sex…	Seite 119
Wenn einer eine Reise tut	Seite 120

Bonini – meine heimliche Schwester	Seite 130
„Lili Marlene"	Seite 134
Das Klavier und Warnemünde	Seite 137
Ein Picasso werde ich nie	Seite 142
Hotu, Tom, Morten und andere Schönheiten	Seite 145
Palace de Nostalgie	Seite 148
München und noch südlicher	Seite 156
Züricher Impressionen	Seite 159
Heiße Tränen in Sankt Moritz	Seite 163
Späte Wende	Seite 171
Acht Jahre…	Seite 172
Rosige Zeiten	Seite 179
Amerika – ich komme	Seite 181
Wolke Sieben und Kleinmäxchen	Seite 191
Wien – eine Handvoll Schillinge	Seite 197
Ein Nein mit Hochzeitsglocken	Seite 203
Wenn es dunkel wird	Seite 210
Lebensretter aus Neukölln	Seite 213
In Lonstrup wird es wieder hell	Seite 216
Sand im Getriebe – CHEZ NOUS im Abgesang	Seite 218
Meine sieben Sünden – mehr oder weniger?	Seite 221
Leute, Leute – von A bis Z	Seite 241
Der fünfzigste Geburtstag mit Feinkostsalat	Seite 252
Und plötzlich ganz unten	Seite 260
Winziges Schlusswörtlein	Seite 269

Zuerst war der Anfang

Ich hab es ja immer gesagt, irgendwann kann ich das auch behaupten, noch 24 Jahre und dann bin ich siebzig. Aber solange will ich nicht warten um meinen Psalm los zu werden. Ich freue mich schon auf mein Rentendasein, wenn ich dann noch lebe, wovon ich stark aus gehe. Schon allein deswegen, um mich im Alter für all das zu rächen, was man mir in meiner wilden Jugend und auch danach, also ehrlich, das danach war schon länger, angetan hat. Das einzige, was mich dabei betrüben wird, ist die Tatsache, dass die, die meine „Täter" waren, wahrscheinlich schon auf das berühmte Brett gemacht haben, hops sind, das Zeitliche gesegnet haben. Na ja, dann müssen eben ihre Nachfahren dafür herhalten. Die haben ja sonst nix zu tun, außer vielleicht zu lamentieren und zu jammern um der vergangenen Zeiten wegen.

Und komischer Weise, fast kaum zu glauben, begann alles am Anfang, damals ganz günstig mit meiner Geburt. Meine Mutter brachte mich zur Welt, da sich sonst niemand dafür verantwortlich gefühlt hatte. Es muss in den Mittagsstunden gewesen sein. Ein Zeugnis dafür, dass ich auch heute noch um die Mittagszeit so richtig wach werde. Ich war das zweite von drei Kindern meiner Mama. Korrekt ausgebrütet, aber bis heute weiß ich nicht so ganz genau, ob man mich damals auch gewollt hatte. Ich gehe mal vom besten Umstand aus, denn ich kann ja niemanden mehr fragen. Nun, zur der Zeit meines Erdentritts war es mit dem Fernsehprogramm auch noch nicht so bestellt, da suchte man sich noch anderweitig Vergnügungen. Ende der 1960er Jahre, da war die Welt noch in Ordnung. Ein Zustand, der sich bald ändern sollte.

Mein Vergnügungsspender, Papa oder wie man meinen Erzeuger nennen möchte, habe ich nie kennen gelernt. Vielleicht war es uns beiden recht, ihm und mir. Was man nicht kennt, kann einem ja auch nicht fehlen. Ein wenig neugierig war ich trotzdem in den vergangenen Jahren. Wer weiß, wo und ob er heute noch lebt. Toll wäre es, wenn er reich wäre und ich eventuell im Falle des Falles etwas erben könnte. Entschuldigung, aber sind wir nicht alle ein bisschen materiell eingestellt. Und wer weiß, ob ich in 24 Jahren noch eine Rente kriege. Mein Glück habe ich auf jeden Fall gefunden, aber es kostete auch.

Meine Zeit als Welpe hat einen Grauschleier und keiner aus meiner Familie fühlte sich je dazu befähigt, diesen Schleier zu lüften oder mir auch nur Winzigkeiten zu verraten, die mein Weltbild nicht ganz und gar auf den Kopf stellen würden. Aber soweit ich mich erinnere, muss meine kleine Kindheit, viel größer bin ich ja nun nicht geworden, etwas Schönes gewesen sein. Einige Dinge sind mir noch in meinem Köpfchen geblieben.

Damals und da wundere ich mich heute von Jahr zu Jahr mehr, waren die Jahreszeiten gerecht verteilt. Von jeder Jahreszeit gab es drei Monate, da war ein Sommer noch ein Sommer und ein Winter eben noch ein Winter. Im Frühjahr und im Sommer wurde ich von meiner Oma, bei der ich einen Teil meiner Kindheit verbrachte, durch den mir heute noch lebendig in Erinnerung gebliebenen Bürgerpark in meiner Geburtsstadt Döbeln gescheucht. Meine Oma hoffte wohl darauf, dass ich schnell ermüdete und ihr so einen ruhigen Fernsehabend bescheren konnte. Ich tat ihr diesen Gefallen und schlummerte tief, mit engelhafter Seligkeit in schweren Federbetten und meine Oma konnte in aller Ruhe und natürlich in Gesellschaft ihrer schwatzhaften Nachbarin am selbstgemachten Eierlikör schlürfen und in der Fernsehröhre das Programm DDR 1 verfolgen, mehr gab der altersschwache Apparat sowieso nicht mehr her.

Meine Oma war eine sehr bescheidene, jedoch sehr angesehene und so herrlich rundliche, alte Dame in diesem kleinen und verschlafenen Städtchen mitten im freundlichen Sachsen. Ich glaube heute könnte ich mir vorstellen dort zu leben. Meine Beweggründe wären die Ruhe und die berühmte sächsische Gelassenheit die dort vorherrschen, die die vergangenen Jahre überdauert haben und sicher auch noch in hundert Jahren das Alltagsbild bestimmen werden.

Döbeln, über tausendjährig wurde liebevoll als Kleinod von seinen Bewohnern wieder hergerichtet. Idyllisch an der Mulde gelegen, die in ihrer Gewohnheit hin und wieder über die Ufer, sogar die eigenen trat und die nahe gelegenen Straßen und Gässchen mit kleinen, braunen Bächen versah, in denen wir als Kinder dann sogar mit bloßen Händen Fische fangen konnten. Eingebettet in eine zauberhafte, gesunde Natur mit Bergen, Wäldern mit Blaubeeren-such-und-find-Gelegenheiten und ganz oben sogar blauer Himmel. All das, was ich heute in Berlin an manchen Tagen nur noch in einem guten Buchladen im Bildband finden würde.

Ich war damals ein Geburtstagsgeschenk für meine Oma, wir hatten halt am selben Tag. Ob sie sich darüber gefreut hat, ich kann sie nicht mehr fragen. Sie war ein Frau, die das Leben von der harten, einer sehr harten Seite kennen gelernt hat. Vier Kinder hat sie groß gezogen. Zum größten Teil alleine. Und damals, in und nach den Kriegswirren, war das bestimmt kein Zuckerschlecken. Falls man überhaupt von einem Leben reden kann, wenn es nichts gab und man auch nichts hatte. Sicherlich hat sie in dieser Zeit ihr Lächeln verloren. Ich habe sie nie lächeln gesehen, aber unheimlich geliebt habe ich sie. Sie war mein Fels in der Brandung. Meine Kuscheldecke, wenn ich fror, meine Glucke, wenn ich Angst hatte, meine Amme, wenn mein Magen knurrte. Sie sah in meinen Kinderaugen jeden Wunsch und versuchte ihn mir zu erfüllen. Sie machte es möglich, dass ich in einem Polizeiauto, damals ein Wolga, durch Döbeln düsen konnte. Natürlich freiwillig, ich hatte ja nichts verbrochen. Denn meine Oma arbeitete als Reinemachefrau bei der deutschen Volkspolizei und manchmal wurde sie von einem übereifrigen Polizeianwärter nach Hause chauffiert. Auf Anordnung des Reviervorstehers, weil meine Oma so schön geputzt hatte. Heute bin ich mir sicher, dass sie auf vieles verzichtete, damit es mir gut ging, da meine Mutter mir auch nicht viel geben konnte. Mann, waren wir arme Schweine. Noch heute frage ich mich, wie sie es geschafft hatte, aus einer Handvoll ein ganzes Abendessen zu bereiten. Und immer bekam ich frisches Obst. Das hatte sie bestimmt bei ihrem Polizeioberförster abgestaubt. Wenn ich das so mit heute vergleiche, wir sind doch sehr verschwenderisch. Auch später, als ich meine Kindheit mit meiner Mama verbrachte und in den Genuss der damaligen Ferienlageraufenthalte kam. Es kamen immerzu

Briefe mit der unverwechselbaren, altdeutschen, wie gestochenen und doch für mich lesbaren Handschrift meiner Oma, in denen auch immer mein opulentes Feriengeld steckte. Wie sie das wohl bei ihrer mageren Rente aufbringen konnte? Später gab es eine düstere Zeit im Leben meiner Oma, die ihr den Lebensmut zu rauben schien. Ich konnte das alles nicht verstehen, ich war ja noch so klein. Erklärt hat es mir niemand. Sicherlich hat es damals auch niemand verstanden und Erklärungsversuche wären unweigerlich gescheitert. Vielleicht waren es ganz miese Umstände, dass sie die letzte Zeit ihres Lebens alleine verbringen musste. Die Kinder und Enkelkinder waren weit weg und gingen ihre eigenen Wege. Na, da kommt sich schon mal so vor, wie ein Regenschirm *der janz vajessen inner Ecke steht* (Helga Hahnemann).

Ich habe sie immer weniger gesehen. Gefehlt hat sie mir sehr. Ich habe es aber niemanden gesagt. Ich musste mich fügen. Ich musste mich immer fügen. Eine der wichtigsten Erziehungsregeln in unserer Familie. Inzwischen habe ich gelernt, mich nicht mehr zu fügen und mir geht es gut dabei.

Irgendwann ist meine Oma gestorben. Vielleicht an gebrochenem Herzen. Denn eines ihrer Kinder, meine Mutti, war schon vor ihr gegangen, gestorben an der Folge eines Krebsleidens. Sang und klanglos, wie man so unschön sagt. Ich glaube meine Mutter war auch allein. Damals brachen viele Welten für mich ein. Mutter und Oma waren eine davon. Vielleicht kann meine Oma ja jetzt dem da oben mit ihrer berühmten Handvoll den Himmel verdrehen, brauch sich keine Sorgen mehr machen und kann ihrer Tochter von meinen leuchtenden Kinderaugen erzählen, wenn es wieder mal außer der Reihe eine Kugel Eis mit Schlagsahne oben drauf gab. Jesus, wenn ich so zurück schaue, meine Kindheit war zwar sehr holprig – aber schlecht, nee, nee. Schließlich hatte ich ja eine. Wenn ich mir heute die Welt betrachte, die Kinder von heute, können die noch richtige Kinder sein? So mit Puppenstube und Modelleisenbahn. Dieses Brimborium, dieser ganze elektronische Rummel – Handy, Playdingsda, Tablet, Internet und Wireless speaker. Fragen sie mal ein Kind von heute nach einem Marienkäfer oder nach einem Frühblüher. Was, wenn es

Ihnen dann auch noch antwortet, wird es sagen: „äh, hm, äh, weiß nicht." Na bravo und Danke für das Gespräch, es war kurz aber inhaltslos.

Der Welpe lernt das Laufen

Eine Zeit lang ließ man mich wachsen und gedeihen, dann verschlug es meine Mama der Liebe wegen nach Sachsen-Anhalt, nach Hermsdorf. Derer gibt es viele. Unseres lag vor den Toren von Magdeburg. Unsere neue Heimstatt war ein großer, alter Bauernhof, der auch schon mal bessere Tage gesehen hatte. Nun also Landleben Mitte der siebziger Jahre. Der neue Freund meiner Mutter, den Namen habe ich vergessen, lebte dort mit seinem alten Vater, einem richtigen Knötterkopp. Bauer durch und durch, der seinen Wonnen darin sah, an der Pulle „Schluck" zu süffeln und einseitige Zwiegespräche mit seinen grimmigen und scharfen Hofhunden abzuhalten. Das Wohnhaus ähnelte einer alten Kate, nur größer und natürlich ohne jeglichen Komfort. Der Donnerbalken, das Plumpsklo, also das Klosett befand sich über den Hof. Dorthin zu gelangen, war schon recht abenteuerlich, angesichts der gefährlich kläffenden Köter, die aber noch in ihrem Zwinger waren. Noch, denn sobald es draußen dämmerte, ließ der alte Bauer sie raus, damit sie sein Hab und Gut bewachen konnten. Und das taten sie mit Bravur. Nicht nur einmal konnte ich nachts das Gejammer von Langfingern hören, die es mal wieder nicht schnell genug geschafft hatten, heil vom Hof zu kommen. Aber für mich war das schon eine tolle Welt, die sich mir auftat. Jeden Tag gab es etwas Neues zu entdecken. In der riesigen Scheune türmte ich die Strohballen übereinander und baute mir mein Traumschloss. Hinter der Scheune erstreckte sich ein kleiner, wild überwucherter Park. Er war mein Schlosspark. Da gab es einen Kräutergarten, Apfelbäume und eine kleine Weide. Auf dieser Weide standen richtige Kühe. Mein Gott waren die groß. Und so groß wie die waren, so stanken sie auch.

Aber dieses Gemüt, das sie ausstrahlten, verbreitete eine Ruhe, die mit nichts zu vergleichen war. Der schrullige Alte fand Gefallen an meinem Interesse für seinen Hof und war auch gewillt, mir viele interessante Dinge zu zeigen, die das Landleben ausmachten. Hatte ich Durst, dann oh Wunder wie er das zu Stande brachte, zauberten seine grobschlächtigen, von einem arbeitsreichen Leben gezeichneten Hände flugs frische Milch aus einem der riesigen Kuheuter. Ich konnte mich daran laben. Komisch, diese Milch schmeckte ganz anders als die aus der Kaufhalle. Irgendwie mehr nach Milch. Was wusste ich schon. Hatte ich Hunger, griff er einfach und gekonnt, einem Huhn unter den Hintern und später gab es dann Spiegeleier aus denen man Mutter Natur schmecken konnte.

Und dann kam der Hammer. Die Zeit wollte es, dass ich die Schule besuchen sollte. Einschulung in Irxleben bei dem Dörfchen Erxleben in der Nähe von Hermsdorf unweit von Magdeburg. Nun soll noch mal einer sagen, ich kenne die Welt nicht. Schon der erste Schultag war ein Fiasko. Meine Schultüte war beinahe größer als ich. Viele der Schaulustigen des Einschulspektakels fragten sich bestimmt, wer von uns beiden wohl eingeschult würde, die Tüte oder ich. Dem zweiten Schultag setzte ich noch einen drauf. Da wir unseren Schulweg per Bus zurücklegen mussten – und der fuhr nur morgens, mittags nach der Schule und nachmittags nach dem Hort, behauptete ich Stein und Bein, ein Mittagskind zu sein, dass den Mittagsbus nehmen durfte. Ich war wohl sehr überzeugend. Ein Hortkind wollte ich nicht sein. Dorfleben hin oder her, in diesem Punkt war ich schon sehr fortschrittlich.

Die meisten von uns Erstklässlern konnten schon ihren Namen schreiben und mindestens bis Zehn zählen. Da wunderte es auch niemanden, dass bereits unsere erste Hausaufgabe darin bestand, sechs Reihen Sechsen zu schreiben. So was bleibt einem im Gedächtnis. Eigenartig. Verlangen Sie das mal heute von einem Schulfrischling. Unverständnis schlüge Ihnen entgegen. Selbst einem heute 16jährigen würde es schwer fallen, so ganz ohne Handy oder I-Phone.

Die schöne Zeit hielt, wie die Liebe meiner Mutti zu ihrem Dorfcowboy, leider nur ein Jahr. Mein Weg sollte mich weiter führen, denn der nächste Verehrer hatte schon an der Tür gekratzt. Und der war um einige Jahre, etliche, älter als meine Mama. Ein seriöser Herr mit weißem Haar. Ein Rentner. Onkel Franz. Was meine Mutter wohl an dem gefunden hatte. Sie wird ihre Gründe gehabt haben. Wir zogen wieder mal um. Nun in die große Bezirkshauptstadt Magdeburg, nach Cracau an den Winterhafen. Ich kann mich noch daran erinnern, wenn damals der erste Schnee kam. Sehnsüchtig von uns erwartet. Die ersten, noch zarten Flöckchen fielen. Es brach auch nicht gleich der ganze Verkehr zusammen. Zugegeben, damals herrschte ja auch noch nicht so viel Verkehr auf den Straßen. Wir Kinder kramten im Keller nach unseren Gleitschuhen, die sahen aus wie ganz kurze Ski, fast ohne Ski nur mit einer Bindung. Wir entstaubten den alten Rodel und wessen Eltern es sich leisten konnten, dann polierte man den Plastebob, der eigentlich nur einen Winter hielt. Wir schlüpften ins Selbstgestrickte von Oma und ab auf die Piste. Einen Heidenspass hatten wir. Die Kälte und Nässe spürten wir kaum. Die Passform von Omas Wollklamotten ließ recht bald nach. Ärmel und Hosenbeine wurden, wie durch Zauberhand, immer größer und länger. Ich war rundum bestrickt. Hosen, Jacken, Pull- und Westover, Mützen mit Bommeln. Meine Bommeln waren besonders groß. Socken, sogar Schlübber. Anfangs haben die immer gekratzt, aber nach einem Tag tragen…. Wir mussten sparen. Und alles Ton in Ton, versteht sich von selbst. Und wenn die Wasserleitung wieder mal eingefroren war, weil sie noch aus Kriegszeiten stammte, dann schnappten wir uns Eimer und sammelten sauberen Schnee ohne gelbe Flecken. Der wurde auf dem Herd aufgetaut und wir hatten Wasser. Alles ohne Abitur. Wir haben überlebt.

Die Weihnachtszeit war schon immer etwas Besonderes. Ob vor hundert Jahren oder auch in den nächsten hundert Jahren, wenn man sich ihr nur ein wenig öffnet. Man spricht von heimeligen Dingen, die heilige Nacht, die ja gar nicht so heilig war, wie sich dann herausstellte. Bunte Illuminationen, der Geruch von Plätzchen und Pfefferkuchen – also meine schmeckten nie nach Pfeffer.

Die Vorweihnachtszeit ist für mich das Schönste, damals wie heute. Alle sind im Einkaufsstress. Da wird gekauft, was das Zeug hält.

Schon als Kind habe ich mir oft Gedanken gemacht, warum alle so geschäftig sind, warum so viele Geschenke gekauft werden, selbst für diejenigen, die man gar nicht leiden konnte. Als ob man durch Verschenktes sein Gewissen erleichtern könnte, na vielleicht etwas beruhigen. Mich berührte diese Zeit sehr. Heute umso mehr, da ich sie mehr und mehr schätzen gelernt habe. Viel Geld, um Geschenke zu kaufen, hatten wir nie. Aber dennoch war Weihnachten für mich, wie man so schön sagt, ein Geschenk des Himmels. In der Kirche waren wir aber nie. Immer nur daran vorbei gelaufen. Ich war immer völlig fasziniert von den großen, leuchtenden Sternen, die außen an den Kirchen hingen. Aus reiner, naiver Unwissenheit, betitelte ich diese Sterne immer als jüdische Sterne und handelte mir dadurch manch bösen Blick ein.

Heute weiß ich natürlich, dass das „Herrnhuter Weihnachtssterne" sind und besitze auch solche Sterne, die zur Weihnachtszeit meinem Garten einen Hauch unendlicher Zufriedenheit verleihen. Wir Kinder hatten ja nun so gut wie gar kein Geld für Geschenke. Deshalb war das Basteln die beste und fast einzige Alternative um lieben Menschen eine Freude zu bereiten. Gebastelt wird heute wohl kaum noch, höchstens an der Weltwirtschaft und daran, wie sich raffgierige Politiker noch mehr Kohle in den Rachen schieben. Daran ersticken sollen sie.

In der Vorweihnachtszeit legten wir Apfelsinenschalen auf den heißen Ofen und erfreuten uns am zarten Duft, wenn wir denn welche ergattert hatten. Meist waren es die Kubaorangen, die waren sehr robust, wir glaubten fast, die seien für die Ewigkeit gemacht. Innen waren sie sehr trocken und zäh und außen kompakt und beinahe unzerstörbar, eben sehr kommunistisch. Fidel Castro hatte schon immer einen grünen Daumen.

Auch wenn es nie viel war, was wir hatten, wir waren zufrieden. Meine kleinen Wünsche wurden erfüllt. Einmal sogar ein großer. Ich bekam einen Stereo-Radio-Kassettenrecorder „Babett" in schwarz mit Gurt, um ihn über der Schulter lässig auch ausserhäusig tragen zu können, nebst einem Mikrofon. Keine Ahnung, wie meine Mutter das hin bekommen hatte, irgendwas mit Teilzahlung. Na, ich war der glücklichste Mensch in Magdeburg. Aber ich hatte von Technik null Ahnung, ich war schon immer und bin es bis heute geblieben und werde wohl auch so in die Kiste steigen, ein technischer Embryo.

Jetzt konnte ich meine eigenen Kassetten aufnehmen. Nun soll noch mal einer sagen, wir hatten nix im Osten. Nicht viel, aber das Wenige war besonders und ich sehr dankbar dafür, da ich mir vorstellen konnte, dass das ein Kraftakt für meine Mutter gewesen sein musste. Aber das schönste an den gemeinsamen Weihnachtsfesten mit meiner Mutter und meinem Stiefvater (wir waren drei Kinder und jedes konnte sich herausnehmen einen eigenen Vater zu haben) war der Weihnachtsbaum oder was wir dafür hielten: „Alle Jahre wieder, dieselbe doofe Tour, die andern ham nen Weihnachtsbaum und wir ne Witzfigur" (Frank Schöbel). Nicht immer, aber doch recht oft hatte es mein Stiefvater Kurt – wie meine Mutter an den gekommen war, keine Ahnung, bestimmt unter Alkoholeinfluss – geschafft, einen recht gut gewachsenen Baum direkt aus dem Wald mit nach Hause zu bringen. Schön und gut, fehlte hier vielleicht mal ein Ast an der richtigen Stelle, wurde eben ein anderer zusätzlich eingedreht. Und angeputzt hat das dann keiner mehr gesehen. Gewusst wie.

Geschmückt wurde er traditionell erst am Mittag des Heiligen Abend. Wir Kinder wurden während dessen immer zum Spielen geschickt, schließlich sollte es eine Weihnachtsüberraschung sein. Das Schmücken übernahm der Stiefvater. Er hatte, obwohl er so ein brummiges und versoffenes Raubein war, ein Händchen dafür. Dafür und nur dafür bewunderte ich ihn. Vielleicht das einzige Feingefühl in ihm, uns Kindern das Leuchten in die Augen zu zaubern. Die Wartezeit nutzten wir zum Rodeln. Komisch, alle Kinder aus der Nachbarschaft mussten rodeln. Wurden wirklich nur Weihnachtsbäume geschmückt und Gabentische bereitet… Wir haben nicht danach gefragt, wir waren einfach zu neugierig auf das, was uns der Weihnachtsmann gebracht hatte. Glücklich waren wir über die Geschenke, die gedeckte Kaffeetafel, der Duft von frisch aufgeschnittenem Stollen, von der Weihnachtsmusik und den obligatorischen bunten Tellern. Dank der regelmäßigen Westpakete, die wir aus Hamburg von Tante Anna, Omas Schwester bekamen, waren die Teller immer mit bunten Leckereien versehen, die es nicht mal im Delikat-Laden zu kaufen gab. Obwohl ein Teil der im Westen verkauften Süßwaren, Kaffeeprodukte, Hygieneartikel und vieles mehr, im Osten hergestellt wurden. Mein bunter Teller sah nach wenigen Stunden schon recht ramponiert aus und musste irgendwie wieder aufgefüllt werden. Meine Schwester hatte das, Gott sei Dank, nie gemerkt. Heute hat der Begriff „Bunter Teller" eine ganz andere Bedeutung und sorgt, zum richtigen Zeitpunkt, in die richtige Runde verbal geworfen, schon mal für Belustigung. Am Abend gab es dann Würstchen mit Kartoffelsalat, selbstverständlich hausgemacht, später wurde ich müde und noch später war der Alte wie jeden Abend stinkbesoffen – na, Fröhliche Weihnachten! Heute weiß ich, dass Weihnachten auch anders geht, vielleicht mit „Rotkäppchen" und „Blauer Würger" – rüber zu den Nachbarn, zum erotischen Weihnachtswichteln. Uns Kinder berührte das wenig, es war Weihnachten, beide Eltern zu Hause, mehr zählte nicht. Selbst wenn ich nach Gründen gefragt hätte, die Antwort kannte ich ja schon. Frag nicht, mach einfach. Feiertag Eins, Feiertag Zwei, zwischendurch Kohlenschleppen, vier Treppen hoch und wieder mal Schnee auftauen. Und Silvester wurde nicht gefeiert, sondern versoffen, ein paar Wunderkerzen, ein paar Knaller. Null Uhr habe ich nie erlebt, da es die Bowle doch ganz schön in sich hatte. Ne scheene Zeit war det.

Inzwischen wohnten wir ja in Magdeburg. Heute eine Perle an der Elbe in Sachsen-Anhalt. Damals eine Stadt, die an Grau nicht zu übertreffen war. Die Spuren des letzten Krieges waren lange sichtbar. Wir wohnten in einer Altbauwohnung. Uraltbauwohnung hätte es wohl eher getroffen. Anderthalb Zimmer, Küche und das Lokus auf halber Treppe. Das wahre Paradies an Luxuslosigkeit. Aber für uns alltägliche Normalität. Meine Mutter hatte den Kurt, den sie nicht liebte und beide hatten ein gemeinsames Kind, meine kleine Schwester Ina. Den Namen habe ich ihr gegeben, da in meiner Klasse ein Mädchen war, das ich sehr mochte. Ina wurde schwarzhaarig geboren und ist heute strohblond. Keine Ahnung, ob auch ihr Vater der richtige war. Ich glaube, dass ihre Kindheit nur kurzzeitig besonders glücklich war. Wir versuchten uns das Leben gegenseitig so erträglich wie möglich zu machen. Es war damals eine Zeit, in der wir uns nicht grob unterwerfen mussten. Abgesehen von den eingeschränkten Reisemöglichkeiten und unseren Alu-Chips, ging es uns doch recht gut. Wir mussten nicht hungern, hatten ein Dach über dem Kopf, die Eltern hatten Arbeit und wir konnten unsere Jugend genießen. Selbst die ersten anfänglichen Erfahrungen in Sachen Sexualität konnte ich machen. Beim Aufräumen hatte ich in den Sachen vom Stiefvater ein sogenanntes Pornoheftchen gefunden. Das erste Durchblättern war sehr verwirrend. Was taten die da wohl. Anfangs dachte ich ans Eisschlecken. Na ja, irgendwann ist es immer das erste Mal.

Trotz der Enge und unwesentlichen Einschränkungen, inzwischen hatten wir noch die andere Einzimmerwohnung auf unserem Treppenabsatz dazu gemietet, die uns Kindern vorbehalten war, konnten wir uns sogar noch einen kleinen Zoo leisten. Wir hatten eine Katze Susi, die täglich auf mich wartete, wenn ich von der Schule nach Hause kam und sich nach einem Schälchen Milch sehnte. Einen Zwerghahn, der auf unserem Dachboden lebte. Ihn hatte ich auf einer Zuchtgeflügelausstellung im Magdeburger Herrenkrug gewonnen. Meine Mutter mahnte mich vorher noch, bring mir bloß nicht so ein Vieh an.

Die Heimfahrt im Bus war sehr abenteuerlich. Die neugierigen Blicke der Mitreisenden klebten auf meinem Pappkarton, weil der immer „Kikeriki" machte. Ich fühlte mich großartig und wichtig. Wir hatten Zwergkaninchen, Zierfische und Wellensittiche. Alles Tiere, mit denen ich heute nicht mehr viel anfangen könnte. Keine Angst, unsere Tiere sind alle eines natürlichen Todes am Ende ihres sehr umpflegten Lebens gestorben. Und einen Hund hatten wir. Ich hatte ihn mir so sehr gewünscht. Meine Mutter konnte mir diesen Wunsch einfach nicht abschlagen. Irgendwann lag dann so ein kleines grau-braunes Wollknäuel in unserer Küche und wimmerte vor sich hin. Gott, war ich selig. Wir tauften ihn Felix und als ich ihn das erste Mal im Arm hielt, erleichterte er gleich seine Blase, also liebte er mich auch. Er war mir ein guter und treuer Begleiter. Leider musste ich ihn weggeben, da das Leben mit mir Karussell spielte. Meine ehemalige Klassenleiterin Yvonne Illgas, die mir in schier ausweglosen Momenten zur Seite stand, gab ihm ein neues Zuhause, worüber ich heute noch sehr dankbar bin. Auch wenn das schon lange her ist, schmerzt es noch immer, dass ich ihn zurück lassen musste. Felix, so erzählte sie mir später, schlief an einem schönen Sonnentag nach einem tiefen aber innigen Seufzer, so als hätte er seinen Frieden gefunden, sanft in ihren Armen ein. Ein schöner Tod, wenn es so etwas überhaupt gibt.

Unsere Katze hatte die Sagen umwobenen sieben Leben. Trotz dessen, dass sie so klein und zerbrechlich war, schien sie sich gegen jede gewalttätige Macht zu stellen. Sie überlebte bitterste Winternächte bei weit unter minus zehn Grad. Schüttelte sich nur mal kurz nach einem Sturz aus dem vierten Stock, als sei sie gerade aus einem Nickerchen erwacht. Überquerte die Straße unter einer fahrenden Straßenbahn unbeschadet. Selbst als man mich zwang, sie am Stadtrand auszusetzen, war sie eher zu Hause, als ich mit dem Fahrrad und erwartete mich bereits schnurrend und nicht mal böse wegen des ungewollten Ausfluges. Der liebe Gott meinte es gut mit ihr. Meine Mutter erschreckte sie regelmäßig mit selbst erlegten Mäusen, die sie brav auf den Fußabtreter vor unserer Tür legte. Das Gequieke meiner Mutter habe ich noch im Ohr. Eines Tages kam Susi nicht mehr nach Hause. Ich suchte sie tagelang. Ich war mir sicher, dass sie noch lebte. Vielleicht hatte sie nun doch ihren Weg gefunden und vielleicht sogar an der Seite eines stattlichen Katers. Und schon habe ich wieder eine Träne im Knopfloch.

Erster Abschied

Heute wünsche ich mir manchmal, wenn es auch nur für einen Tag wäre, wieder ein Kind zu sein wie damals. Unbeschwert die Tage genießen, auch wenn sie nicht immer leicht zu ertragen waren. Meine kleine, graue Welt mit ihren bunten Ecken und runden Kanten. In der Schule hatte ich es nicht sehr schwer. Im Gegenteil, es machte mir Spaß, jeden Tag etwas Neues zu lernen. Vielleicht hatte ich auch nur unbeschreibliches Glück. Mein Alltag war recht voll gepackt. Jeder bei uns hatte seine Aufgaben. Der Tag fing sehr früh an. Die Tiere versorgen, frühstücken, meine Schwester in den Kindergarten bringen und dann in die Schule. Meine Mutter und Kurt waren längst zur Arbeit. Mittags oder nachmittags, je nachdem wann die Schule aus war, nach Hause, die Tiere versorgen, die Katze wartete ja schon. Den Haushalt besorgen, die Öfen anheizen, einkaufen und mein kleines Lästerschwein, äh Schwesterlein wieder abholen, dann Schularbeiten. Inzwischen waren auch die Eltern wieder zu Hause, denn fast jeden Tag gab es bei uns Kaffee und Kuchen oder Zwieback mit Marmelade, was halt da war. Und wenn dann noch Zeit blieb, konnte ich raus zum Spielen. So viele Spielkameraden hatte ich nicht. Eigentlich nur einen, an den ich mich erinnere. Uwe Fröhmert. Er wohnte mit seinen Eltern und seiner Schwester gleich um die Ecke. Die Familie hatte ein Einfamilienhaus. Das war schon was. Für mich war es fast wie ein Abenteuerspielplatz. Ich war gern gesehen und immer willkommen. Uwe war ein großer Tierfreund und kannte sich aus. Sogar eine Taube lebte bei ihm wie ein zahmes Haustier.

Einmal, weiß ich noch, war ich zu seinem Geburtstag eingeladen. Eine Horde Nachbarskinder tobte durch das Haus und sorgte für Stimmung. Klar, auch die üblichen Spiele wie Topfschlagen und so was. Dann gab es Essen. Wer kennt das nicht, die bunten Häppchen und Boulettchen, Kekse und Schokolade und so glaubte ich, herrlich anzuschauendes Birnenkompott. So sagte man mir. Ich liebte Eingewecktes so sehr, kannte ich es doch von meiner Oma, die im Einwecken eine Weltmeisterin war. Birnenkompott, schon der Name allein. Mir lief das Wasser im Munde zusammen. Ich war irgendwie von diesem Gedanken so benommen, dass mein Geruchssinn aussetzte. Ich hätte es merken müssen. Tat es aber nicht. Noch nicht. Birnenkompott. Gierig nahm ich einen riesigen Bissen. Rings um mich herum kicherten schon alle. Wieso eigentlich? Und da machte es Klick. So wie dieser Bissen im Mund war, war er auch schon wieder draußen. Ich würgte und spuckte, was das Zeug hielt. Iih,äh,bah, igittigitt - SALZHERING. Er sah Birnenkompott zum Verwechseln ähnlich und ich hatte es nicht bemerkt. Alles um mich herum prustete laut vor

Lachen. Ich war ordentlich rein gefallen. Ein paar Minuten lang spielte ich die beleidigte Leberwurst, aber dann löste sich alles in Wohlgefallen auf. Ich war nicht das erste Opfer. Später musste ich sogar selber darüber lachen und als Wiedergutmachung gab es dann doch noch richtiges Birnenkompott, welches ich aber vorher eingehend prüfte. Noch heute schaue ich mir Birnenkompott sehr genau an. Irgendwann zogen wir in eine Neubauwohnung um, etwas weiter weg. Uwe sah ich immer weniger. Dann gar nicht mehr. Ich hörte, er sei krank gewesen. Geschämt habe ich mich, dass ich in dieser Zeit nicht für ihn dagewesen war. Die Einsicht kommt leider immer erst hinterher.

Endlich eine richtige Wohnung, eine Neubauwohnung. Fast wie ein Fünfer im Lotto – zu DDR-Zeiten! Neubausiedlung Neustädter Feld in Magdeburg Anfang der achtziger Jahre. Ein 16geschossiges Hochhaus. Neun Mietparteien auf einer Etage. Zwei Fahrstühle. Ein Hausgemeinschaftsraum für Partys. Münzfernsprecher im Haus und vor der Tür die Kaufhalle. Was kann es schöneres geben. Wir bezogen eine Drei-Zimmer-Wohnung mit Bad und Küche in der neunten Etage am Hermann-Bruse-Platz 2. Das Haus ist heute dem Erdboden gleich. Für uns war es Erstbezug. Das bedeutete, dass circa 300 Menschen die sich vorher nicht kannten, mit Kind und Kegel unter einem Dach wohnen würden und so ziemlich gleichzeitig einzogen. Das war schon ein Wirrwarr. Umzugs-LKW, Privatautos und womit man sonst so im Osten umzog. Kisten hier, Kartons da, mal in der falschen Wohnung, dann im Fahrstuhl stecken geblieben. Der Start in ein neues Leben und wir mittendrin. Endlich raus aus dem Mief der vergangenen Jahre.

Die Wohnungen waren recht übersichtlich geschnitten. So um die siebzig Quadratmeter demokratisches Volkswohnen. Im Flur links ging die Nass/Sanitärzelle ab, wie das damals so schön auf DDR-Deutsch hieß. Nicht groß, aber alles da, endlich eine Badewanne und warmes Wasser aus der Wand. Luxus pur. Selbst Platz für eine Waschmaschine war da. Rechts war das Kinderzimmer für meine Schwester und mich, mit fantastischem Ausblick auf das wachsende Rand-Magdeburg. Man konnte im wahrsten Sinne des Wortes zusehen, wie jeden Tag neue Etagen von gegenüberliegenden Häusern hochgezogen wurden. Da wir so hoch wohnten, sah es fast so aus, als würden überall Ameisen herum wuseln. Es schien wie heilloses Durcheinander, doch alles hatte seine Bestimmung und der Plan wurde eingehalten. Auf unserem Flur weiter links, befand sich eine kleine Küche mit einer Durchreiche. Das Wort Küche war auch zu lang für dieses Räumchen. Im DDR – Fachchinesisch hieß das Essenvorbereitungsstelle. Glauben Sie nur nicht, ich hätte mir das ausgedacht. Dieses Land war damals so. Die Küche war wirklich sehr kompakt. Zwei Personen auf einmal in ihr hätten arge Schwierigkeiten gehabt. Aber alles da, Einbauküche, so richtige Küchenmöbel – wir waren baff, ein Herd und Platz für einen Kühlschrank und außen aus Platzgründen eine Schiebetür. Die Küche war das Refugium von Stiefvater Kurt. Neben seiner nervenden Alkoholsucht war er doch ein begnadeter Koch. Er hätte gut zu Oma gepasst, aber die konnte ihn von Anfang an auf den Tod nicht ausstehen. Wenn Oma uns mal besuchte, was auch nur alle Jubeljahre vorkam, dann verpisste er sich. Man konnte sich darauf verlassen und mir war es immer recht. Ich konnte ihn nun mal nicht leiden, obwohl er auch nur eine arme Seele war. Fast jeden Abend wurde bei uns warm gegessen. Stiefvater Kurt hatte ein Händchen dafür, mit wenigen Dingen unsere Mäuler zu stopfen. Hungern mussten wir nie. Wir haben auch nie unnötiger Weise etwas weggeschmissen. Für alles gab es immer noch eine Verwendung. Diese Denkweise habe ich heute leider manchmal beiseite geschoben. Na ja, jedenfalls hat der Alte ordentlich gekocht, wir waren satt und er saß in der Küche und gaffte durch die Durchreiche auf die Mattscheibe. Bis Sendeschluss hatte er dann so sechs Flaschen Bier und eine halbe Flasche Korn intus. Die letzte Zeit schlief Mutti schon mit bei uns im Kinderzimmer im Bett bei meiner Schwester. Mutti und Kurt verstanden sich überhaupt nicht mehr. Ich kann mich auch nicht daran erinnern, ob sie jemals ein wirkliches Gespräch geführt hatten. Warum haben die beiden sich gefunden oder sind sie über einander gestolpert? Unglücklich waren sie mit einander. Uns Kindern gegenüber versuchten sie das zu vertuschen. Mutti sagte nie ein böses Wort über ihn. Aber ich verstand sie auch so. Wie so vieles, das ich besser nie erfahren hätte. Kurt liebte seine Tochter Ina abgöttisch. Er hätte alles, wirklich alles für sie getan. Jeden Wunsch versuchte er ihr zu erfüllen. Ina hatte den Dreh schnell raus, wie sie ihren Vater um den Finger wickeln konnte. Sie brauchte nur zu plärren und schon sprang der Dicke. Einmal wünschte sie sich ein Puppenhaus zu Weihnachten. Sie sollte es bekommen. Stiefvater Kurt setzte alle Hebel in Bewegung, um ihr diesen Wunsch zu erfüllen. Aber es sollte nicht irgendein Puppenhaus sein. Es musste etwas ganz besonderes sein. Und es war das einzige Mal, dass die ganze Familie, außer Ina natürlich, etwas Gemeinsames tat. Ich weiß nicht wie, aber irgendwoher hatte der Stiefvater ein altes Puppenhaus organisiert. Es war von einer Größe, so etwas hatte ich vorher noch nicht gesehen. Praktisch hätte da auch ein Liliputaner drin wohnen können – leicht übertrieben. Wir holten es von irgendeinem Speicher, verfrachteten es auf einen Hawazuzie, einen Handwagen zum Ziehen und gondelten durch halb Magdeburg. Was für ein Akt für eene kleene Jöre. Eine aufwändige Restauration bestand uns bevor. Uns Dreien bereitete es dennoch großen Spaß und für eine kurze Zeit rückten wir als Familie enger zusammen. Schön.

Es war ein großes Puppenhaus, mit mehreren Zimmern auf verschiedenen Etagen. Es verfügte über eine Küche, Badezimmer und eine Treppe. Ein richtiges Satteldach auf das ich Dachziegel malte. Teilweise antike Puppenmöbel. Winziges Geschirr. Gardinen und der Clou – Elektrizität. Wahnsinn. Lämpchen die durch kleine Schalter zu betätigen waren. Selbst die Ministeckdosen waren vollfunktionstüchtig. Warum sollten immer nur Modelleisenbahnen die Sinne beflügeln. BARBY hätte sich einmotten lassen können. Am Weihnachtsfest war die Freude dann auch groß, hielt aber nicht sehr lange an. So ist das, wenn die eigene Vorfreude größer ist als die Freude des Beschenkten. Das Erstaunen und die Enttäuschung liegen da oft beieinander. Der liebe Gott weiß wo das Puppenhaus abgeblieben ist.

Meine Schwester war inzwischen auch eingeschult. Das Schlimme daran war, auch noch in dieselbe Schule, in die ich ging. Erst war ich stolz und dann ging es mir auf die Nerven. Die Zeit lief ihren Weg und riss uns mit. Vielen Dank, sonst wäre ich womöglich am Wegesrand hängen geblieben.

Ferienzeit mit Robinson

Für uns Kinder gab es damals immer etwas Besonderes in den Ferien zu erleben. Die Ferien an sich waren ja schon toll. Keine Schule, keine Hausaufgaben und keine Lehrer, denen wir gefallen mussten. Auf die Initiative von, so glaube ich, Frau Honecker hin, hatte jedes schulpflichtige Kind die Möglichkeit eine oder zwei Wochen in den Sommerferien in einem der zahlreichen Ferienlager in den Gefilden unseres schönen Landes zu verbringen. Wenn man Glück hatte, durfte man auch zweimal verreisen. Natürlich war alles gut durch organisiert, nichts unterlag einem Zufall und stand unter dem Stern der Pionierorganisation „Ernst Thälmann" und der FDJ. Die Reisen fanden zumeist per Bus statt. Wehe dem, der das Busfahren nicht vertrug. Aber dafür gab es reichlich Papiertüten. In kleinen und größeren Lagern konnte man dann die Ferienzeit in den Bergen, an der Ostsee oder anderen heimischen Seen verbringen. Die Eltern waren uns endlich mal für eine Weile los, mit der Gewissheit, dass wir gut versorgt waren und pädagogisch auf höchstem Niveau betreut wurden, alles für wenig Geld. So konnte sich das eigentlich jede Familie leisten. Die schönsten Ferienlagermomente waren die traditionellen „Neptunfeste" und die „gefährlichen" Nachtwanderungen mit Lagerfeuer.

Für mich waren die schönsten Zeiten in den Ferien, die zahlreichen Urlaube in Halle bei meiner Tante Monika, die Schwester meiner Mutti und Onkel Gerd. Tante Monika und Onkel Gerd hatten einen wunderschönen Garten am Stadtrand von Halle in Mötzlich direkt an einem See. Es war das Paradies für uns Kinder. Der Garten war sehr groß, märchenhaft und außerdem sehr praktisch angelegt. In der DDR war es von großem Vorteil, wenn man einen Garten besaß oder zumindest pachten konnte. Man baute alles selber an, was man so brauchte und sparte sich auch gleich die Urlaubsreisen. Der Garten ging vor. Heute, da ich selber ein Grundstück besitze, weiß ich wovon ich rede. Der Garten in Halle hatte alles was man benötigte um glücklich zu sein. Ein Wohnhaus, einen kleinen aber romantischen

Seerosenteich, ein Gewächshaus für den besagten wichtigen Anbau von Gemüse, ein Badehaus mit richtiger Dusche, einen original Donnerbalken, zwei kleine Finnhütten für die Kinder und einen Swimmingpool. Der war der Oberhammer. Ich fühlte mich dort so wohl, es hätte für immer Sommer bleiben können. Für alles war gesorgt und was nicht da war, wurde irgendwie beschafft. Onkel Gerd war schließlich Offizier bei der NVA und da gab es bekanntlich alles. Sogar ausrangierte Feldtelefone für die Jungs zum Räuber und Gendarm spielen. Im Garten war immer was los. Manchmal tobten da fünf, sechs Kinder durch die Beete. Die Kinder von Tante Monika, die von den Nachbarn, meine Schwester und ich. Ich weiß nicht, wie meine Tante das alles unter einen Hut bekam, da sie doch selber als Krankenschwester berufstätig war. Heute stöhnen die Eltern schon mit nur einem Kind. Vielleicht gelang das alles, weil es mehr Zusammenhalt unter den Nachbarn gab als heute. Jeder hatte ein Auge auf den anderen und keiner hatte Angst vor eventuellen kriminellen Übergriffen. Das erlebe ich heute nach langer Zeit wieder, fast jeden Tag in Berlin Blankenburg, wo ich jetzt lebe. Damals in Halle gab es den guten Herrn Kutschera. Ein alter Kauz mit dem Herz am richtigen Fleck. Er hatte seinen Garten direkt neben dem von Tante Monika. Wir Kinder trieben uns oft bei ihm rum und hielten ihn auf Trab. So waren wir immer in guter Obhut.

    Einen Sommer lang machten meine Mutti, Kurt, meine Schwester und ich gemeinsam Urlaub in Halle. Gleich am zweiten Tag verletzte ich mir meinen Fuß an einer Glasscheibe. Die Wunde musste genäht werden. Kurt schnitzte mir sogar eine Krücke und die nächsten zwei Wochen verbrachte ich auf der Hollywoodschaukel. Den Urlaub hatte ich mir anders vorgestellt. Dafür konnte ich aber den Riesenwälzer „Robinson Crusoe" lesen. Sogar zweimal. Hinter dem Garten war Brachland, auf dem sich Fasane herumtrieben. Kurt war sehr geschickt im Fallen aufstellen und so gab es mehrmals Fasanenbraten. Frisch erlegt. Wahnsinn. Es war der einzige Urlaub, den wir je mit unseren Eltern verbrachten und bestimmt auch die Zeit, in der sich die Eltern am besten verstanden. Danke Tante Monika, für die glücklichen Momente in meiner Kindheit.

Erwachsenwerden ist nicht schwer – Erwachsensein dagegen sehr

In der DDR gab es einen schönen, manchmal aber auch unschönen Brauch, wenn man es so nennen möchte. Und zwar der feierliche und natürlich äußerst öffentliche Übergang von der Kindheit und Jugend zum Erwachsensein der circa vierzehnjährigen Buben und Mädels – die Jugendweihe. Jetzt kommen Sie bitte nicht auf die komische Idee, diesen Begriff auseinander nehmen zu wollen. Sie wären nicht die Ersten und es würde Ihnen auch nicht befriedigend gelingen. Der größte Teil der zu Weihenden nahm an der Jugendweihe teil. Der andere Teil war entweder kirchlich verbandelt oder die Eltern hatten politische und andere Reiseprobleme mit der DDR – weil drinnen sein und raus wollen, aber nicht dürfen, nun mal nicht ein und dasselbe war. Kurzum, es wurde sondiert gefeiert. Für uns Jugendliche – Mensch, fühlten wir uns schon erwachsen – war das alles Quatsch mit Soße. Im Grunde genommen ging es uns einzig und allein darum, von den lieben Verwandten und allen anderen, die uns wohl gesonnen waren, ordentlich Kohle abzuschöpfen. Also ne richtig fette Marie zu machen, sich an der Fülle der mit Bedacht geschenkten und mit wohl gemeinten Lebensweisheiten, Tipps und Ratschlägen versehenen Briefen zu erfreuen. Den in den Lettern steckten die vielen Geldscheine. Bei den meisten von uns war es das erste Mal, so viel Geld auf einmal zu besitzen und natürlich daran zu glauben, dass man alleine entscheiden würde, wo, wann und wie man es wieder ausgibt. Allein der Glaube versetzt Berge.

Die Feierstunde, die eigentliche Jugendweihe, war nur eine Sache von nicht enden wollenden Minuten. Meist fand sie in einem Theater oder Kinosaal statt. Man hatte uns in festliche Gewänder gehüllt, von den wir bis dato geglaubt hatten, dass sie einem Maskenball vorbehalten waren. Nun, so fühlten wir uns auch. Grotesk, Halbwüchsige in einen Anzug oder in ein schickes Kleid zu zwängen und zu glauben, sie wären nun erwachsen. Aber, wie schon gesagt, allein der Glaube….

Da standen wir nun auf der Bühne. Aufgereiht wie die Hühner, in Erwartung unser erstes Ei legen zu dürfen. Ein bunter Haufen mit unnatürlichen Frisuren. Eingetütet in Flanell oder Rundstrick, in Lack- oder Absatzschuhen, mit Krawatte oder Seidentuch und Blumensträußchen – na, was die Mode der achtziger Jahre so hergab. Wie eine lebendige Achterbahn kurz vorm Gleisaustritt. Ich war natürlich einer der kleinsten Weihlinge. Noch heute wundere ich mich darüber, dass ich überhaupt zugelassen wurde. Zum Schießen komisch. Wir lauschten ehrfürchtig der politischen Andacht, die uns nun in den Kreis der Erwachsenen befördern sollte. Und wie nicht anders als erwartet, Laberrharbarber, Bla, Bla, Bla. Als Geschenk des Staates gab es dann noch für jeden ein Buch, wohl als Lebensfibel gedacht: "Vom Sinn unseres Lebens." Eines der wohl am wenigsten gelesenen Bücher der damaligen DDR. Wie auch immer. Beifall ehrte uns am Ende der Feierstunde. Geschenkt wurde er uns von unseren Eltern und anderen Vertrauten, die im Zuschauersaal saßen. Na, die waren ja stolz. Sie waren diejenigen, die uns für wichtig hielten. Wir durchschauten das alles nicht. Das war uns auch nicht wichtig, denn wir fieberten der eigentlich richtigen Feier entgegen, bei der wir uns dann offiziell „mit Erlaubnis" unserer Erziehungsberechtigten mal so richtig die Kante geben konnten. Gemeint waren die Abendstunden, in denen wir „Jungerwachsenen" in unserem Kreise johlend durch die Gegend ziehen konnten. Frei nach dem Motto: „Seht her, wir sind`s und zischen nun ne Molle und fühlen uns ja so erwachsen." Einige, wenn nicht sogar die meisten, waren darin wenig geübt und frisch Getrunkenes fand auch bald wieder, ungewollt den Weg nach draußen. Mann, da wurde gekotzt, dass sich die Balken bogen.

Am nächsten Tag graute dem Morgen, als wir wieder unter den Lebenden weilten. Die einen mit einem Katzenjammer, bei den anderen war es schon ein ausgewachsener Kater. Mehr hatte sich an unserem Status nicht geändert. Willkommen in der Welt der Erwachsenen.

Die menschliche Natur war der Jugendweihe hier und da zuvor gekommen. Wenn auch nicht der Geist, aber unsere Abflüsse funktionierten. Die Mädels hatten mit Rundungen an den richtigen Stellen zugelegt. Blusen und Pullover wölbten sich. Die Jungs, stolz wie schwule Spanier, freuten sich über den ersten Flaum im Gesicht und an anderen Stellen. Einige sprachen sogar schon von Bart. Nun, das Wort war viel zu lang dafür. Andere protzten mit ihrer Männlichkeit. Heute würde das natürlich niemand freiwillig zugeben. Aber damals gab es unter den Knaben richtige Wettbewerbe. Dabei ging es nicht immer nur um Weitspucken oder Weitpinkeln. Jeder von uns hatte sein Geheimnis. Das ist das Schöne an der Pubertät. Man darf Geheimnisse haben und mit ihnen spielen, bis sie groß sind und es sich lohnt, den anderen zu beweisen, dass das nun keine Geheimnisse mehr sind. Ein jahrelanges Prickeln. Ein Hin und Her zwischen Schamhaftigkeit und heimlichen Explosionen. Hormone und Gefühle spielten Ringelrein. Und über die Geschichten von Bienen und Blumen konnten wir nur schmunzeln. Schön und gut, an der Sache mit dem Stachel und dem Samen war schon was dran.

Muttis nahmen die Töchter mit zum Frauenarzt und Väter meinten nur, das wird der Bub schon selber rausfinden. Oh, wie recht doch die Väter hatten.

Aber wie erfährt man als Eltern ganz genau, wann die Kinder in der Pubertät sind. Spätestens dann, wenn die Tochter den Vater fragt, ob sie das trägerlose Shirt tragen darf und er dann nur antwortet: „Na, wenn es nicht runterrutscht."

Oder der Sohn ab einem bestimmten Tag seiner Mutter zu verstehen gibt, dass er zukünftig seine Bettwäsche selber wechselt.

Wir eiferten einem neuen Hobby nach. Jeder ging mit irgendwem. Umgangssprachlich – man war befreundet mit dem anderen Geschlecht, auch wenn man nicht so richtig ran durfte. Einige trieben es dabei zu höchst sportlichen Erfolgen und hatten vielleicht in einer Woche schon die dritte Freundinn oder auch umgekehrt. Ich reihte mich ein und hatte Gefallen an Babette gefunden. Sie wohnte mit ihren Eltern und ihrem frisch ausgebrütetem Schwesterchen auf meiner Etage. Babette Blümner. Ein wohl klingender Name. So wie ihre Erscheinung. Äußerst feminin und leicht rassig. Sie war schon weit entwickelt, brünett und wohl proportioniert. Aber mehr als zu einem Pionierküsschen ist es nie gekommen. Meine Entschuldigung für damals – ich war noch nicht weit genug. Mutter Natur fand wohl, ich sollte die Sache noch einmal überdenken. Ich tat es und heute würde ich sagen: „Zwei Dosen aufeinander, das klappert." Und dabei ist bis heute geblieben. Gott sei Dank. Bis jetzt hat mir auch nichts gefehlt.

Mutter Natur gab mir dafür ein anderes, aufregendes Geschenk. Die Lust am Malen. Anfangs waren es nur simple Stricheleien von Schiffen. Aber irgendwie verspürte ich die Sehnsucht in mir nach mehr. Meine Mutti verspürte dasselbe. Glücklicherweise hatte sie durch ihre Arbeit bei der Volkssolidarität viele Kontakte. Die ließ sie spielen. Bald hatte ich einen erfahrenen Gebrauchsgrafiker als Lehrer an meiner Seite. Im Übrigen der einzige Lehrer, an dem ich nie was auszusetzen hatte und mit Freude die mir aufgetragenen Hausaufgaben erledigte. Meine Nachmittage hatten nun einen Sinn. Sollten die anderen sich doch um den Verstand fummeln und knutschen. Ich fieberte jedem Unterricht entgegen. Das Lehrgeld hielt sich in Grenzen und ich kam selber dafür auf. Schließlich konnte ich meiner Mutter doch einen Teil ihrer Arbeit bei der Volkssolidarität abnehmen und den Rentnern das Essen bringen. Heute heißt das MENÜ-Taxi.

Mein neues Idol lehrte mich die Kunst des Linolschnittes und des sich ergebenden Druckes. Er führte mich an die Ölmalerei heran, die sehr viel Feingefühl und ästhetisches Empfinden verlangt. Realistisches Zeichnen und Darstellen, Pastellmalerei und mein geliebtes Aquarell ließen meine Sinne Purzelbäume schlagen. Ich war und bin fasziniert davon, was sich so alles mit Pinsel und Farben anstellen lässt, wenn man es nur zulässt. Nach wie vor bin ich davon überzeugt, dass jeder malen kann, wenn er seinen Gefühlen freien Lauf lässt. Und das Kunstverständnis ist im Allgemeinen so breit gefächert, wie die Welt an sich. Mal abgesehen vom schwarzen Fleck auf weißem Grund, der dann als Fliege im Schnee interpretiert wird. Kunst ist was gefällt und darüber zu streiten – Schade um die Zeit. Aber Zeit braucht man schon um zu malen. Und es stimmt, wenn die Künstler behaupten, sie brauchen Muße und Musen, um sich gestalterisch zu artikulieren.

Erst war es ein Zeitvertreib für mich. Dann kam die Neugier, was sich so alles mit den verschiedensten Malmitteln anstellen lässt. Später spezialisierte ich mich auf Portraits. Noch heute eine Faszination für mich, es so naturgetreu hinzubekommen, dass jeder sofort erkennt, um wen es sich handelt, ohne groß darüber zu debattieren.

Das Objekt meiner künstlerischen Begierde war für lange Zeit Marlene Dietrich. Marlene Dietrich, warum ausgerechnet diese Frau? Bis heute kann ich diese Frage nur sehr vage beantworten. Das erste Mal sah ich sie in der Zeitschrift FILMSPIEGEL. Die Kinozeitschrift in der DDR schlechthin. In der Mittelseite war ein Poster von ihr. Das hing lange Zeit an meiner Wand. Ich wusste immer noch nicht warum. Dann bekam ich die Schallplatte und den ersten Bildband mit ihr. Von da ab war es um mich geschehen. Dieses ebenmäßige Gesicht war von einer Schönheit, die kaum zu beschreiben ist. Diese Augen mit dem unnachahmlichen, lasziven Aufschlag. Der Mund trotzig und majestätisch wie ein Diamant. Das Haar war wie Gold. Sebastian Böhm, einer der heutigen, jungen, aufstrebenden und wilden Visagisten und Friseure aus Magdeburg, hätte seine wahre Freude an einem solch perfekten Gesicht. Das faszinierendste an ihr war ihre Stimme. Das Antlitz von Marlene habe ich unzählige Male porträtiert. Sogar Prominente wie Georg Preuße alias MARY und die so einmalige Kabarettistin Gabi Decker nennen eines dieser Bilder ihr Eigen. Eine Zeit lang, während der Mittagspause in meiner Lehrzeit zum Bauzeichner, habe ich vom lebendigen Objekt gemalt. Ich saß in einem kleinen Café in der Nähe vom Berliner Spittelmarkt und beobachtete interessiert die Menschen um mich herum. Eine Tugend, die in der heutigen Zeit bei vielen etwas, wenn nicht sogar ganz, abhanden gekommen ist. Wer macht sich denn bewusst die Mühe, sein vielfältiges Umeinander zu beäugen? Ich gebe ja zu, wir leben in einer sehr schnelllebigen Zeit. Aber es gibt so viele Dinge zu sehen. Zum Beispiel das berühmte Mauerblümchen. Jeder geht vorbei und sieht nicht, wie schön es doch eigentlich ist. Vielleicht muss man zweimal hinschauen, um einmal den wahren Kern zu entdecken. Und wenn man Glück hat, verbirgt sich ja gerade in diesem Kern das, wonach man schon immer gesucht hat. Wenn ich so zurück schaue, bin ich an vielen der Mauerblümchen vorbei gegangen und irgendeiner hat sie achtlos zertreten. Im Eigentlichen bin ich ein wenig sentimentaler

Mensch, behaupte ich mal. Meine Mutter bläute mir immer ein: „Heulen kannste im stillen Kämmerlein, nach außen hin sollste strahlen." Wenn man lange genug übt, klappt das auch. Nur, das Schlimme daran ist, es wird dann auch immer von Dir erwartet. Und wehe, dem ist mal nicht so, dann haben die vermeintlichen Freunde oder Leute, die sonst immer was für einen übrig hatten, plötzlich keine Zeit mehr für Dich. Na, dann wirst Du auch zum Mauerblümchen und hoffst, dass wenigsten der Hund noch mal vorbei kommt und Dir eine „SMS" hinterlässt.

Schade, Schade – manches Mauerblümchen hätte ich gern blühen sehen. Jetzt in der Mitte meines irdischen Daseins (wie schön das klingt), taste ich mich mit wacheren Augen durchs Leben und sehe die Menschen um mich herum ein bisschen anders. Manchmal viel zu ehrlich. Auch wenn ich hier und da enttäuscht werde, was soll es. Im nächst besten Augenblick gibt es etwas Neues. Mensch, der olle Heesters hat es och geschafft.

Hätte ich diese Weisheit schon damals in dem kleinen Café am Spittelmarkt gehabt, wer weiß was aus mir geworden wäre. Vielleicht ein Philosoph mit Wohnsitz in Monte Carlo. Auch nicht schlecht.

Ich machte meine kleinen Kritzeleien und oft vergaß ich die Zeit darüber. Bei meinen Lehrmeistern wurde mir das zum Verhängnis. Später schienen mir Fotos als Vorlage optimal. Zumal ich mir dann die Zeit einteilen konnte.

Aktmalereinen waren eine weitere Leidenschaft von mir. Natürlich und bei meinem Glück nicht vom lebenden Objekt meiner Begierde. Wer weiß, ich ob dann jemals zum Malen gekommen wäre. Die ausschweifende und äußerst aktive Zeit meiner Malerei ließ mich oft aus meinem tristen Alltag entfliehen. Ich konnte mich in andere Welten hinein träumen, mir meine Gedanken *ausmalen*, wie es wohl wäre, wenn mein Gemaltes plötzlich zum Leben erwachen würde. Na, nicht *auszumalen* wäre das gewesen. Ich hatte meine Freude daran. Meine Umwelt auch. Einige gelungene Ausstellungen waren Lohn genug für mich. Einige boten mir sogar Geld. Für die Bilder. Ich nahm es und war zufrieden.

Vorerst.

Meine Schulzeit war eigentlich ein Klacks. Unsere Lehrkörper, vor denen wir noch Respekt hatten, unterrichteten uns in Mathematik, Deutsch, Russisch und Astronomie. Sogar Französisch stand auf dem Lehrplan. Erst viel später sollte ich erfahren, dass man das nicht nur sprechen kann. Für mich war die Schule keine Belästigung, eher offenes Leben. Zugegeben, vieles habe ich mein Leben lang nicht gebraucht, aber einige Grundfeste haben mir doch vieles erleichtert. Zumal die Lebensmaximen meiner Frau Mama selbst in der Schule einen hohen Stellenwert hatten. Logik und Praktik. Eigenschaften, die in unserer heutigen Zeit im Hintergrund vergammeln, wenn nicht sogar noch weiter dahinter. Mich wundert es, dass diese Worte nicht schon längst aus dem Duden gestrichen worden sind. Aber selbst Herr Langenscheidt ist sich seiner Sache da sicher, einer wird es merken.

Mutti schrieb mir hinter die Ohren (das tat sie natürlich nicht wirklich): „Versuch es Dir so einfach, wie möglich zu machen. Mit den einfachsten Mitteln zum größtmöglichen Ergebnis. Alles andere ist Augenwischerei und Zauberei. Schließlich leben wir ja nicht OZ." Vielleicht hat sie mir da nicht alles verraten. Einiges ist doch viel komplizierter, als ich es gedacht hatte. Aber wir sind selber daran schuld, warum einfach, wenn es auch kompliziert geht. Sie gab mir eine Faustregel mit auf den Weg, die ich erst sehr viel später so richtig verstanden habe: „ Tu es doch mit der Diplomatie einer Frau (die meisten Frauen wissen gar nicht, dass sie diese unglaubliche Fähigkeit besitzen) und dem Durchhaltevermögen einer Ratte." Als ich irgendwann den Sinn begriff, stellte ich fest – es funktioniert sogar.

Nur die eine Frau in meinem Leben

Meine Mama war eine tolle Frau, eines dieser vielen Mauerblümchen. Das Leben war nicht sehr nett zu ihr. Die letzten Kanonenschwaden des zweiten Weltkrieges hingen noch in der Luft, da erblickte sie als viertes Kind das bisschen Licht der damals total zerrütteten Welt. Noch heute ziehe ich wortlos den Hut davor, was die übrig gebliebenen Menschen, die Goebbels nicht vergasen, Hitler nicht erschießen, Göring und wie die ganzen anderen Arschlöcher alle hießen, nicht bestialisch umbringen konnten, erleben mussten, um weiter zu überleben. Hinein geboren in einen Abgrund von Trauer, Hunger und Trostlosigkeit. Als Mutter hat sie mich nie das spüren lassen, was sie damals alles erlebt haben muss. Sie hat nie über die Entbehrungen gesprochen, nie über ihren Schmerz. Vaterlos, das Chaos auf jedem Schritt, den sie tat. Sie sprach auch nie über ihre bestimmt wilde Jugend. Oder herrschte da noch Zucht und Ordnung? Es war die Zeit, in der die aus den Angeln geratene Welt sich allmählich, vielleicht hier und da auch schneller als gedacht, versuchte, auf die Füße zu stellen und neue Wege zu betreten. In dieser Welt hätte ich gern Mäuschen gespielt, nicht im zoologischen Sinne. Nein, als ein Voyeur, der ich schon mein ganzes Leben bin. Allein die Mode und Frisuren der 60er und 70er Jahre. Da schien die Welt ein kleines bisschen glücklich zu sein. Wenn sie denn so etwas als „Universelles Etwas" darf. Ich glaube, dass meine Mutter ein kleines, ein klitzekleines Stück vom Glück erwischt haben muss. Sonst hätte sie ihr kurzes Leben bestimmt nicht so bewusst gelebt. Männer spielten in ihrem Leben eine große Rolle, wie bei den meisten von uns. Sie hat sie genommen, wie sie es wollte. Und da waren bestimmt ein paar Sahneschnitten dabei. Jetzt bin ich doch tatsächlich ein wenig neidisch.

Drei Kinder hat sie zur Welt gebracht. Jedes hatte einen anderen Vater. Wie nobel. Meine Mutter war also eine sehr fruchtbare Person. Wenn ich alte Fotos von ihr sehe, wundert es mich, dass da nicht gleich eine ganze Fußball-Elf daraus wurde. Wäre auch lustig gewesen. Jedes einen anderen Papa und als Krönung auch noch eine andere Hautfarbe. Das wäre damals dann schon Multikulti gewesen und meine Mutter die „Sozialistische Fruchtbarkeitsgöttin" der DDR. Sicherlich hätte sie dann auch einen Aktivistenorden in phallischer Form bekommen und jeder hätte auf Anhieb gewusst, was der Spruch bedeuten sollte: „Für Frieden und Sozialismus seid bereit."

Ich weiß, was Sie jetzt denken, aber ein „Bäumchen wechsle Dich" war sie nicht. Ein herzensguter Mensch war sie gewesen, dem das Leben, das Bisschen was es gegeben, auch gleich wieder genommen hat. In ihrer Jugend war sie Leistungssportlerin. Bis kurz vor ihrem Tod sah man ihr das auch an. Rank und schlank. Praktisch kein Gramm Fett, nur Muskeln. Leider habe ich so gar nichts von ihrer Sportivität geerbt. Halblange, kupferfarbene Locken nannte sie Eigen. Besonders toll sah das aus, wenn sie vom Friseur mit frisch toupiertem Haarschopf kam. Make-up benutzte sie so gut wie nie. Lediglich einen Hauch von Mascara. Der passte hervorragend zu ihren vielen Sommersprossen im Gesicht. Sommersprossen, das Wort allein, verkörperte schon ihren allgemeinen Gefühlszustand von guter Laune. Sie hatte blau-grau-grüne Augen, je nach dem in welcher Stimmung sie war. Blau-grau war eine gute Stimmung. Bei Grün war sie in einer Verfassung, in der man ihr besser aus dem Weg ging. Vorrangig war aber Grau. Kleider und Röcke trug sie sehr selten und nur zu besonderen Anlässen. Meist zu den damals üblichen Betriebsfeierlichkeiten, wenn der Plan mal wieder um „300 Prozent" übererfüllt worden war. Dann kleidete sie sich äußerst feminin, so mit Pfennigabsätzen und allem drum und dran. Die Männerherzen flogen ihr dann nur so zu. Aber warum in Gottes Namen zum Schluss dann diesen dicken Stiefvater Kurt? Sonst war sie eher leger gekleidet, mit Jeans und Shirt. Von hinten sah sie aus wie ein junger Kerl und Homosexuelle fühlten sich in ihrer Nähe sehr wohl. Ja, so etwas gab es damals schon.

Kaffee und Zigaretten, viele Zigaretten waren ständig in greifbarer Nähe. Zum Schluss sah man ihr diesen Missbrauch auch an. Das Rauchen hat sie mir vererbt. Hätte sie mich damals mit einer Zigarette erwischt, sie hätte mir die Ohren vom Stamm gehauen. Später, sie hatte endlich mit dem Rauchen aufgehört, erwischte sie mich. Und? Kein Satz heiße Ohren, wie befürchtet. Nein, vor ihren Augen sollte ich eine nach der anderen rauchen. Ich war heilfroh, dass mir bald übel wurde und ich nach „Ulf" rief. Lange Zeit hatte ich keine Zigarette mehr angefasst.

Trotzdem sie uns abgöttisch liebte, konnte sie auch furchtbar streng sein. Meist genügten raue Worte. Doch wenn wir zu sehr über die Stränge schlugen, rutsche ihr auch mal die Hand aus. Eine Tracht Prügel habe ich nie bezogen. Es reichte, da sie sehr kräftig war, wenn ihr Handrücken mit einem kurzen Schmiss über die Wange schoss. Blitzschnell und ohne Vorwarnung natürlich. Striemen gab es nicht. Aber es brannte höllisch und wehe, wir hätten danach geflennt. Da hätte es noch eine gesetzt. Ich habe sie nie dafür verurteilt. Ich bin der Meinung, so eine Ohrfeige hat noch niemand geschadet. Sie kann manchmal ganz nützlich sein, um eine/n Rüpel/in wieder einigermaßen zur Raison zu bringen. Wir haben es ja auch überlebt. Und sicherlich muss ein Grund für die Schelle dagewesen sein.

Wie schon erwähnt, arbeitete sie bei der Volkssolidarität (gibt es heute noch) als Haushaltshilfe mit Kochen- und Essenbringambitionen nebst kleinen, pflegerischen Dienstleistungen für Rentner und Bedürftige. Damals wie heute sind solche Jobs ohne Ende unterbezahlt. Meine Mutter tat es gerne. Selbstlos. Fast jeden Tag, auch am Wochenende, morgens oder abends. Immer war sie mit ihrem Rad unterwegs, bei jedem Wetter. Krank war sie nie. Oder sie konnte es gut verbergen. Oft war ich dabei und half ihr wo ich nur konnte. Keller und Dachböden aufräumen waren meine liebsten Arbeiten dabei. Es fand sich doch immer etwas, das sich zu Geld machen ließ, denn Taschengeld – NIENTE. Flaschen, Gläser und Altpapier waren in meinen Augen wahre Schätze. Und für diese Schätze bekam ich bei SERO ein paar Pfennige. Kleenvieh macht ooch Mist. Ab und an gab es mal einen Groschen extra von den alten Leutchens. Die karge Rente reichte bei den meisten kaum aus, um damit große Sprünge zu machen. Oft stand meine Mutter auch am Wochenende schon früh am Herd und kochte Suppe. Einen großen Topf voll, damit es auch noch für ein paar Omas und Opas reichte. Wohl bemerkt aus eigener Tasche. Sie wollte nichts dafür. Es reichte ihr, wenn sie in den müde gewordenen Augen ihrer Schützlinge Dankbarkeit sah, wenn sie die runzeligen Hände umfasste und wusste, was in den Köpfen der satten Mäuler vor sich ging. Es musste niemand Danke sagen. Barmherzigkeit braucht keine Worte, nur Taten. Außerdem, wir lebten ja in Magdeburg, da wurde nicht viel über solche Dinge gesprochen.

Im Sommer schickte sie mich immer zum Baden ins Freibad, ich sollte auch etwas von meinen Ferien haben. Aber ich trotzte und ging in die städtischen Gewächshäuser zur Gurken- und Tomatenernte. Ein paar Märker extra waren nicht zu verachten. Öfters, auf unerklärliche Weise, hatte sich die eine Gurke oder andere Tomate bis zu uns nach Hause verirrt. Wunder gibt es…. Vitamine braucht der Mensch. Die Gewächshäuser lagen am Rande der Stadt. Ich nahm meinen Drahtesel und radelte los. Mein Weg führte mich über eine Allee, die zu beiden Seiten von Kirsch- und Apfelbäumen gesäumt wurde. Damals war es üblich, dass sich jeder an den Obstbäumen bediente. Manchmal, auf dem Heimweg, war das Glück mein Begleiter. Zur damaligen Zeit waren viele Russen in und um Magdeburg stationiert. Und die hatten den Bogen auch schnell raus, wie man ohne Geld zu etwas mehr im Magen gelangen konnte. Kess und ohne jeden Argwohn hielten sie mit ihren Lastwagen unweit der Obstbäume, kletterten auf die Ladeflächen und kamen so besser an die begehrten Früchte heran. In aller Seelenruhe pflückten sie eine Frucht nach der anderen. Von Weitem schon sah ich die johlenden Rotarmisten, die es sich gut gehen ließen und wollte natürlich auch etwas von ihrer Beute. Im Grunde genommen sind wir ja alle Jäger und Sammler. Nur ich war zu klein. Ich hielt an und baute mich frech vor den verdutzten Iwans auf und wartete. Nicht lange und schon packte mich eine kräftige Sowjethand und hievte mich in die Baumkrone. Ich pflückte, was das Zeug hielt. Mein Nicki (heute heißt das T-Shirt) hatte ich zur Tüte umfunktioniert. Die russischen Waffenbrüder hielten sich vor Lachen die Bäuche und riefen mir mit ihren bassigen Stimmen zu: "Tawarisch, Tawarisch, Karascho, Karascho." Aber ihre Kalaschnikows habe ich nie zu Gesicht bekommen.

Zuhause staunte meine Mutter nicht schlecht, was ich da so alles anschleppte und machte gute Miene trotz des kirschverschmierten Nickis.

Oft vergleiche ich früher und heute.

Und wie sagt man doch so treffend: „Damals war es." Sollte man ja eigentlich nicht. Aber vergleiche ich meine Kindheit und Jugendzeit mit heute, so kann ich voller Stolz sagen, dass meine Zeit bei weitem reicher an Erfahrungen, an Erinnerungen, an Menschsein und an Kind sein war – als vielleicht heute.

Das Leben so unbeschwert genießen können.

Damals fehlte die Gier. Die Gier nach allem, worauf man auch heute verzichten könnte. Die allgegenwärtige Oberflächlichkeit der Menschen um einen herum. Gehe ich heute durch die Straßen und versuche den Menschen in die Augen zu schauen, weichen die Leute aus und fühlen sich unangenehm berührt. Die kleinen und fast unscheinbaren Worte wie „Bitte" und „Danke" scheinen völlig aus dem allgemeinen Wortschatz gestrichen worden zu sein. „Guten Tag" und „Auf Wiedersehen" muten schon fast an wie gelogen. Traurig. Soziale Kontakte bleiben im Keller. Und da für immer. Und je älter man wird, umso unsichtbarer wird man. Kommunikation reduziert sich auf ein elektronisches Miteinander. Selbst der Begriff „Hobby" scheint antiquarisch. Der Umgangston grenzt nicht mehr an Unzumutbarkeit, er ist schon weit darüber hinaus. „Fuck you" ist da noch harmlos. Per Handykamera aufgenommene Schlägerattacken, die später ins Netz gestellt werden, gehören zum allgemeinen „Mit-Gegeneinander." Und keiner weiß warum. Na, Hallamasch – kann ich da nur sagen. Da bekommt man ja direkt Angst vor der Zukunft. Aber die Antworten auf daraus entstehende Fragen können wir uns selber geben. Wir sind ja selber daran schuld. Es gibt nur noch ein mediales Weltbild, alles andere ist weg und liegt verstaubt in einer Schublade. Und da bleibt es dann auch.

Ist das nicht schlimm. Schreiben Sie doch heute mal per Hand, vielleicht noch mit einer sympathischen und lesbaren Handschrift und fehlerfrei jemanden einen Brief. Was vermitteln wir? Dass wir aus einem anderen Jahrhundert, aus einem anderen Jahrtausend sind. Oder liegt es am Alter. Werde ich wunderlich? Gewiss nicht. Eher wacher mit jedem Tag, den ich älter werde. Heute ziehe ich mich eher zurück und finde meine Ruhe, nach der ich so lange gesucht habe. Heute kann ich in mich hinein hören und nebenbei lausche ich dem Vogelgezwitscher und sehe die Sonne, wie sie mir zublinzelt. Ich freue mich über jeden noch so kleinen Sonnenstrahl, der das bisschen, kleine, große und unfassbare Leben erhellt.

Na, vielleicht bin ich ja doch ein kleiner Rebell, der sich dagegen wehrt, im Sumpf der heutigen, emotionslosen, menschlich verwahrlosten und gesellschaftlich verkorksten Welt zu versinken. Der Strohhalm, dieser kleiner Halm, an dem ich mich allerdings unverzweifelt festhalte, ist meine Erinnerung. Jeden Tag begegnet mir etwas aus meiner Vergangenheit. Als ob ich mir selber die Marken an meinen Lebensweg setze.

Mit der Zeit, wie dieser Gevatterin nun mal so ist – fast schon wie eine ehemalige DDR-Sprinterin, die durchs Universum hetzt – trübte sich meine Jugend dunkel. Es begann mit den anfangs unscheinbaren Kränkeleien meiner Mutter. Vielleicht hat meine Mutter die Zeichen nicht erkannt. Oder sie wollte sie nicht sehen, weil sie die Wahrheit doch schon kannte und uns schonen wollte.

Ihr war immer irgendwie schlecht, ähnlich wie Herzattacken nur ohne Herz. Sie beschloss heimlich mit dem Rauchen aufzuhören. Unheimlich, sie setzte das auch durch. Von einem Tag auf den anderen qualmte es bei uns zu Hause weniger. Nur Stiefvater Kurt schmokte immer noch an seinen Zigarren oder zog genüsslich an seiner Pfeife. Es roch dann immer so heimelig nach Vanille. Der einzige Geruch, den ich an ihm mochte – und natürlich der von dem Tag, an dem er dann endlich aus meinem Leben verduftete.

Sommer 1984. Irgendwie hatte es irgendjemand geschafft, dass meine Mutter in den Urlaub fuhr. So nannte sie mir gegenüber den Grund ihrer Reise. Ich wunderte mich, denn sie war noch verreist. Aber jedes Ding hat seinen Grund. Zwei Tage später dann wurde sie in ihrem Urlaubsort Ilmenau ins Krankenhaus eingeliefert. Sehr spät. Zu spät. Viel zu spät.

„Lieber Gott, es gab damals Tage, an denen hättest Du besser auf meine Mutter aufpassen müssen."

Ich weiß nicht mehr genau, wie ich es erfahren habe. Es gab entweder Telegramme, eine Reliquie aus alter Zeit oder ein Nachbar, natürlich der, der am weitesten weg wohnte, hatte ein Telefon. Für mich war das alles unfassbar. Einfach nicht war. Das war nicht meine Mutter, die da im Krankenhaus lag. Meine Mutter war nie im Krankenhaus. Nein, nein. Doch.

Ich fraß die Wahrheit wie ein altes Schulbrot. Sie schmeckte bitter. Meine Mutter wurde nach Magdeburg verlegt. Dann erfuhr auch ich die schreckliche Diagnose. Krebs. Meine Mutter hatte Krebs. Meine

Mutter hatte nicht mal eine Grippe gehabt. Vielleicht mal Zahnschmerzen. Und nun Krebs. Magenkrebs. Wenn es ein Stadium nach dem Endstadium gibt, dann hatte sie es wohl. Die Ärzte operierten an und in ihr. Im Ganzen fünf mal. Zum Schluss hatte sie keinen Magen mehr und die Lymphdrüsen waren befallen. Bei der letzten Operation hatte man einen Gesichtsnerv getroffen. Letztendlich sah meine Mutter aus wie ein misslungenes Bild von Picasso. Das Gesicht entstellt, der Körper – das bisschen menschliche Hülle, was noch übrig war – massakriert. Ihre Schönheit blieb in ihrer Seele und in meinem Kopf.

Dieser Zerfall, so muss man es wohl nennen, dauerte zwölf Wochen. Zwölf von Neununddreißig. Zwölf Wochen eines grausamen Kampfes um neununddreißig Jahre eines menschwürdigen Lebens. Sie hätte ja Hundert werden können. Aber sie verlor.

Jeden einzelnen Tag in diesen zwölf Wochen war ich bei ihr im Krankenhaus und sah mit an, wie sich das Leben aus ihr schlich – wie eine räudige Katze nach dem letzten Schiss. Ich war dabei und konnte nichts tun. Ohnmächtig. Ich fühlte mich so klein, wie ein Sandkorn im Zahnradgetriebe einer Kirchturmuhr. Ich hatte Angst. Ich war wütend. Ich war sechzehn und hasste diesen Krebs und diesen Sensenmann, der täglich am Krankenbett meiner Mutter stand und ihr das Lebenslicht ausblies.

Mein letztes Arrangement für meine Mutter war das tägliche Funktionieren zwischen Aufstehen, Schule, Krankenhaus, Haushalt-Schwesterchen-Suffstiefvater, Krankenhaus und Schlafen.

Meine Mutter war zwar nur noch ein Häufchen Unglück, aber sie hämmerte mir jede Minute, die ich mit ihr verbrachte ein, dass sie es schaffen würde. Sie machte mir!!! Mut und gab mir!!! Kraft. Woher sie das alles nahm?

Mit jedem Tag wurden die Hammerschläge leiser, bis zum Schluss nur noch ihr feiner, mütterlicher Augenaufschlag blieb, der mehr sagte als tausend Worte. Worte, die in ihr steckten, denn am Ende hatte sie auch keine Sprache mehr.

Meiner Schwester ersparte ich diese schweren Tage. Das konnte man ihr nicht antun. Stiefvater Kurt war zu feige für einen letzten Anblick meiner Mutter. Ein Drei-Zentner-Mann, der das letzte bisschen Courage versoffen hatte. Vielleicht hatte er auch nur Angst. Verziehen habe ich ihm das nie.

Der letzte Tag. Ich kam sehr spät ins Krankenhaus. Die Schule forderte ihren Tribut und ich musste zollen. Ich hetzte, damit ich noch rechtzeitig zur Besuchszeit da war. Als ich im Krankenhaus ankam, war alles irgendwie anders als sonst. Dass meine Mutter zeitweise künstlich beatmet werden musste, war kein besonderer Umstand. Sie tat es mit der Bemerkung ab, dass ihr etwas frische Luft gut tun würde. Typisch, auch in den schlimmsten Momenten hatte sie nichts von ihrem köstlichen Galgenhumor verloren.

Das Krankenhaus wirkte noch düsterer, als es ohnehin schon war. Es war so still. So unheimlich still. Mir kam es vor, als würde sich alles in Zeitlupe bewegen. Stimmen um mich herum waren verzerrt. Die Schwestern bedeuteten mir, dass ich über die Besuchszeit hinaus bei meiner Mutter bleiben könnte. Ich tat es. Es war das Letzte was ich für sie tun konnte. Sie erkannte mich nicht mehr. Sie lag wie leblos da. Und ich saß da. Saß einfach nur da. Stumm. Ich hielt ihre kleinen, zarten Hände. Ich weiß nicht mehr wie lange. Die Zeit schien stehen geblieben zu sein. Wenn es möglich wäre, ich hielte diese Hände heute noch.

Die Nacht über war ich mit meinen Gedanken bei ihr. Schlaf habe ich keinen gefunden. Am nächsten Morgen musste ich wieder zur Schule. Ich war da und auch wieder nicht. Früher Nachmittag. Ich ging nach Hause. Obwohl es kein weiter Weg war, schien er immer länger zu werden. Auf dem Parkplatz sah ich dann das Auto. Das Auto von denen, die das Telefon hatten. Die Leute, die im Ernstfall vom Krankenhaus angerufen werden sollten. Man hatte sie angerufen. Und diese Leute sollten mir auch die Nachricht vom Tod meiner Mutter überbringen. Kann man das überhaupt jemandem zumuten? Sie sagten kein Wort. Ich sah nur in ihre wässrigen Augen, rot vom vielen Weinen. Die gebrochene Körperhaltung. Dieses Hilflose. Stiefvater Kurt stand da wie ein kleiner, fetter Junge und heulte. Um wen? Um meine Mutter? Hatte er sie denn je geliebt? In diesem Augenblick hasste ich ihn noch mehr. Ein erbärmlicher Anblick. Meine Schwester begriff von diesem traurigen Schauspiel nur sehr wenig. Vorerst. Innerlich war ich steinhart geworden. Lange konnte ich keine Tränen vergießen und ich sollte Jahren brauchen, um trauern zu können.

Die Überbringer berichteten. Meine Mutter war am frühen Morgen des 12. Oktobers 1984 kurz nach vier Uhr im Alter von nur 39 Jahren ihrem allmächtigen Peiniger Krebs erlegen. Sie hatte verloren. Ausgelöscht. Erlöst von ihrem Leiden. Tod. Tod, wie das klingt. Unwiderruflich. Nicht mehr da. Nie wieder ihr helles Lachen hören. Nie wieder sehen, wenn sie den Kopf warf und ihre roten Locken umher wirbelten. Nie wieder eine kurze, gepfefferte Ohrfeige mit dem Handrücken. Nie wieder die vielen genüsslichen Augenblicke, wenn sie an der Zigarette zog und ihren Kaffee schlürfte. Nie wieder die gemeinsamen Fahrradtouren. Nie wieder ihr sanftes Lächeln, wenn ich an Weihnachten meine Geschenke auspackte. Nie wieder ihre schöne Handschrift in den Briefen ins Ferienlager mit einem Fünfer extra Taschengeld. Nie wieder der Stolz in ihren Augen, dass – auch wenn es nicht immer einfach war – sie ihren Kindern ein schönes und reiches Leben geschenkt hatte. Nie wieder ihre innigen Umarmungen. Nie wieder das Gefühl, solange sie da ist, kann mir nichts passieren. Nie, nicht, nie wieder. Was bleibt? Die Auffassung meiner Mutter: "Das einzige was Du im Leben musst, ist atmen – der Rest ist Zugabe!"

Abschied vom Gestern

Mir war überhaupt nicht zumute. Ich nahm die Nachricht an und funktionierte. Es musste ja weiter gehen. Ich ging noch am selben Tag ins Krankenhaus, um die Sachen meiner Mutter zu holen. Eine klare Sache für mich, ohne Trauer und Tränen. Wortlos nahm ich das bisschen Übriggebliebene und trug es nach Hause. Es war kein Zuhause mehr. Zuhause war mit ihr gestorben. Meine Schwester war da, der Alte – ich konnte ihm nicht mehr in die Augen schauen. Unser kleiner Hund Felix saß da mit hängenden Ohren und diesem Blick, als würde sich das ganze Leid dieser Welt in ihm wiederspiegeln. Es war kalt. Das lag nicht am Oktober. Die Wärme war weg. Nur noch handeln. Die nächsten Wochen waren beherrscht von Stille und aneinander vorbeischleichen.

Die Beerdigung stand an. Ich hatte vorher so etwas noch nicht mitgemacht. Wieder eine neue Erfahrung. Allerdings unfreiwillig. Termin festlegen, das Zeremoniell, Eckdaten für die Trauerrede, Musik auswählen, die Annonce für die Zeitung und dann der eigentliche Tag.

Dieser Tag lief ab, wie ein Streifen aus der Stummfilmzeit. Irgendwie stand ich neben alledem. Ich konnte mich selber beobachten. Der Friedhof war übervoll. Als ob mehrere Beisetzungen stattfinden würden. Aber es war nur die meiner Mutter. Nur. Viele Menschen waren gekommen. Familie, viele Ältere, viele der Pflegefälle, die meine Mutter betreut hatte. An Krücken und in Rollstühlen. Es war zum Heulen. Aber ich konnte nicht. Die kleine Kapelle schien auseinander zu bersten. Alle wollten sie ihr die letzte Ehre erweisen. Zum ersten Mal wurde mir so richtig deutlich, wie beliebt meine Mutter gewesen war. Jetzt galt es wirklich Abschied zu nehmen. Die Trauerrede war schrecklich. Die vielen Hände schütteln. Die vielen mitfühlenden Worte.

Das einzig Schöne waren die vielen, vielen Blumen – damals in der DDR, mitten im Herbst. Das war's.

Jetzt begann ein neuer Lebensabschnitt. Kein leichter und manchmal sehr leer. Schule, Zuhause – alles war irgendwie aus den Angeln geraten. Aber es musste ja weiter gehen. Ich hatte es meiner Mutter irgendwann einmal versprochen. Weihnachten war kein Weihnachten mehr. Zu arg waren die Erinnerungen.

Im April des darauf folgenden Jahres erlitt Stiefvater Kurt einen schweren Herzinfarkt. Es war schon spät am Abend. Meine Schwester war schon eingeschlafen und ich las in irgendetwas. Plötzlich hörte ich ein dumpfes Poltern und darauf ein Röcheln. Ich ging ins Wohnzimmer. Der Drei-Zentner-Mann war gestürzt. Er zitterte am ganzen Leibe und litt an akuter Atemnot. Speichel rann ihm aus dem Mund und sein Gesicht war rot angelaufen. Ich versuchte ihn mit allen Kräften auf die Seite zu drehen. Nichts. Er atmete schwer. Ich wusste nicht, was ich tun sollte. In meiner Not klingelte ich wie panisch bei der Nachbarin. Sie war Krankenschwester und versuchte zu helfen. Sie fühlte den Puls. Er war kaum noch vorhanden. Ich rief den Notarzt. Eine Ewigkeit verging bis die Ärzte kamen. Meine kleine Schwester hatte ich samt Hund Felix ins Kinderzimmer gesperrt. Die Sanitäter konnten nur noch seinen Tod feststellen.

Jetzt schien die Welt wirklich still zu stehen. Was nun? Wie sollte es weiter gehen? Würde es überhaupt weiter gehen? Es war eine Horrornacht. Meine Schwester ging erst einmal zu der Nachbarin. Die Ärzte nahmen den Toten nicht mit. Der lag da jetzt. Eine andere Nachbarin kümmerte sich um ihn. Tote geben ja noch mal alles von sich. Gemeinsam wuschen wir ihn und versuchten eine Ordnung herzustellen, die es nicht mehr gab.

Und Schnitt.

Meine Schwester blieb bei der Nachbarin und wurde von ihr adoptiert. Ich beendete mit Erfolg die zehnte Klasse und ging nach Berlin zu meiner Tante Regina. Und jetzt begann wirklich ein neues Leben. Neue Regeln, neues Umfeld, neue Chancen. Mein altes Leben blieb irgendwie hinter mir. Erst mal ohne „Wenn" und „Aber."

Berlin, Berlin

Da war ich nun in Berlin. 1985. Mit ein paar persönlichen Dingen, die ich noch aus Magdeburg mitnehmen konnte. Habseligkeiten mit Erinnerungen. Erinnerungen, die für viele Jahre verblassen sollten. Meinen kleinen Hund Felix musste ich schweren Herzens in Magdeburg zurück lassen. Er fand ein neues und schönes Zuhause bei meiner Klassenlehrerin und verbrachte noch einige Jahre bei Ihr.

Mir brach es wieder ein Stück aus meinem Herz. Viel später erzählte mir meine Lehrerin, wie er seinen Lebensabend abschloss. Es war ein sonniger Tag. Sie ging mit ihm die Gassi-Runde, wie immer. Inzwischen war er in die Jahre gekommen und hatte die Figur meiner Lehrerin angenommen. Halt etwas rund herum, aber mit sich und seiner Welt im Reinen. Seinen letzten Atemzug nahm er in ihren Armen, auf einer satten Wiese an einem sonnigen Tag im aufstrebenden Magdeburg. Machs gut, kleiner Felix.

Berlin kannte ich von einigen kleineren Ferienreisen. Nun sollte ich da leben. Vorstellen konnte ich mir das nur schwer. Bevor Berlin, also Ostberlin mich vereinnahmen konnte, schickte man mich auf eine Reise in die damalige Sowjetunion, Richtung Ukraine an das Asowsche Meer. Jugendtourist ließ sich das was kosten. Nicht allzu viel. Denn die Reise sollte ich mit dem Zug unternehmen. Und nicht alleine, natürlich in der Gruppe. Ich stand noch so unter dem Einfluss der letzten Monate, so dass ich von meinen Mitreisenden nicht viel mitbekam. Wohl aber die Eindrücke der, aus heutiger Sicht betrachtet, recht nostalgischen Reise. Zu viert in einem Schlafabteil durch ganz Polen und ab in die Russerei. Komfortabel war es nicht. Aber wir kannten ja auch nichts Vergleichbares. Zwischendurch konnten wir uns für wenige Kopeken echten Grusinischen Tee von einer Deschurnaja ins Abteil servieren lassen. In Kiew machten wir Station. Eine zauberhafte Stadt. 1985 herrschte da noch sozialistische Einheit und Ordnung. So glaubten wir damals. Weiter ging es ins bezaubernde Donezk. Je ländlicher unsere Reise wurde, umso argwöhnischer wurden die Einheimischen uns gegenüber. Schließlich waren wir Deutsche und es wurden keine Unterschiede gemacht, auch nicht in Bezug dessen, dass wir ja erst sechzehn waren und mit dem verdammten Krieg überhaupt nichts zu tun hatten. An sich waren die Menschen recht freundlich, eher zurückhaltend und unwissend, aber nicht böse. Hätten wir die Sprache besser verstanden, dann wäre vielleicht vieles einfacher gewesen.

Wir genossen diesen Sommer am Meer, labten uns an den Südfrüchten, die wir ja nur aus Erzählungen oder der Weihnachtszeit kannten. Und wie jeder vernünftige Tourist verdarben wir uns ordentlich den Magen, weil wir das Wasser nicht abgekocht oder Gekauftes tranken und bekamen den flotten Otto. Die Scheißerei zu haben ist im Allgemeinen nicht sehr schlimm. Wohl aber dann, wenn die hygienischen Umstände nicht unseren westeuropäischen Normen entsprachen. Die Klos waren echt der Hammer. Also nicht, dass sie keine hatten. Wir haben sie nur nicht gleich als solche erkannt. Unser Feriencamp lag mitten im Wald nahe des Asowschen Meeres. Die Toiletten waren unscheinbare Baracken und ähnelten Carports. Links und rechts eine Wand und in der Mitte ein Loch. Keine Haltegriffe und keine Tür. Dafür gab es aber Klopapier. Nicht sehr feines. Schon etwas grober. Sandpapier war noch Watte dagegen. Das Papier warf man nach dem Gebrauch natürlich nicht ins Loch. Dafür standen Eimer ohne Deckel bereit. Jeder konnte also sehen, was das Scheißerchen vor einem so hinterlassen hatte. Abenteuerlich. Ich versuchte, meine Geschäfte auf die frühen Morgenstunden oder die Nacht zu verlegen. Zwischendurch nutzte ich jede, sich mir bietende Möglichkeit von Hotels bei unseren Ausflügen. In der Nacht kämpften wir gegen Armeen von Ameisen und tagsüber ließen wir uns von Mütterchen Russlands Sonne brutzeln. Ein scheener Urlaub, der irgendwann zu Ende ging.

Zurück in Berlin begann nun der Ernst des Lebens in Form meines Besuches der erweiterten Oberschule. Heute heißt das schlicht und ergreifend Abitur. Kein Zuckerschlecken für mich. Neue Stadt, neue Schule, neues Zuhause. Mehr schlecht als recht versuchte ich mich durchzuschlagen. Aber es gelang mir nicht. Zu tief saßen die Eindrücke und Erlebnisse der vergangenen Zeit und ließen mich nicht mehr los. Ich quälte mich von einem Tag auf den anderen. In dieser Zeit verstarb meine geliebte Oma, ohne dass ich noch einmal mit ihr an unsere schöne gemeinsame Zeit hätte anknüpfen können. Und wieder bröckelte meine kleine Welt. Der Kontakt zu meiner Schwester wurde von ihren Adoptiveltern abgebrochen. Sie hielten es für angebracht. Was ich davon hielt – danach fragte niemand.

In dieser Zeit schenkte ich Büchern große Aufmerksamkeit. Zeitweilig versuchte ich mich in ihnen zu verkriechen. Ich las alles was mir unter die Hände kam. Die vielen Bücher meiner Tante Regina waren vor mir nicht mehr sicher. Ihre kleine Bibliothek glich einem Almanach, aus welchem ich fast unendlich schöpfen konnte. Lexika, die gesamten und wunderbaren Alexander-Wolkow-Bücher, Bildbände und vieles mehr. Schließlich besaß ich dann endlich einen Ausweis für eine nahe gelegene Bibliothek, in der ich nach Herzenslust schmökern konnte. Andere gingen zum Fußball und ich las. An den Sonntagen unterstützte ich eine Arbeitsgemeinschaft Ökologie. Bis dahin hatte ich noch nie etwas von Ökologie gehört. Wir pflanzten Bäume in den Rieselfeldern von Schildow in der Nähe von Berlin. Eine unspektakuläre Jugendzeit. Ich hatte kaum Freunde, mit denen ich etwas unternahm. Na, einen vielleicht. Ich hielt ihn für meinen Freund. Ich war aber wohl nicht seiner. Vergessen konnte ich ihn nicht, diesen Heiko. Irgendwie fühlte ich mich zu ihm hingezogen. Gott wusste damals warum. Ich weiß es heute. Blond, hübsches Gesicht mit dem leichten Flaum eines werdenden Mannes. Der Schwarm aller Mädchen. Und meiner. Na, wie das so ist, wenn man sich selber entdeckt und dann auch mal nach links und rechts schaut. Ob es was mit Sexualität zu tun hatte, weiß ich nicht. Jeder war ja mit seiner eigenen beschäftigt. Wie sollte man da die von anderen erkennen und begreifen. Heimlichkeiten. Seinetwegen bin ich sogar mit zum Fußball ins Stadion gegangen ohne einen blassen Schimmer, was da auf dem Rasen vor sich ging.

Heute, knapp dreißig Jahre später, sieht die Sache schon ganz anders aus. Sexualität wird einem ja schon mit in die Wiege gelegt, ob es einem passt oder nicht. Prüde waren wir nicht. Eher bedacht. Ich fand es sogar spannender. Man muss sich nicht alles und allem gleich bewusst sein. Diesen Heiko habe ich einmal nackt gesehen. Ich habe nicht weggeschaut. Warum auch, der Anblick war einfach zu köstlich. Und mehr war da auch nicht. Leider. Es würde mich schon interessieren, wie er wohl heute aussieht. Vielleicht ist er ja dick und hat keine Haare mehr. Ich habe meine Erinnerungen. Viele Jahre sollten bis zu einem Wiedersehen vergehen.

Eine große Liebe habe ich dennoch gefunden. Ihren Namen hatte ich das erste Mal in einer Filmzeitschrift gelesen. Marlene Dietrich. Ich hatte keine Ahnung wer das war. Ihre Fotos betörten mich mit dieser unbeschreiblichen Schönheit. Ein Mythos eben. Ich kann nicht sagen, wie oft ich mir den Bildband „Marlene Dietrich" ausgeliehen habe. Bis ich einen eigenen geschenkt bekam plus einer Schallplatte. Vorher konnte ich mir diese Platte aus einer Phonothek leihen und habe sie, bestimmt zum Leidwesen meiner Tante, viele Hundert Male gehört und kannte die Lieder nun auswendig. Bis heute prägen mich diese Melodien und Texte, weil sie immer noch stimmen und passen. Später kam dann noch Hildegard Knef hinzu. Eine weitere und große Bereicherung. Mein Leben mit den Toten. Grins.

Vielleicht ist es die Sehnsucht nach der heilen Welt und die unstillbare Sucht nach Harmonie. Was soll´s, mir gefällt es. So schuf ich mir nun meine kleine Welt. Zu allem Glück kam eine Mitschülerin auf die Idee, ich solle sie doch mal zu ihrem Stepptanzkurs begleiten. Was das wohl sein sollte? Marga Wilke, so hieß die Mitschülerin, überzeugte mich und so hing ich in ihrem Schlepptau und ging zum Stepptanz. Theater hatte ich ja schon im Magdeburg gespielt. Damals schleppte mich auch eine Mitschülerin mit dorthin. Immer diese Mädels. Andrea Jung, meine älteste Schulfreundin, zu der ich immer noch Kontakt habe. Aber nun noch tanzen. Ich bin das arrhythmischste Wesen auf der Welt. Irgendwie überkam mich dann doch der Spaß an der Sache. So dumm stellte ich mich gar nicht an. Das fand auch meine Tanzlehrerin, Frau Rentzsch – eine damals schon betagte aber sehr agile Dame, die mich zu begeistern wusste. Ich hielt es recht lange bei ihr aus. Selbst zum Ballett konnte sie mich bewegen, wenn auch nicht ganz freiwillig.

Da stand ich nun das erste Mal in einem kleinen Ballettsaal an der Ballettstange. Gott sei Dank gibt es davon keine Fotos mehr. Es war im Club vom „Studio Ballett Berlin" in der Alten Schönhauser Straße 38. Das „Studio Ballett Berlin" wurde zeitgleich mit dem heutigen Fernsehballett Anfang der 1960er Jahre von Ingeborg Schiffner, einer ehemaligen „Palucca-Schülerin" gegründet und war lange Zeit das Hausballett vom Palast der Republik. Allerdings stand ich da nicht sehr lange. Es war offensichtlich, dass ich nie ein „Palucca-Schüler" werden würde. Der damalige künstlerische Leiter, Dr. Volkmar Draeger muss das wohl sehr schnell erkannt haben, obwohl ich ihm als Mensch nicht ganz egal war. Eben nur sehr untalentiert.

In dieser Zeit lernte ich Rainer Pechmann kennen. Er war im Studioballett ein sehr talentierter Schüler und Tänzer. Gleich am ersten Tag lächelte er mein Lampenfieber vorm Ballettraining einfach so weg. Wir fanden Gefallen aneinander und kamen uns natürlich näher.

Das Tanzen konnte aber auch er mir nicht sehr schmackhaft machen. Dafür überzeugte er mich aber von seinen anderen Talenten und lehrte mich einige wichtige Fähigkeiten, seinen und auch meinen eigenen Körper besser kennenzulernen. Das war nicht immer leicht zu bewerkstelligen. Er lebte in einer festen Beziehung und ich bei meiner Tante. Wohin also mit unseren Sehnsüchten? Schlussendlich mieteten wir uns ein Zimmer in einem kleinen Hotel in der Novalisstraße. Das war zu DDR-Zeiten gar nicht so einfach, denn wir waren kein „typisches" Paar und lebten beide in Berlin. Nur der Umstand, dass Rainer bei seinen Eltern in Mahlow gemeldet war, half uns.

Und, ob Sie es mir glauben oder nicht, wir brachten es fertig, dank unserer außergewöhnlichen Körperaktivitäten den Kleiderschrank in diesem Hotelzimmer zu zerlegen. Eine herrliche Nacht mit Frühstück. Meine Frau Rentzsch indessen glaubte fest daran, Rainer würde mich in die Kunst des Tanzens einführen. Wir ließen sie in diesem Glauben. Noch heute sind Rainer und ich befreundet, nach so langer Zeit. Frau Rentzsch brachte mir viele Dinge bei. Kleine Kniffe, Anstand und Benehmen oder die unscheinbaren Begleiterscheinungen und Notwendigkeiten eines Artisten, der ich dann später einmal werden sollte. Zu diesem Zeitpunkt wusste ich das aber noch nicht. Vor kurzem erfuhr ich, dass sie mit über achtzig Jahren freiwillig aus dem Leben gegangen ist. Aus Gram über den Verlust ihres Mannes, der immer an ihrer Seite war.

Heute erscheint mir diese Zeit wie ein Kokon, in dem ich mich damals eingenistet hatte. Einen Teil dieses Kokons habe ich mir bis heute bewahrt. Vielleicht ist das ja eine Art Selbstschutz.

Wie meine Tante, bei der ich lebte, mit all dem umging, ist schwer zu sagen. Leicht hatte sie es nicht. Ich habe es ihr auch nicht leicht gemacht. Ich ließ ja niemanden an mich heran. Irgendwie schwebte das Unglück über uns. Ihr Mann, mein Onkel Manfred, ein angesehener Oberstleutnant der NVA, verstarb nach einer schweren Krankheit. Warm geworden bin ich mit ihm nie. Er blieb bis zum Schluss ein Offizier und verlangte seinen Zoll. Seine Beerdigung war äußerst ehrenhaft, mit allen militärischen Ehren und Salutschüssen. Es war schweineheiss an diesem Tag. Als ob ein Damoklesschwert über uns herrschte – zuvor waren meine Mutter, die Schwester meiner Tante, meine Oma, ihre Mutter kurz nacheinander verstorben. Wie viel hält wohl ein Mensch aus? Und dann hatte sie mich auch noch an der Backe. Eiserner Wille? Eine Offizierswitwe gibt nicht auf!

Heute glaube ich, dass ich ihr oft Unrecht getan habe. Ich kann sie nur bewundern, für all das, was sie ertragen hat. Halt und Kraft, so glaube ich, gab ihr ihre Tochter, meine Cousine Katrin. Seite an Seite meistern sie ihr Leben. Wenn ich die beiden nicht gehabt hätte - meine zeitweiligen und finanziellen Miseren hätten mich wohl oder übel vollends aus der Bahn geworfen. Aber das ist Familie. Je älter ich werde, umso mehr begreife ich, was Familie bedeutet. Natürlich brauche ich mein kleines Hintertürchen, meine Freiheit. Aber zu wissen, dass man nicht alleine da steht, das ist schon einiges wert. Mehr als nur manchmal kapiert man das vielleicht zu spät. Heute sitze ich meinem Garten und denke darüber nach – nicht zu spät.

Das Glück kennt nur Minuten…(Hildegard Knef)

Die Schule wurde mir nach und nach zur Qual. Ich verlor den Faden und tat nichts dagegen. Es war Ende Herbst. Das Ende meines ersten Lebens. Mit Ach und Krach hatte ich die elfte Klasse geschafft. Das erste Mal eine Vier auf dem Zeugnis. Meine Mutter würde sich im Grabe umdrehen.

Eines Tages gab es nur noch zwei grelle Scheinwerfer im Dunkel des Morgengrauens. Dann nichts. Stille. Die Stunden danach fehlen mir. Am nächsten Tag Besuch bei einem Psychologen – Verdacht auf Suizidgefahr. Kurzum – Einweisung in die psychiatrische Klinik „Königin Elisabeth" Herzberge. Das war es dann.

Medizinische Untersuchungen, psychologische Gespräche und Medikamente. Tabletten am Morgen, damit man vergaß. Tabletten am Abend, damit man einschlief. Man ließ mich in Ruhe. Ich kam zur Ruhe. Ich teilte mir ein Zweibettzimmer mit einem älteren Herrn. Ich wusste nicht, wer er war und wollte es auch nicht wissen. Ich habe keine Ahnung, ob mich in dieser Zeit jemand besucht hatte. Das erste Mal seit langer Zeit ging es mir irgendwie gut. Die Welt da draußen war weit weg. Auf der Station fühlte ich mich sicher, obwohl ich mir nicht ganz sicher, ob ich noch ich war. Ich stand neben mir. Ich glaubte, dass das für immer so bliebe. Eine der Krankenschwestern weckte mein Vertrauen. Ganz langsam. Ich fühlte mich wie ein Kaktus, der seine Stacheln verliert. Langsam baute sich ein freundschaftliches Verhältnis zwischen mir und der Schwester Beate auf. Ein Verhältnis zwischen Patient und Betreuer. Ich war dankbar dafür. Die Zeit lief Richtung Weihnachten. Sie weckte keinen Schrecken in mir, obwohl es vielleicht so hätte sein müssen.

Meine Station lag in der ersten Etage. Im Erdgeschoss befand sich die Station für die Neuankömmlinge. Zumeist waren es die Notfälle, die es versucht hatten, ein Ende zu setzen. Eines Tages fiel mir unter ihnen ein Junge auf. Er war schon fast ein junger Mann. Sehr schlank und hochgewachsen. Er hatte ein feines, ebenmäßiges Gesicht. Es schien fast wie gemalt. Stupsnase und die Augen wie ein scheues Reh, sinnlicher Mund und eine sehr moderne Frisur. Eine sehr zarte Erscheinung, fast feminin. Damals wusste ich das noch nicht so richtig zu deuten. Ich wusste nicht, was mit ihm los war und warum er auf dieser Station war. Eine leise Ahnung hatte ich. Er gefiel mir und zog mich irgendwie an. Hatte ich Mitleid? Mir ging es ja schon viel besser. Es war pure Neugierde. Aber auf was? Er schwirrte in meinen Gedanken und ließ mich nicht mehr los. Ein fremdes aber warmes Gefühl quoll in mir. Was sollte ich davon halten? Wie kleine Blitze schoss es in meinem Kopf umher. Ich war mir nicht sicher, ob ich ihn einfach ansprechen sollte. Ich tat es einfach. Sekundenlanges Schweigen. Wie eine Ewigkeit. Endlich brach das Eis und wir wechselten ein paar Worte. Dann war ich auch schon wieder weg, beschämt in meiner Hilflosigkeit. Ich beschloss, ihn nicht noch einmal zu besuchen. Aber er ging mir nicht mehr aus dem Kopf. Immerhin kannte ich seinen Namen. Kai Zimmermann. Mir gefiel der Name und mir gefiel Kai. Er spukte in meinen Gedanken, er spukte in meinem Bauch, überall. Ich musste ihn wiedersehn. Allmählich kamen wir uns näher und wurden vertrauter. Wohl aus der Verzweiflung heraus, dass uns ein ähnliches Schicksal hier her gebracht hatte. Ich freute mich auf die täglichen, kurzen Augenblicke miteinander. Sie machten den Alltag etwas erträglicher.

Weihnachten stand nun endgültig vor der Tür. Mir war nicht nach Weihnachten. Weihnachten gab es einfach nicht mehr. Es kam trotzdem. Kai war nicht da. Wo sollte ich hin? Gezwungenermaßen und weil es aus vernünftigen Gründen von mir erwartet wurde, entschied ich mich dafür, zu meiner Tante zu fahren. Ich hatte nicht mal Geschenke. Ich kam mir so armselig vor. Meine kleine Welt, die ich mir so mühsam zusammen gestückelt hatte, brach wieder in sich zusammen. Ein Rückschlag für mich.

Es winterte draußen. Schnee fiel. Was sollte er auch sonst tun. Ich ging den langen Weg von Lichtenberg bis zum Prenzlauer Berg zu Fuß. Und er war noch nicht lang genug. Am ersten Weihnachtsfeiertag war ich schon wieder im Krankenhaus. Die Blicke der Familie waren mir zu viel. Sie meinten es bestimmt gut mit mir und versuchten ihr Mitleid zu verbergen. Mir tat es weh. Ich konnte nichts sagen, nichts denken und stand wieder neben mir.

Ich hatte aber noch „Glück" mit diesem Weihnachtsfest. Zurück im Krankenhaus erfuhr ich, dass es eine meiner Mitpatienten nun doch geschafft hatte. Kurzum – sie erhängte sich. Fast im Kreise ihrer Familie in einem Nebenzimmer. Nu war sie wech…!

Nach Silvester 1986/87

Der Jahreswechsel im Kreise von Bekloppten. Manchmal nannten wir uns scherzhafterweise selber so. Aber ein Silvester mit traditionellem Bleigießen und sich dabei etwas wünschen. Unsere Wünsche haben wir niemand offenbart. Hätten wir es getan, dann wären es Lügen gewesen. Im Januar sah ich Kai wieder. In uns keimte etwas. Keiner traute sich einen Schritt weiter zu gehen.

Irgendwann war es Mai. Ein ungewöhnlich schöner Frühling. Die Ärzte befanden für mich eine Psychotherapie. Drei Monate lang innerhalb einer Gruppe, in einem eigens dafür bestimmten Haus auf dem Klinikgelände. Keine Medikamente mehr. Dafür aber Selbstversorgung mit Kochen, Gruppentherapien und vielen Gesprächen. Es war eine harte Zeit. Jeder kehrte sein Innerstes nach außen. Aus heutiger Sicht war es das Beste was mir passieren konnte. Hinterher war ich zwar nicht schlauer, aber gelöster und nach Abschluss der Therapie konnte man mich wieder auf die Menschheit loslassen.

Während dieser drei Monate lernte ich einen jungen Mann näher kennen, der mit mir in dieser Gruppe „inhaftiert" war. Sympathisch und gutaussehend. Er war um einiges älter als ich. Mit ihm hatte ich die besten Gespräche. Der Altersunterschied störte uns nicht. Jeder konnte erzählen, sich alles von der Seele reden. Und jeder hörte dem anderen zu. Uneingeschränkt. Erst dachte ich an ein Vater-Kind-Gefühl, denn das hatte ich ja nie erfahren. Aber das war es nicht. Es war mehr als das. Eine gegenseitige und tiefe Zuneigung. Ein wohlig warmes Gefühl. Zarte Berührungen, Umarmungen und Händchenhalten. Ich taumelte in meiner Gefühlswelt, stellte keine Fragen und wollte auch keine Antworten. Ich genoss einfach nur die Augenblicke. Augenblicke, die ich danach so nie wieder erlebte. Jens Uwe Schmidt weckte eine Sehnsucht in mir. Den Durst danach versuche ich noch immer zu löschen. Bestimmt ein Leben lang. Ich sehe noch die Fotos von uns beiden vor mir. Schwarz-weiße Erinnerungen. Wir beide mit seinem schicken Wartburg während einer Landpartie nach Kloster Chorin. Jedes Mal, wenn ich an Kloster Chorin vorbei fahre, denke ich sehnsüchtig zurück und kann es doch niemandem erzählen. Die Zeit ging vorbei und wer weiß, wo und ob er noch lebt. Dann wäre er über sechzig und ob er sich an mich erinnern würde…

Der Sozialismus hatte mich wieder. Ich musste einer geregelten Arbeit nachgehen. Man hatte mir angeboten, das Abitur noch einmal zu machen. Ich lehnte ab und habe es nie bereut. Auf Grund meiner zeichnerischen Begabung bot man mir eine Stelle als Hilfszeichner beim IHB an (Idioten helfen Bauen *Uli Voigt*). Also beim Ingenieurhochbau Berlin mit der Aussicht auf eine Lehrstelle als Bauzeichner für Hochbau. Ich nahm an und auch das habe ich nie bereut.

Lehre und Laster

Das Jahr 1987 war ja nun doch ein besonderes Jahr. Mein Schritt zurück ins Leben, meine ersten und ernsten Begierden und das Jubiläum „750 Jahre Berlin." Vom letzteren wusste die ganze Welt. Nebenbei begann ich auch wieder zu steppen. Es ging bergauf. Der Job machte manchmal sogar Spaß. Ich sah viel von Berlin, denn ich drängelte mich immer vor, wenn es darum ging, auf die Baustellen zu fahren und die fertig gestellten Baupläne auszuliefern. Damals zeichneten und schrieben wir alles noch per Hand. Selbst die Kopien wurden von Hand gearbeitet. Ein richtiges Handwerk, sozusagen. Nur das stupide Arbeiten in den Zeichenbüros ödete mich an. Da waren die Baustellen schon eine willkommene Abwechslung. Und die kostete ich in vollen Maßen aus. Ganz unbeteiligt am Stadtbild von Ostberlin war ich nun nicht mehr. Immerhin durfte ich die Fenster vom damaligen Hauptbahnhof (heute wieder der umgebaute Ostbahnhof) zeichnen und ich war einer der Ersten, die schon mal einen Blick in das prächtige Grandhotel Unter den Linden / Ecke Friedrichstraße, das kurz vor seiner Eröffnung stand, werfen konnten.

Das Grandhotel war das Prestigeobjekt der DDR. Einfach sensationell. Prunkvoll und atemberaubend schön.

Schön waren auch die Annehmlichkeiten, die die Außerhausaufträge mit sich brachten. Oft in den frühen Morgenstunden, da fiel mein permanentes Zuspätkommen nicht so auf. Oder in den Mittagsstunden. In denen konnte ich meine Mittagspause ins fast Unendliche ausdehnen. Meist waren noch Besorgungen für die lieben Kollegen oder die Vorgesetzten zu machen. Ich tat es äußerst bereitwillig und so wurde ich Stammkunde in der Markthalle am Alexanderplatz. Ein herrliches Treiben. Ich konnte mich unter die Touristen schummeln und schlich mich in so manche Stadtrundfahrt. Natürlich kostenfrei und selbstverständlich im entferntesten Sinne der Partei. Es waren ausgedehnte Streifzüge durch Berlin. Durch mein Berlin. Denn das war es inzwischen geworden. Meine Kollegen und mir Vorgesetzten nebst meinem Lehrausbilder für das Praktische Uli Voigt, waren mir sehr wohlgesonnen und ließen mir diese wunderbare Zeit, all das zu erleben. Magdeburg hatte ich schon fast vergessen. Ich genoss diese unbeschwerte Zeit. Die DDR war scheen.

Inzwischen war ich nun Lehrling. Mein Alltag änderte sich nur durch den Umstand, dass auch noch die Berufsschule auf dem Plan stand. Und die befand sich auf der Fischerinsel. Alles schön beieinander und ich mittendrin. In diesen Monaten lernte ich Berlin erst richtig kennen. Unter dem Fernsehturm gab es eine kleine Gaststätte. Man nannte sie Café Größenwahn. Ich habe nie heraus gefunden woher dieser Name stammte. Aber die dort servierte Soljanka war groß und wahnsinnig gut. Und man konnte Leute kennenlernen. Touristen von Übern-Großen-Teich, Sachsen und Thüringer von nebenan und unsere sowjetischen Freunde. Wahre Schönheiten waren darunter. Ich war so jung und hungrig, hungrig nach Leben. Und so passierte es auch, dass mich so manch eine von den Schönheiten eroberte und wir irgendwo in Marzahn in einem Studentenwohnheim landeten und uns Briefmarkensammlungen anschauten…

Meine Ausflüge gingen weiter, dank meiner Ausbilderin Carola Stengel. Sie war nur ein halbes Jahr älter als ich. Privat duzten wir uns. Wir hatten ein super Verhältnis und sie großes Verständnis für meine Ausschweifungen in alle möglichen Richtungen, die sich nun von Woche zu Woche mehrten. Das ging sogar soweit, dass sie mir ihre Eintrittskarte für die legendäre Show von MARY & GORDY überließ und ich mir dieses Spektakel im damaligen Metropol-Theater anschauen konnte. Einige erinnern sich vielleicht noch daran, dass es ganz und gar nicht selbstverständlich war, solche Eintrittskarten zu ergattern. Viele hatten Stunden oder Tage danach angestanden. Und ich besaß nun eine, saß im ersten Rang und ließ mich in eine Welt entführen, die uns Ossis in Trance versetzte. Jedenfalls mich. Ich war wie benebelt, so viel Reichtum auf der Bühne und die Stars zum Greifen nahe. In Sachen Theater war diese Show für mich ein sehr berührendes Ereignis. Ich sog alles in mich auf und traute meinen Augen und meinem Verstand nicht mehr. Ich glaube, das war der sprühende Funke, der in mir so etwas wie ein Artisten-Embryo gedeihen ließ. Ich habe mich nie wieder erholt. MARY & GORDY sei Dank. Angemerkt sei noch und das war etwas sehr besonderes an MARY & GORDY – sie brachten alles mit, Kostüme, Bühnentechnik, Ton- und Lichttechnik, eigene Musiker, sogar ihren eigenen Cateringservice. Profis durch und durch.

In meinem Stepptanz hatte ich mich Dank meiner Lehrerin soweit profiliert, so dass sie mir schon kleinere Auftritte zutraute. Erst in der Gruppe und dann solo. Und ein bisschen Geld gab es auch noch dafür. Es war ein herrliches Leben. Bei einem meiner Auftritte lernte ich Raimund kennen. Er trat unter dem Namen „CAMELION – die Freude an der Travestie" auf und war in seiner Art Damenimitator. In der DDR hieß diese Kunstform „Phonomimik." Ein seltsamer Name. Heute sagen wir schlicht und ergreifend Travestie oder Fummeltanten dazu. Raimund band mich in sein Programm mit zwei Tänzen ein, so dass er sich umziehen konnte, da er noch mit Vollplaybacknummern arbeitete. Diese Kombination kam gut beim Publikum an und am nächsten Tag war ich wieder engagiert für sage und schreibe fünfzig Ostmark. Für mich ein wahrer Geldsegen, denn die Gagen zuvor waren sehr mickrig und gingen meist für Kostümchen oder neue Steppplatten drauf. Jetzt war ich Kleinkünstler. Wie sich das anhörte, irre. Neben dem Stepptanz, meiner Lehre und meinem Leben bei meiner Tante hatte ich nun ein neues Steckenpferd gefunden. Die Kunst der Travestie. Ich war von ihr fasziniert und bin es noch heute, wenn es gut gemacht wird. Die Art von Raimund war schon sehr rebellisch. Immer aufregend, ob auf der Bühne oder dahinter, ob vor den Auftritten oder danach. Eine Mischung aus „CABARET" und „LA CAGE AUX FOLLES." Aber halt für den kleinen Mann und den kleinen Geldbeutel. Immer begleitet von viel Alkohol, Zigaretten und Tam-Tam. Wenn ein Gig anstand, dann stand unsere Eineinhalbmann-Show vor einer logistischen Herausforderung. Denn zur Truppe gehörte außer uns noch Tante Koe, alias Rolf Könecke. CUV, chronisch untervögelt und permanent am Rande des finanziellen Abgrundes – aber der Chef vom Janzen. In besseren Tagen war er einmal ein viel beschäftigter Programmgestalter bei der Konzert- und Gastspieldirektion Schwerin gewesen. Das sind die Umschreibungen für Manager und Agentur. Damals hatte alles andere Namen. Tante Koe kannte alles und jeden. Ich will gar nicht wissen, mit wem sie/er alles geschlafen hat. Aber die Kontakte waren von großem Vorteil für uns. Dann gab es noch Peter Krüger, oder auch Krügerol genannt. Ein Schmalhans mit schütterem Blondschopf, dem die Jungs nicht jung genug sein konnten. Na, Granaten pfeifen anders. Er war dafür zuständig, dass wir wohlbehalten und im günstigsten Falle sogar pünktlich von A nach B kamen und wieder retour. Er besaß einen BARKAS, der VW-Bus des Ostens, umgebaut wie ein Tournee-Bus und tat seine Dienste. Oder auch nicht. Und da „CAMELION" schon recht fortschrittlich war, gab es sogar eine eigene kleine Ton- und Lichtanlage. Die Anlage und der dazugehörige Techniker Markus, fuhren ebenfalls mit im Bus. Markus, eine Stinette mit dem Gemüt einer Schlaftablette. Aber er tat wofür er sein Geld bekam. Ihn konnte nichts, aber auch nichts aus der Ruhe bringen, er trieb uns manchmal zur Weißglut.

Vor alledem hatte mich meine Stepplehrerin gewarnt und wie mit Engelszungen auf mich eingeredet. Aber junge Menschen wissen immer alles besser.

Solch ein Auftritt dauerte im Grunde genommen nur etwa zwanzig Minuten. Aber das ganze Drumherum war schon recht abenteuerlich. Raimund und Markus wohnten zu dieser Zeit noch in Fredersdorf, zwischen Neuenhagen und Straußberg, bei Berlin. Damit jetzt auch jeder weiß, wo das liegt. Wir anderen wohnten in Berlin. Raimund war hauptberuflich noch als Filialleiter in einem Farbenladen beschäftigt. Wie treffend. Und wir anderen hatten ja auch unsere Hauptbeschäftigungen, bis auf Tante Koe. Ein Lebenskünstler wie er im Buche steht. Na und jedes Mal musste ich für meine Tante eine plausible Erklärung für meine nächtlichen Unternehmungen finden. Ich glaube, so richtig vormachen konnte ich ihr nichts.

Dann ging es von Berlin nach Fredersdorf, von da zum Auftrittsort. Mitten in der Nacht wieder zurück nach Fredersdorf, den leicht durchfeuchteten Raimund abliefern und wieder nach Berlin.

Und morgens klingelte mein Wecker – ich war ja noch in der Lehre.

Das VARIETÉ MOBIL

Es war das Jahr der Jubelfeier „750 Jahre Berlin", die Hauptstadt leistete sich etwas ganz besonderes. Ein kleines Varieté im Stil der „Goldenen Zwanziger Jahre." Es wechselte innerhalb der Stadt von Bezirk zu Bezirk und bot zweimal am Abend eine berauschende Show. Daher auch der Name VARIETÉ MOBIL. Die Spielstätte war ein ausrangiertes Zweimaster-Zirkuszelt. Das äußere Rondell der Zuschauerränge blieb erhalten und die Manege wich einer richtigen Bühne. Sie war immer leicht abschüssig, so dass die Mädels vom Ballett alle Mühe hatten, um im Takt zu bleiben. Glimmer, Glanz und Flitter. Die Berliner waren begeistert. Rund um das Zelt war eine kleine Stadt aus Garderobenwagen, Kantine und Wohnwagen. Das VARIETÉ MOBIL war zu jeder Vorstellung ausverkauft. Das Programm konnte sich sehen lassen. Eine gelungene Mischung aus Revue, Kabarett, Artistik und Revue. Die Show war prall gefüllt mit den Attraktionen verschiedenster Couleur.

Eines der Highlights war natürlich die Band unter der Leitung von Hanns Pannasch, einem außerordentlichen Saxophonisten (später übernahm Alfons Wonneberg die Leitung). Allesamt Topmusiker, die jede Darbietung live begleiteten. Das machte schon einen gewaltigen Eindruck, wenn man das erste Mal auf den harten Sitzbänken saß und die Musik erklang. Innerhalb von einer Minute hatte man den Alltag vergessen und tauchte ein, in eine fast kosmische Atmosphäre. Der Staat hatte sich das Programm einiges kosten lassen. Die sechs Mark Eintritt deckten das bei weitem nicht ab. So war die DDR halt. Immer aus dem Vollen schöpfen.

Bekannte Unterhaltungskünstler vom Theater, Rundfunk und vom Fernsehfunk waren wirklich zum Greifen nahe. Moderiert wurden diese Abende zumeist von Dagmar Gelbke und Klaus-Peter Pleßow. Sie führten beherzt durch das Programm, brillierten in gemeinsamen Sketchen und sagten die einzelnen Interpreten und Darbietungen an. Es war wie der Friedrichstadtpalast in Miniatur. Dagmar Gelbke war eine gestandene Schauspielerin und Kabarettistin, die zudem noch singen und steppen konnte. In früheren Zeiten war sie für sechs Jahre die Bühnenpartnerin von Helga Hahnemann gewesen. Sie machte ihre Sache sehr gut und ihr hätte womöglich noch mehr Ruhm und Anerkennung zugestanden. Aber sie stand immer im Schatten von irgendwem. Sie war nicht die Bühnenschönheit, wie man sie von Filmplakaten her erwartete. Sie hatte tiefe Tränensäcke und viele weibliche Rundungen ab Taille abwärts. Aber sie war ein Quell ihres Handwerks und beherrschte dieses außerordentlich.

An ihre Seite hatte man nun den Schauspieler Klaus-Peter Pleßow gestellt. Viele kannten ihn vom Kinderfernsehen in „Zu Besuch im Märchenland." Als FABIAN spielte er sich in die Herzen von unzähligen Kindern. Aber auch als Kabarettist machte er sich einen Namen. Gelbke und Pleßow, beide konnten unterschiedlicher nicht sein. Vielleicht funktionierte es gerade deshalb mit ihnen. Sie sangen und tanzten und spielten sich gegenseitig an die Wand. Es war herrlich ihnen zu zusehen.

Und wie es sich für eine anständige Revue mit teilweise unanständigen Hintergründen gehörte, gab es natürlich auch etwas für das Auge. Das Jan-Schlüssler-Revue-Ballett aus Prag. Keine Ballettháschen, sondern richtige Frauen. Rubens wäre im Dreieck gesprungen. Die DDR-Oberen wussten, wie sie ihrem Affen Zucker geben konnten. So hatte das natürlich auch einen internationalen Anstrich, wenn auch nur aus der östlichen Internationalen. Jan Schlüssler herrschte über seine Mädels, wie Karl Lagerfeld über seine Models und verstand auch eine Unmenge von Kostümen. In den achtziger Jahren war es nicht so einfach, an tolle und teure Stoffe heran zukommen. Und so war, wie überall im Osten, Improvisation angesagt. Den Tschechen-Strass hatte Herr Schlüssler in rauen Mengen gleich von Zuhause mitgebracht und die Federn für die Revueroben kamen aus Ungarn, das dem Westen schon immer etwas näher war. Aus den Gestellen von Lampenschirmen baute er mit viel Geschick, Eifer und Ausdauer die fantastischsten Federkragen, die es damals gab. Ich war berauscht von seinem Können und all der Pracht, die er zauberte. Die Verpackung macht es eben und das Publikum honorierte es mit viel Applaus. Das VARIETÉ MOBIL verfügte so über einen Charme vom

Lido. Es war eine Augenweide, wenn dieses Ballett die Sängerin Hannelore Breiten bei „New York-New York" in goldenen Kostümen umrahmte. Ab und an durfte auch mal ein männliches Tanzsternchen mit über die Bühne hopsen. Da waren schon ansehnliche Kerlchen dabei. Wahrscheinlich hatte auch er Schlüssler eine Besetzungscouch, obwohl er ja nun nicht gerade mit der Statur eines Adonis geschlagen war. Nun – nix genaues weiß man nicht. Ich war damals noch so unbedarft. Also wenn ich gewusst hätte, was ich wollte – aber noch nicht geahnt hatte, dann wäre vieles anders gekommen. So blieb ich ein stummer Beobachter und Zeitzeuge mit großen Kinderaugen.

Richtige Artisten hatten natürlich einen festen Platz in diesem Unterhaltungsgerangel erster Güte.

Miss ALBENA war eine exotische Schönheit und international anerkannte Artistin mit einem makellosen Antlitz und einem Körper, als wäre sie nicht von dieser Welt. Sie zelebrierte Kautschukartistik. Eine hohe Kunst der Körperbeherrschung, die ihren Preis hatte. Sie konnte sich verbiegen, dass es einem schon beim zusehen weh tat. Mit normaler Gymnastik hatte das nichts mehr zu tun.

Mir war es immer ein Rätsel, wohin Miss ALBENA ihre einzelnen Körperteile hin schieben konnte und sie anschließend, Gott lob, auch wieder fand. Ihre Darbietung war so voller Anmut und Disziplin. Sie tanzte, sie verbog sich und verdrehte den Männern reihenweise den Kopf. Ich glaube, den Männern im Publikum gingen nicht nur die Augen über. Sie wohnte auf dem Platz im eigenen Wohnwagen.

Und es gab ihn doch, diesen Adonis. Mario Delon. Mann, was für ein Mann. Man wusste gar nicht, wohin man zuerst bei ihm schauen sollte. Der Mann war Sex pur. Aber den hatte sich schon Miss ALBENA gegriffen. Leider, wie mir wahrscheinlich ein Großteil der damals dabei Gewesenen beipflichten würde.

Seine Passion bestand in der Hand-Equilibristik. Eine besondere Art der Artistik, die viel Kraft und Ausdauer verlangte. Der Artist steht kopfüber auf den Händen, mitunter auf nur einer und vollbringt die tollsten Kunststücke.

Wie er wohl privat war? Einige Zeit später hatte ich das große Glück, einen Sommer lang mit Mario Delon gemeinsam engagiert zu sein. Unter anderem auch im Zirkus Althoff. Wir tourten an der Ostseeküste entlang und wohnten auch zusammen, in einem Zimmer! Das war nicht immer einfach für mich. Es ist aber nie etwas passiert. Na schön, ich hätte bestimmt nicht nein gesagt. Mario Delon, ein Kerl wie ein Baum, ein wahres Abbild Gottes. Die Meinung vertrat bestimmt nicht nur ich, wenn wir an unseren freien Nachmittagen am Strand in der Sonne lagen. Dann ruhten hunderte Augenpaare auf seinem gestählten Körper. Noch schöner, nachts ruhte ich neben ihm…

Mario war eine Seele von Mensch, immer gut gelaunt mit einem breiten Lächeln auf seinem schönen Gesicht, äußerst gönnerhaft und wahrscheinlich viel zu gut für diese Welt. Später erfuhr ich, dass er freiwillig aus dem Leben geschieden ist. Aber jetzt weiß ich auch, dass mindestens ein Engel da oben im Himmel, ein Gesicht hat.

In den Unterhaltungsprogrammen der DDR gab es feste Grundsätze. Das galt auch für die Auswahl der einzelnen Künstler. Fast immer gab es einen Moderator, eine Band oder Combo, Artistik, Tänzer und Sänger.

Hannelore Breiten hatte ich ja schon erwähnt. Sie war die Sängerin im VARIETÉ MOBIL und die Frau von Hanns Pannasch. Sie hatte eine herrlich abgesungene Stimme und gab internationale Evergreens zum Besten. Ihr Bühnenoutfit bestand zumeist aus einem schwarzen Smoking mit auffallend roter Fliege, den sie zu tragen wusste, wie kein/e andere/r. Dazu eine schwarze Melone, mit der sie einzigartig umzugehen wusste. Sie war sehr schlank und hatte endlos lange Beine, ein tolles Make-up und einen frechen Kurzhaarschnitt, der ihr einen leicht lesbischen Touch verpasste. Ihren Auftritten tat das keinen Abbruch, im Gegenteil. In meinen Augen war sie ein Showgirl, kein taufrisches mehr, aber umso faszinierender. Feminin und doch knabenhaft.

Heute glaube ich, dass die Kessler-Zwillinge eigentlich Drillinge waren. Das Dritte hatte man verstoßen und hieß Hannelore Breiten. Sie sang die Lieder nicht einfach so dahin, sie zelebrierte sie. Jede Interpretation hatte eine eigene Choreografie, die absolut immer gleich ablief. Als ich mich damals im VARIETÉ MOBIL herumtrieb, verpasste ich keinen ihrer Auftritte. Später konnte ich viel davon profitieren. Die Erinnerung an ihre Disziplin und Professionalität haben mich immer bestärkt weiter zumachen – auch wenn es mal nicht so glatt lief oder es mir nicht so gut ging. Das Publikum weiß es ja nicht, es hat bezahlt und will was für sein Geld. Wenn ich heute so drüber nachdenke, ein bisschen was von Marlene Dietrich hatte die Breiten. Nur zu einer anderen Zeit und eben im Osten. Danke Hanne! Punkt. Wenn man sich die heutige Showlandschaft und die sogenannten „Künstler" aus der freien Unterhaltungswildnis, so anschaut – es kommt einem das Gruseln. Wer da so alles was darf und tut, was er nicht kann und sollte und wir auch nicht brauchen…

Ein Kopfschütteln reicht da nicht mehr aus. Mir fallen da Leute ein, wie Mario Barth & Co. Mit Kabarett und Comedy hat das kaum etwas zu tun. Es gab Zeiten, da musste ein Künstler sein Handwerk hart erlernen, sich beweisen und das war auch gut so. Schalte ich heute den Fernseher ein, dann sehe ich soviel Dreck. Traurig. Kaum einer, der wirklich was kann. Meistens nur die ollen Kamellen. Aufgewärmtes Zeug von vor dreißig, vierzig Jahren. Damals war das brandneu und aktuell. Da steckte ein Sinn dahinter. Heute wirkt es abgedroschen und die, die es auf die Bühne bringen, wollen dafür Unmengen an Kohle haben. Kommerz ohne Ende. Kabarett und Comedy kann man nicht vor Tausenden von Zuschauern machen. Das braucht einen gewissen Rahmen, eine Nähe zum Publikum.

Eine die all das wirklich beherrschte, war Ursula Staack. Sie war ebenfalls im VARIETÉ MOBIL engagiert. Eine Kabarettistin und Schauspielerin der ganz großen Klasse. Eine kleene Dralle mit viel Sexappeal.

Uschi ist, war und wird es immer sein - etwas Besonderes. Das Leben hat es nicht immer gut mit ihr gemeint. Ursprünglich stammt sie aus dem Sudetenland und ihre Biografie liest sich wie ein Bilderbuch. Das Zeug zur Schauspielerin hat sie von ihrem Großvater geerbt und das Leben gab ihr Unterricht. Bekannt wurde sie durch ihr langjähriges Engagement am Deutschen Theater und natürlich durch die berühmten DDR-Fernsehschwänke um „Maxe Baumann." Aber als gestandene Kabarettistin ist sie mir bis heute in liebster Erinnerung.

Unsere erste Begegnung, im wahrsten Sinne des Wortes, hatten wir in der Garderobe von Jürgen Rummel und Lutz Riediger. Zu viert mit Hannelore Breiten teilten sie sich einen Garderobenwagen. Jürgen und Lutz, das angesagteste und professionellste Travestieduo unter dem Namen „Mr. Funfair & Co." Nun – soviel Travestiedarsteller gab es zu DDR-Zeiten nicht. Doch dazu später mehr.

Uschi hatte irgendwas zwischen den Kostümen von Jürgen zu kramen. Ich ebenfalls, nur von der anderen Seite (ich trieb mich zu dieser Zeit als Hilfsgarderobier bei Jürgen und Lutz herum). Als wir uns zueinander durch gewühlt hatten, stand sie da, die Uschi – sie stand da mit oben ohne. Nicht, dass ich so etwas noch nie gesehen hätte, aber so viel und direkt vor meiner Nase. Mama Mia, ich war noch nicht mal zwanzig. Sie nahm es gelassen, machte einen Scherz und damit war die Sache abgetan. Ich schluckte und tat es ihr gleich. Später, als Uschi und ich zur selben Zeit die Fahrschulbank drückten, haben wir uns daran erinnert und uns köstlich amüsiert.

Ursula Staack war der absolute Knüller in dem Varietéprogramm. Ich bin der festen Meinung, dass viele der zahlreichen Zuschauer, die nicht nur einmal diese Show besuchten, in erster Linie wegen Uschi kamen. Sie nahm bei ihren Auftritten kein Blatt vor den Mund. Es war genau das, was das Publikum erwartete – freche und frivole Unterhaltung, die auch mal den Rand der Gürtellinie erreichte. Und dieser Rand befand sich zu DDR-Zeiten ziemlich weit oben. Das bedeutete im Klartext: beste Unterhaltung für ein lusthungriges Publikum. In ihrer unnachahmlichen Art ließ Uschi die Puppen tanzen. Ihr auffallendes Make-up, ihre sexy Rundungen opulent in Szene gesetzt, die resolute Stimmbeherrschung und ihre Wortkunst waren ein Garant für beste Unterhaltung. Sie verfügte über ein sehr gutes, musikalisches Gespür. Das brauchte sie auch bei ihrem Pianisten, der sich strikt an sein Blatt hielt, wenn das Temperament mit ihr durchging. Erst säuselt sie uns ihr Spiel und dann brach sie brachial in ihrer Stimmung – ein „Faust" im Abendkleid.

Sie konnte auch der feucht-fröhlichen Seite des Lebens sehr zugewandt sein. Da kam es schon mal vor, dass sie ihre gesamte Abendgage in der Berliner Kneipe „Besenkammer" umsetzte und dermaßen einen im Tee hatte, dass sie am nächsten Tag die Vorstellung im Sitzen spielen musste. Aber ihr Spiel war hinreißend. Hut ab, jeder andere hätte aus unerfindlichen Gründen abgesagt. Aber sie war eine Vollblutkünstlerin – wer saufen kann, der kann och arbeeten.

Die DDR war weltoffen – in ihren Grenzen. Man gönnte sich in der östlichen Kulturszene die Extravaganz der Travestie. Es hieß nur anders: Phonomimik. Die verschiedensten Wortfindungen wie Damenimitator, Transformingkünstler oder eben auch Fummeltante. Und das war auch der Leitspruch von „Mr. Funfair & Co" alias Jürgen Rummel und Lutz Riediger: „Knüller, Knaller - fummel mal..." So hieß es auf ihrer Schallplatte „Wer küsst unsre Kokosnuss" von 1991. Jürgen Rummel war schon immer Schauspieler und Dank seiner repräsentativen Stimme Moderator beim Rundfunk und in unzähligen Unterhaltungsprogrammen. Er hatte viele Kontakte, die weit über die normalen Grenzen gingen, war viel herum gekommen und konnte sich als einer der ersten Travestiekünstler in der DDR etablieren. Damals ein absolutes Novum. Lutz hatte er in Dresden kennen gelernt und einfach mitgenommen. Lutz arbeitete zunächst als Techniker und Assistent bei Jürgen und stieg dann als Akteur mit in die Show ein (die Schöne und das Biest – ätzten damals viele Neider). Beide ergänzten sich in jeder Hinsicht.

Jürgen war der wortgewandte, rastlose Lebemann, der gutes Essen und gute Tropfen zu schätzen wusste und seine vielfältigen Beziehungen pflegte. Immer im Hinblick auf neue Auftrittsmöglichkeiten. Seine Kontakte reichten sogar bis nach Ungarn. Und Ungarn galt damals schon als das Tor zum goldenen Westen. Jürgen – ein nicht uneitler Pfau, der lieber der Wolf im Schafspelz gewesen wäre.

Lutz war der Sensible, ein scheues Rehkitz in der Manege der vielen Raubkatzen der Unterhaltungsbranche der DDR, man hatte ihn hinein geworfen in das schrille Leben vom Berlin der achtziger Jahre. Er war eine Diva, immer etwas distanziert. Einigen stieß er damit vielleicht vor den Kopf. Er hat es bestimmt nicht so gemeint. Schließlich war das schon ein gewaltiger Lebenseinschnitt. Plötzlich stand er als ein gefeierter Travestiestar im Rampenlicht. Schön, jung und begehrt. Er hatte ja nichts verloren, außer seinen ollen Fabrikjob in

Dresden. Ein jeder ist seines Glückes Schmied, sagte schon Appius Claudius Caecus (ein bedeutender Staatsmann und Politiker der mittleren Römischen Republik aus der Zeit der Wende vom vierten zum dritten Jahrhundert vor Christi).

Lutz und Jürgen hatten sich getroffen und hatten es gut getroffen, gemeinsam eine Show zu präsentieren. Nun galten sie als „das Glitzerweibchen" und der/die/das „komische Alte." Im VARIETÉ MOBIL waren sie die Stars und ihre Ausstattung war vortrefflich. Tolle Pailliettenkleider und irre Stoffe aus Ungarn und der westlichen Welt, die selbstverständlich engen Kontakte zu den Schneiderinnen aus dem Friedrichstadtpalast und die handgefertigten Echthaarperücken waren ihre exzellente Verpackung. Nicht zu vergessen, die legendären Strumpfhosen aus Amerika, die aus behaarten Männerbeinen grazile Marilyn-Monroe-Beine zauberten. Sie waren absolute Bückware, eigentlich fast gar nicht zu bekommen, wenn man nicht über das so notwendige „Vitamin B" verfügte. Diese Strumpfhosen waren sehr belastbar, ein Muss für jede Tänzerin und eben auch für Travestiekünstler. Sollten sie dennoch mal eine Laufmasche gezogen haben, konnte man sie damals noch reparieren lassen. Diese besondere und verantwortungsvolle Aufgabe fiel in meinen Bereich als Hilfsgarderobier. Jürgen und Lutz mögen es mir heute verzeihen, dass ich damals die eine oder andere der reparierten Strumpfhosen verschwinden ließ, um damit selber auf der Bühne glänzen zu können.

Natürlich besaßen die beiden schon damals professionelles Make-up, das selbst einem Tauchgang Stand gehalten hätte. So ausgestattet, legten sie eine tolle Show hin. Ein, zwei Gesangseinlagen, die doppeldeutigen Conferencen mit politischem Einschlag von Jürgen und die üblichen Playbackparodien waren ihr Erfolgsrezept. Sie zogen alles und jeden durch den Kakao und dabei alle Register ihres künstlerischen Könnens. Ob Nana Mouskouri, Marlene Dietrich, Zarah Leander, Marilyn Monroe, Madonna, Tina Turner oder Monika Herz. Selbst vor Monika Hauff und Klaus-Dieter Henkler machten sie nicht halt. Es war köstlich, ihnen zu zuschauen. Sie hatten es eben drauf. Die beste Nummer, die ich je von Jürgen gesehen habe, war seine Parodie auf Liza Minelli, mit der berühmten Stuhlnummer aus dem

Film „CABARET." Eigentlich grotesk, aber gerade deshalb ein Zuckerstück der Travestie. Stellen Sie sich vor: Jürgen war zu dieser Zeit schon leicht über die Neunundzwanzig hinaus, über eins achtzig groß, damals noch gertenschlank und mit rein gar keiner Ähnlichkeit von Liza Minelli gesegnet. Seine tänzerischen Fähigkeiten bewegten sich in sehr engen Grenzen, es wäre einfacher gewesen einer Waschmaschine das Steppen beizubringen.

Aber Jürgen vollzog diese Nummer mit großer Ernsthaftigkeit und in der Originalchoreografie. Und das war der Erfolg, die Gewissenhaftigkeit der Nummer, es war zum Schreien komisch. Alte Schule!

Ich verbrachte viele Abende im Varieté-Zelt. Es hatte mich gepackt, so etwas wollte ich auch machen. Und wen es einmal gepackt hat, den lässt es nie mehr los. Eines schönen Abends passierte mir ein folgenschweres Missgeschick. Hinter der Bühne lagerten alle möglichen Requisiten, auch die Nebelmaschine. Es war dunkel und eng. Durch eine kleine Unachtsamkeit setzte ich die Nebelmaschine in Gang – natürlich an der falschen Stelle im Programm. Jürgen war gerade mit seiner Tina-Turner-Parodie auf der Bühne. Die Maschine nebelte und nebelte. Sie hörte nicht mehr auf. Vor und hinter der Bühne war natürlich helle Aufregung. So schnell ließ sich das Gerät nicht wieder ausschalten. Das gesamte Zelt war in Nebel gehüllt. Jürgen war nicht mehr zu sehen. Alles hustete und prustete. Zu alledem hatte Jürgen sein Playbackmikrofon verloren. Auf allen Vieren über die Bühne rutschend, suchte er verzweifelt nach diesem Mikrofon. Zwischendurch hob er immer wieder mal den Tina-Wuschelkopf aus dem Nebel, um ein paar Brocken zur Musik zu playbacken. Das Publikum musste wohl glauben, dass alles so gewollt war. Eine Glanznummer an diesem Abend. Die Leute johlten und klatschten frenetisch. Der Nebel hielt sich noch eine Weile über der Bühne und die nachfolgend auftretenden Sänger hatten große Mühe die Töne zu treffen.

Backstage war ein großes Geschimpfe im Gange, denn jeder suchte den Übeltäter. Gefunden hat man ihn nie.

Zu Lutz und Jürgen gehörte noch eine außergewöhnliche Kostbarkeit. Ivo. Eine bulgarische Schönheit ohne Akzent. Nee, so wat von scheen. Wie aus einem Stück gemacht. Langes, dunkles und volles

Haar. Seine Frisur wallte in einem fort. Sie saß nie wie sollte und fiel Ivo immer verwegen ins Gesicht. Schon dieser Umstand und der Anblick ließ viele Herzen brechen – nicht nur die weiblichen. Sein Gesicht muss der liebe Gott wohl in einem Anflug romantischer Anwandlung geschöpft haben. Die Augen waren so schwarz wie der Ural. Unter Umständen hätte man in ihnen ertrinken können. Und seine Lippen dürsteten nur danach, geküsst zu werden. Hab ich, Gott sei Dank. Holimoli – Ivo konnte küssen, bis heute konnte es ihm keiner gleich tun. Mit seinem Lächeln bekam er jede/n herum. Ich weiß, wovon ich rede…

Ivo war der offizielle Techniker, Assistent und Garderobier von Jürgen und Lutz. Somit verantwortlich für die allabendlichen Vorbereitungen der Show. An ihm lag es, die Kostüme zu präparieren, damit die sekundenschnellen Umzüge klappten, jede Perücke und jedes Paar Pumps nebst Accessoires bereitlagen.

Ach, wenn er dann so da stand. Hoch gewachsen, drahtig in schwarzen und engen Hosen, die seinen Popo und andere wichtige Körperteile betonten – man konnte alles um sich herum vergessen.

Dieses Varieté hatte mich verzaubert. Bei meinem ersten Besuch hatte ich mich nach der ersten Vorstellung heimlich im Zelt versteckt, um auch noch die zweite sehen zu können. Aber irgendwer hatte mich bemerkt, drückte aber ein Auge zu. Diese Tatsache manövrierte mich in diese bunte Welt. Ich wollte dabei sein. Am liebsten jeden Abend. Aber bei meinem kleinen Lehrlingsgehalt konnte ich mir das nicht leisten. Ich ergatterte mir irgendwie von allen Künstlern Autogramme. So lernte ich Jürgen und Lutz kennen. Jürgen fand wohl Gefallen an mir. Ich war süße Neunzehn und unverdorben. Das brachte mir das Privileg ein, dass ich nun jederzeit ein gern gesehener Gast im Pulk der Künstler, Techniker und Musiker war. Auch hinter den Kulissen. Und wie der Zufall es wollte, wurde gerade eine Stelle frei. In der zum Varieté gehörenden Waffelbäckerei. Jürgen regelte alles für mich und ich bekam die Stelle. Ich war selig. Nun konnte ich wenigstens an den Wochenenden bei „meinen" Künstlern sein, auch wenn sie manchmal spöttelten, weil ich immer ein wenig nach Waffeln duftete. Mir war das egal. Hauptsache ich konnte dabei sein. Ich musste mich nicht einmal dafür hochschlafen. Taschengeld gab es obendrein auch noch, was wollte ich mehr. Damals waren die Begriffe wie „homosexuell", „heterosexuell" oder gar „metrosexuell" für mich noch böhmische Dörfer. Aber hinter meinem Rücken und auch noch heimlich, schlossen Uschi, Hanne, Lutz, Jürgen und Ivo Wetten ab, ob ich denn nun ein „Häschen" sei oder nicht.

Na, die wollten das ganz genau wissen und schleiften mich mit in die „Schoppenstube." Nach einem lustigen und sehr feuchtfröhlichen Abend hatten sie immer noch keine Gewissheit darüber, ob nun „Häschen" oder „Rammler." Ich wusste es ja selbst nicht genau. Ist man denn schwul, wenn man mit einem Mann schläft…? Ist ja auch Nonsens darüber zu spekulieren. Es war eine sehr schöne und prägende Zeit für mich. Abgesehen von der Tatsache, dass sich Ivo für eine sehr reizende Tänzerin entschieden hatte. Ich gönnte es ihm.

Im Osten was Neues

In diesen Jahren gastierten viele große und kleinere, internationale Künstler in Berlin. Musicals und Tanzshows. Revuen aus Paris. Berlin war ein Babel für kulturhungrige Leute und Kollegen, wenn mir dieser Begriff erlaubt sei.

„A CHORUS LINE", „CAT`S"… Sogar RENATA RAVELL, ein gefeierter Travestiestar aus Westberlin, gab sich die Ehre in der Kleinen Revue im Friedrichstadtpalast aufzutreten. MARY & GORDY im Metropol-Theater. BENJAMIN & JESSICA ebenfalls aus Westberlin in der Stadthalle in Cottbus. Sie traten dort im Rahmen einer Tournee vom VARIETÉ MOBIL auf. Grandios.

Und dann traten SAMY & MARIO aus München und Italien ebenfalls in der Kleinen Revue auf. Das konnte und wollte ich mir nicht entgehen lassen. Ich war wie besessen und irgendwie kam ich immer an Karten ran. Die Show war überwältigend, obwohl das Programm fast ausschließlich aus Playback- und Tanznummern bestand. Und die Ausstattung war atemberaubend. Federn ohne Ende. Das musikalische Thema deutete auf ein Märchen hin, ein Zauberland wie aus der Fantasie eines Kindes, eben nur für Erwachsene. Genau das Richtige für mich. Denn irgendwie hangelte ich mich noch immer zwischen meiner Kindheit und meinem Erwachsenwerden hin und her.

SAMY & MARIO sahen bezaubernd aus, kaum zu unterscheiden von richtigen Frauen – nur schöner. Beide waren tänzerisch äußerst begabt und wurden fabelhaft vom Ballettensemble der Kleinen Revue begleitet. Der Fächertanz von MARIO war die Sensation dieser Revue. MARIO stand in der Mitte der verdunkelten Bühne, in einem Hauch von Nichts im ultravioletten Licht und bewegte zwei weiße, große Federfächer zur Musik. Hinter ihm standen einige Tänzer, vollkommen in Schwarz gekleidet und somit fast unsichtbar im Schwarzlicht. Sie bewegten ebenfalls je zwei dieser Federfächer synchron zur Choreografie von MARIO. Alle zusammen zauberten so, wie von Geisterhand, traumhafte Ornamente und Figuren.

Es war wieder einer dieser Sternstunden. Die Presse überschlug sich mit Lobeshymnen. Ich war so begeistert, dass ich MARIO porträtierte. Natürlich wollte ich, dass er dieses Bild auch bekommt und ging noch einmal in die Vorstellung. Das Bild hinterlegte ich vorab am Bühneneingang, natürlich mit meiner Telefonnummer. Ich hatte nicht daran geglaubt, aber MARIO rief mich an und wir verabredeten uns zum Frühstück. Er lud mich ein. Danach gingen wir auf Shoppingtour durch Ostberlin. Ich zeigte ihm die tollsten Geschäfte. Meine Güte, was die Wessis sich so alles für Ostknete kauften. Meißner Porzellan und solche Sachen. SAMY ließ sich für seine Gage einen weißen Flügel nach Italien schicken. Später habe ich dann erfahren, dass diese Dinge im Westen fast unerschwinglich waren. Nach dem Gastspiel habe ich nie wieder etwas von den beiden gehört. Schade.

Frisch geölt singt es sich besser

Meine Lehre lief so vor sich hin. Raimund und ich tingelten durch die DDR und ihre Bewohner wurden immer aufmüpfiger und fingen an zu rebellieren. In allen Ecken und an allen Enden des Landes brodelte es. Honecker hatte das Land an den Baum gesetzt, Mielke verblödete und Gorbatschow hatte die Schnauze voll. Viele der DDR-Bürger hatten Ausreiseanträge gestellt. Bei einigen ging es gut. Andere landeten im Knast und wieder ganz andere benutzten ihre Urlaubsreise dazu, über das schlüpfrige Ungarn in den Westen zu gelangen. Es war kein schleichender Vorgang und deshalb irgendwie beängstigend. Viele Künstler kamen von ihren West-Gastspielen nicht mehr zurück. Selbst Tante Koe, unser Manager, konnte in den Westen reisen.

Wir spielten uns mit unserem neuen Programm „Musik ist Mode" durch Mecklenburg. Der Star in unserem Programm war Kerstin Wiecha. Wir hatten noch nie von ihr gehört. Egal, die Hauptsache war, wir hatten Arbeit. Mein ehemaliger Stepptanzlehrer, der Schauspieler Holger Richter war auch mit von der Partie. Er fungierte als Regisseur und war zudem auch noch einer vielen Betthasen von Kerstin. Zwei erfahrene Techniker standen uns auch noch zur Seite. Das Programm war recht passabel und brachte uns die Profipappe ein (Berufsausweis für Künstler) und wir hatten somit jeden Monat sichere Arbeit. Alles war professionell und machte zudem auch noch Spaß. Vor jeder Show gab es natürlich eine Sound- und Lichtprobe. Auf irgendeiner Klitsche geschah es dann.

Einer der Techniker mühte sich redlich, die Scheinwerfer nach unseren Wünschen einzustellen. Plötzlich hörten wir sehr merkwürdige Geräusche. Sie kamen aus der Richtung der Toiletten. Einen Stöhnen, ein Ächzen und ein Gepolter. Raimund sah mich fragend an. Wir ahnten, was da wohl abging. Holger Richter war in seinem Element als Regisseur und bekam von dem Akt auf der Toilette nichts mit. Wir reagierten sofort und unterstützten ihn lautstark. Wir konnten uns kaum noch halten vor Lachen. Inzwischen wussten wir, dass sich Kerstin auf der Toilette von dem anderen Techniker ordentlich einen "verkasematuckeln" ließ. Sie sang an diesem Abend wie eine Göttin. Naja, so frisch geölt…

Durch unsere Muggerei sind wir in soviele Städte, Gemeinden und andere Nester gekommen – wenn ich heute durch die Lande fahre und die Ortsschilder lese, dann fallen mir soviele Anekdoten ein. Aber jede kann man hier einfach nicht benennen. Een kleenet bisken Anstand habe ick ja noch. Aber das heikle Thema Alkohol und amouröse Eroberungen standen beim Künstlervolk immer auf der Tagesordnung. Wer da nicht alles mit wem und wo und warum. Das mit all den Krankheiten von heute war ja damals noch nicht so. Na Gott sei Dank.

Wenn wir damals in so ein kleines Kulturhaus kamen, gab es erst einmal etwas zu Essen und zu Trinken. Das war Gang und Gebe. Danach die Show und wieder Essen und Trinken und wenn sich was ergab, dann auch noch mehr. Eine herrliche Zeit. Das hätte meinetwegen immer so weiter gehen können. Aber glauben Sie nicht, wir hätten so in den Tag hinein gelebt. Es war schon Arbeit, was wir da taten. Aber eine, die unheimlich Spaß gemacht hat und nie ein Muss sondern ein Wollen war. Auch wenn wir ständig unter Zensur standen. Notfalls konnte man die geschickt umgehen. Es gab da reichlich Tricks und als letzte Lösung natürlich „Vitamin B."

Pornos im Osten

Als wir noch relativ am Anfang unseres Künstlerlebens standen, waren wir, Dank Tante Koe, regelmäßig in Neustrelitz in der damaligen „Blackbox" zu Gast. Es war eine Art Jugendclub für Erwachsene. Wir schlugen ein wie eine Bombe. Meine Güte, müssen die ausgehungert gewesen sein. Dabei hatten wir noch lange nicht die Professionalität von heute erreicht. Aber die Leute hatten ihren Spaß, wir unseren Erfolg und die Gage.

Eines schönen Abends, wir waren wieder einmal in Neustrelitz und unser Techniker hatte einen Videorecorder mit dabei. Für uns sollte es ein Abend mal ohne Bühne sein, einfach nur feiern. Von Pornos hatte jeder schon mal etwas gehört – aber gesehen, kaum einer. Und die hatte der Techniker auch mitgebracht. Oh, oh – das konnte ja heiter werden. Die Mecklenburger waren schon immer als ein sehr trinkfreudiges Völkchen bekannt. Wenn die erst einmal einen im Tee hatten und dann noch Pornos. Das kleinere Übel war, dass es ja eigentlich alles Heterosexuelle waren – aber wir zwei Fummeltanten mittenmang. Was das wohl werden sollte. Zwischendurch wurden alle Ehefrauen nach Hause geschickt, um für ausreichend kulinarische Genüsse zu sorgen. Gesagt, getan. Letztendlich hatte man/n es geschafft, dass alle Ehefrauen und etwaige weibliche Wesen sehr nett, aber bestimmt aus dem Laden hinaus komplementiert wurden. Also doch ein Männerabend. Und was dann abging – na Halleluja. Da wurde gesoffen, gegessen und daneben liefen die Pornos ab. Die Stimmung war wie auf einem Bahnhof. Die Jungs waren alle sehr aufgewühlt und erregt. Ich glaube in dieser Nacht wurden in den Neustrelitzer Schlafzimmern einige Kinder gemacht. Um den einen oder anderen Burschen, der dann noch übrig blieb, weil er keine Freundin hatte, haben wir uns dann „mütterlich" gekümmert. Denen war es dann auch egal. Die waren so angejuckt und hatten ja optisch ordentlich Input bekommen. Der Testosteronschub ließ nicht lange auf sich warten und dem musste ja Abhilfe geschaffen werden. Ein beschaulicher Abend – im wahrsten Sinne des Wortes.

Schweißfüße und das Fensterkreuz

Bis in die südlichen Regionen unseres Landes hatte uns das Künstlerdasein verschlagen. Eines Tages landeten wir in Kamenz – damals noch Garnisonsstadt der Nationalen Volksarmee. Unser Auftrittsort war das Hotel auf dem Kamenzer Hutberg. Obwohl schon etwas sehr in die Jahre gekommen, thronte dieses Hotel fast majestätisch auf dem Gipfel des Hutberges. Damals waren wir mit dem Saparosz unseres Technikers unterwegs. Bis über das Dach vollbeladen und vier

Personen. Das Auto hatte arge Mühe, den Berg zu erklimmen. Es erklomm.

Dieser Berg ist ein Naturwunder, das selbst Besucher aus Amerika lockte. Über und über ist dieser Berg mit Rhododendron bepflanzt. Seit dieser Zeit bin ich ein glühender Verehrer dieser Pflanze. In meinem Garten gibt es einen Busch, der sogar dreimal im Jahr blüht. Ansonsten hatte Kamenz auch nicht viel mehr zu bieten, mal abgesehen von den Armisten in ihren schicken Uniformen.

Unser Hotel wirkte auf uns, als wäre es aus einem völlig anderen Jahrhundert mit dem Charme der Ostgastronomie. Alles immer schön praktisch, aber das gehörte nun einmal dazu. Der Abend schien ausverkauft zu sein – ein beruhigender Gedanke. Tante Koe widmete sich ihrer Leidenschaft und die galt dem Bühneneinrichten, der Dekoration und der Ton- und Lichttechnik. Raimund und ich erkundeten das Haus und frönten unserer heimlichen Leidenschaft, herauszufinden, wie denn das Personal so drauf war. Ein jeder hat den Hang einmal zum sogenannten Personal. Schließlich sollten wir hier nicht nur den Abend, sondern auch die Nacht verbringen. Tante Koe nannte dieses Prozedere: „Bettenverteilen." Mir hatte es der Kellner angetan. Ein hübscher Junge, etwas älter als ich, mit dunklem, wuscheligen Haar und einem total verträumten Blick. Hinreißend.

Die Vorbereitungen für die Show waren im Gange und der Abend nahte. Es wurde natürlich ein toller Abend und auch sehr feuchtfröhlich. Damals half das Personal nicht ganz uneigennützig dem Umsatz auf die Sprünge, wenn die Gäste nicht genug Alkohol trinken wollten. Die Kellnerinnen animierten wie die Kesselflicker. Alle waren beschwingt, guter Laune und wir voll in unserem Element.

Tante Koe hatte sich indessen um ihr leibliches Wohl gekümmert und erlag einem Dorfjüngling. Raimund tanzte, sang und trank und zog somit die Aufmerksamkeit einer holden Weiblichkeit auf sich. Die Dame war von recht üppiger Gestalt und machte Raimund eindeutige Avancen. Ich wusste, dass Raimund schon einmal verheiratet war und Vater eines Sohnes ist. Deshalb machte ich mir weiter keine Gedanken. Ich selbst war ja auch mit meinem kleinen Kellner beschäftigt – er wusste es nur noch nicht. Die üppige Dame jedoch ließ nichts unversucht, um Raimund zu vernaschen. Sie gab ihm einen nach dem anderen aus, bis Raimund nicht mehr Herr der Lage war. Er versuchte zu fliehen. Vorher wollte er sich noch höflich verabschieden, aber der Dame war überhaupt nicht danach. Es war mitten in der Nacht. Plötzlich hörten wir ein jämmerliches Blöcken und Schreien. Raimund war mit seinem Fluchtversuch gescheitert und sah nur noch einen Ausweg – das Fenster. Nun hing er am Fensterkreuz im dritten Stock und schien, als würde er um sein Leben betteln. Uns war Angst und Bange zu Mute. Irgendwie gelang es uns, die sehr aufdringliche Dame mittels noch mehr Hochprozentigem zu beruhigen und den rettenden Sprung von Raimund aus dem Fenster zu verhindern. Der Dame erzählten wir dann irgendwas von den psychosomatischen Erinnerungen Raimunds an seine gescheiterte Ehe und das er noch nicht so weit wäre. Wir bugsierten sie in ihr Zimmer und Raimund war heilfroh, dass er endlich allein in sein Bett konnte. Am nächsten Morgen schaute er in jeden Winkel des Hotels, ob die besagte Dame nicht doch noch irgendwo lauerte.

Ich für meinen Teil hatte es geschafft, den süßen Kellner davon zu überzeugen, dass es nach all der Aufregung besser sei, wenn wir die Nacht zusammen verbringen würden. Na – wir vollbrachten. Davon mal abgesehen dass er Schweißfüße hatte, war er ein recht begabter Liebhaber und „natürlich" heterosexuell. Was die Männer so alles von sich glauben. Leider gab es für uns kein weiteres Engagement in Kamenz. Schade. Schade. Schade.

Karl-Marx-Stadt (Die Sache mit der Tür)

Ein weiteres und uns sehr gut in Erinnerung gebliebenes Engagement hatten wir im damaligen Karl-Marx-Stadt (heute wieder Chemnitz) im Ballhaus „Städten."

Eigentlich hieß es „Bochmanns Ballhaus" in der Frankenberger Straße 31 im Stadtteil Hilbersdorf.

➢ Um 1900 herum wurde es konzessioniert. Von da ab wurde offiziell Branntwein ausgeschenkt, fanden Vorträge, Tanz- und Theaterveranstaltungen statt. Das Ballhaus wurde zu einer festen Veranstaltungsgröße in Chemnitz. Mit den amüsierfreudigen zwanziger und dreißiger Jahren waren die besten Jahre mit Kriegsbeginn vorbei. Durch verfehlte Wirtschaftspolitik erwirtschaftete das Ballhaus zu DDR-Zeiten keine solchen Umsätze mehr, die für eine notwendige Instandhaltung des Gebäudes notwendige gewesen wären, was zu einem langsamen Verfall führte (Wikipedia).

Doch bevor der endgültige einsetzte und sich ein neuer, dubioser Wirt einnisten konnte, hatten wir dort unseren Auftritt. Schon die Anreise war spektakulär. Wir waren mit einem Trabant und einem Wohnanhänger unterwegs, denn nachts zurück zu fahren, wäre zu beschwerlich gewesen. Stunde um Stunde fuhren wir. Der Weg nahm kein Ende. Endlich waren wir da und etwas erschüttert angesichts des inzwischen schon recht erbärmlichen Zustandes des Ballhauses. Egal, wir waren bestens ausgerüstet und auf alle Eventualitäten vorbereitet. Übernachten wollten wir im Wohnanhänger und Wasser und Strom gab es vom Haus. Und für kleine Prinzen – nachts war es ja dunkel. Der Saal hatte wirklich schon bessere Tage gesehen. Er war groß und früher sicher sehr prachtvoll gewesen. Aber der DDR-Charme hatte sich ausgebreitet. Wir erinnern uns alle noch an Sprelacat-Tische und anderer Reminiszenzen. Die Bühne war sehr breit und an beiden Seiten mit je einer Künstlergarderobe versehen, wenn diese Kämmerchen diesen Namen überhaupt tragen durften.

Eines dieser Kämmerchen war uns vorbehalten, die andere Garderobe teilten sich das hauseigene Ballett und die Combo. Es sollte also ein bunter Abend werden. Wir ahnten noch nicht wie bunt. Der Bühnenboden hatte große Löcher und wir Bedenken darüber, dass da wohl hoffentlich niemand stürzen würde. Der Abend war ausverkauft und allmählich füllte sich der Saal. Die uns bekannten Geräusche von Stimmengewirr, Gläserklingen, Sektflaschen entkorken, Zuprosten, Gelächter und, und, und machten sich breit. Alles normal. Die Kellner liefen geschäftig hin und her, sogar leicht bekleidete Mädels mit

Bauchladen umgarnten die Gästeschar. Es schien, als würde man in diesem Ballhaus alles bekommen, vom Fromms bis zum Düsenjäger, nebst Betthäschen für zwischendurch.

Die Combo nahm an ihren Instrumenten Platz und stimmte sich ein. Bei einigen Musikern beschlich uns das Gefühl, dass sie hier schon zur Eröffnung des Hauses gespielt hätten. Aber sie machten ihre Sache recht gut. Für jeden schräg gespielten Tom knöpfte die Sängerin einen Blusenknopf mehr auf, da fiel das nicht mehr so ins Gewicht. Die Sängerin hatte viele Knöpfe.

Amüsement nahm von diesem Abend Besitz. Alle waren ausgelassen und heiter. Es wurde getanzt und getrunken, als gäbe es am nächsten Tag nichts mehr. Der Ober-Combo-Nist sagte die erste Attraktion des Abends an, das Ballett. Jetzt wurde es spannend. Von unserer Garderobe aus konnten wir das Treiben genüsslich verfolgen. Was wir noch nicht wussten – die Zuschauer an der ersten Tischen konnten ebenso in unsere Garderoben blicken, wenn die Tür nicht verschlossen war. Das Ballett nahte. Wir hatten ja die jungen Dinger aus der Stadt erwartet. Aber was sich da auf die Bühne drängte, übertraf unsere kühnsten Erwartungen um Längen. Ein Reigen von Damen des mittleren Alters eroberte die Bretter, die wohl oder übel die Welt von Karl-Marx-Stadt bedeuteten. Einige sehr wohl und andere wieder überproportioniert, in teilweise zu knappen Kostümchen aus einer Zeit, in der die Bilder laufen lernten.

Karl Marx hätte bei diesem Anblick niemals sein Manifest geschrieben, sondern sich lieber mit seinem Kumpel Friedrich Engels ordentlich einen hinter die Binde gekippt. Aber das Ballett tanzte. Jede der Tänzerinnen verfolgte eine eigene Choreografie. Es war zum Brüllen komisch. Die Abschüssigkeit und die Löcher der Bühne taten ihr Übriges. Na gut, keine ist hingefallen und alle kamen gleichzeitig mit dem Schlussakkord der Musik zum Stehen. Aber „Schön" ist anders, ganz anders. Ebenfalls ganz anders sah es das Publikum. Die waren regelrecht aus dem Häuschen und jubelten den nach Luft schnappenden Tanzmäusen zu. Ob die wohl in ihrer Garderobe Sauerstoffzelte hatten? Ehrlich, wir dachten, wir wären im falschen Film. Tante Koe hielt sich vor Lachen den Bauch, Raimund ebenso.

Er wischte sich mit seinen Lachtränen die halbe Schminke aus dem Gesicht. Und ich dachte mir nur, wie wir das noch „toppen" könnten. Bald war unser Auftritt an der Reihe. Ein Conférencier schickte sich an uns anzusagen. Erst labberte er so rum und erzählte ein paar Witze. Schließlich kündigte er das Duo OMEGA an. Wer immer das auch sein sollte, kam nicht. Wir dachten an Artisten auf dem Schlappseil oder an eine raffinierte Pudel-Dressur aus dem Zirkus AEROS. Spielplanänderung. Damit musste man immer rechnen, deshalb machten wir auch keine Anstalten aufzutreten und warteten. Totenstille. Und wieder der Conférencier: „Hier nun für Sie das Duo OMEGA." Keine Reaktion. Ob die das nicht gehört hatten? Der Ansageheini schielte nervös in unsere Richtung und uns wurde allmählich klar, er meinte uns. Aber wir waren das Duo CAMELION – DIE FREUDE AN DER TRAVESTIE. Wir signalisierten ihm die Verwechslung. Er nestelte in seinem Jackett herum, fand den richtigen Ansagetext und wir konnten beginnen.

Die ersten Töne und wir standen auf der Bühne. Das Publikum klatschte. Alles wir gewohnt.

Urplötzlich, an einer ganz unpassende Stelle, johlte und kreischte das Publikum auf. Raimund und ich, wir verstanden erst mal nur Bahnhof. Dann folgten wir den entzückten Blicken des Publikums in die Richtung der anderen Garderobe, in der die Musiker und das Ballett untergebracht waren. Wir drehten uns um und trauten unseren Augen nicht. Durch unser Gestöckel auf dem morschen Bühnenboden hatte sich die Garderobentür aus dem Schloss gelöst und stand sperrangelweit offen. Und was wir da zu Gesicht bekamen, sollte wohl die Krönung des Abends sein. Einer der noch nicht so betagten Musiker hatte sich eine der Tänzerinnen auf dem Tisch zurechtgelegt und war im Begriff, ihr schönen einen zu „vergeigen." Zunächst bemerkte der lüsterne Musikus die fatale Situation nicht. Als ihm klar war, dass wir und der halbe Saal sein Vorhaben verfolgen konnten, schien er in keinster Weise überrascht zu sein. In aller Seelenruhe sammelte er seine schon heruntergelassene Hose hoch, schloss bedächtig die Tür und dabei uns alle von seinem samstäglichen Vormitternachtsfick aus.

Mehr schlecht als recht mogelten wir uns, immer noch prustend von Nummer zu Nummer. Das Publikum kriegte sich überhaupt nicht mehr ein. Mach mal nach so einem „Akt" noch ne Nummer... Das war echt der Knaller des Abends. Selbst in seiner 130jährigen Geschichte hatte dieses Ballhaus so etwas noch nicht erlebt. Übrigens, die „Tanzelite" von Karl-Marx-Stadt hatte an diesem Abend keinen Auftritt mehr und die Anzahl der Musiker hatte sich um einen verringert. Etwas verstört und doch belustigt bezogen wir spät in der Nacht in unserem Wohnwagen Quartier. Wir hörten noch lange die Leute, die sich auf den Heimweg machten, wie sie sich die Mäuler zerfetzten. Der Morgen graute und wir kochten Kaffee für die Taxifahrer, denen wir alles ganz genau erzählen mussten. Hätte ich es nicht selbst miterlebt, jedem hätte ich ausgeredet, dass es so etwas in der DDR gab.

Hasensilvester

Durch Tante Koe lernten wir die urigsten Veranstaltungsorte und selbstverständlich viele Unterhaltungskünstler kennen. Ob Hinterhofkaschemme oder „Weiße Flotte." Ob mit Ekkehard Göpelt, Michael Niekammer, Petra Böttcher oder Eva Schröder-Branske. Es wurde nie langweilig.

Die Konzert- und Gastspieldirektion Schwerin setzte uns häufig im schönen Mecklenburg ein. Jedes kleine Klecker-Dorf nahmen wir mit. Kaum ein Kulturtempel, der nicht sicher vor uns war. Man schickte uns in die letzten Winkel, egal ob Jahresendbrigadefeiern mit sozialistischem Weihnachtsmann oder mindestens eine Woche lang Frauentagsfeiern rund um den 8. März. Dörfliche Sommerfestspektakel oder gewissen Herrenabende von Kegelfreunden. Grund zum Feiern gab es damals immer. Und jeder konnte daran teilhaben. Wir ließen nichts aus. Meistens fuhren wir nach unseren musikalischen Gelegenheitsgeschäften gleich wieder nach Berlin. Aber vorher quälte uns immer der Hunger. Es war nicht immer so leicht, mitten in der

Nacht in der DDR eine offene Kneipe mit Speisenangebot zu finden. Übrig blieben da nur noch die wenigen Autobahnraststätten mit warmen Bratenbrot oder ähnlichem. In Schwerin hatten wir noch Glück in der Bahnhofskneipe. Nicht nur ein kulinarisches Häppchen erwartete uns dort. Der Kellner hatte unsere Aufmerksamkeit gewonnen. Wir auch seine. Bestimmt war es nicht so alltäglich oder allnächtig, dass da noch so eine bunte Truppe zu später Stunde in das Bahnhofslokal hereinschneite. Der Kellner schielte kurz zu uns rüber. Der hübsche Junge war ein blutjunger und wie ich später erfuhr, gerade ausgelernter Restaurantfachmann aus dem hiesigen Schwerin. Schlanke Figur, halblange und blonde Haare. Flink und umsichtig betreute er die vielen Gäste, die auch zu dieser späten Stunde noch hier verweilten und brachte das Bestellte. Einen leicht femininen Touch hatte er. Aber den hatten ja eigentlich viele Kellner. Dann hatte er sich an unseren Tisch heran gearbeitet, stand etwas provozierend da und wartete geduldig auf unsere Bestellung. Angesichts seiner reizenden Erscheinung war mir nach einer besonderen Bestellung zu Mute, aber erst einmal hatten wir Kohldampf. Er grinste mich frech an. Seine Augen blitzten dabei, wie die eines Fuchses in dunkler Nacht. Vielleicht war der Kellner auch auf der Jagd. Na gut und schön – das „Halali" war also angeblasen. Ob er auch ein Jagdhorn besaß? Was der Hunger so alles mit Gedankengut anstellen konnte. Später bekam ich dann auch, nach langem Hin- und Hergeblinzel seine Telefonnummer. selbstverständlich ließen wir nicht viel Zeit verstreichen uns wieder zusehen. Das Jahr 1989 neigte sich dem Ende entgegen.

Eines Tages stand die Schweriner Schönheit dann in Berlin vor meiner Tür. Sven B. ein Landei in Berlin. Aber sein „Halali" versprach, was ich mir schon in Gedanken ausgemalt hatte. Was ich aber nicht wusste, dass er anscheinend nur ein Sprungbrett ins große Berlin benötigte. Mit uns beiden, das hielt nicht sehr lang. Zu verschieden war unser „Jägerlatein." Aber die gemeinsame Zeit, empfand ich als sehr schön. Seine Zärtlichkeiten und Begierden werde ich nicht vergessen. Noch heute denke ich an die zweisamen Stunden in meiner kleinen Einzimmerbude mit Innenklo, im zweiten Hinterhof in der Kastanienallee. Der Hase hoppelt weiter, auch wenn der Fuchs in fremden Revieren wildert. Das alte Ost-Jahr hatte sich inzwischen ins neue West-Jahr gemogelt und mein Schweriner Fuchs hatte neue Fährten aufgenommen. Waidmanns Heil und Waidmanns Dank.

Ach, bevor ich es vergesse und Sie sich den Kopf zerbrechen – ich habe es bei Wikipedia nachgelesen:
> Hasensilvester ist in der Jägersprache scherzhaft der letzte Tag der Jagdzeit auf Feldhasen. Dies ist je nach Regelung der Jagdzeiten durch die deutschen Bundesländer der 31.Dezember oder der 15.Januar. danach folgt die Schonzeit des Feldhasen bis Anfang Oktober. Bei einem Hasensilvester wird oft gefeiert und gelegentlich dazu ein Hasenbraten verzehrt.

Meine Schonzeit war erheblich kürzer.

Der letzte „Clou" und etwas Chi-Chi

Vielen Cottbusern und seinen zahlreichen Touristen wird sie noch in Erinnerung geblieben sein, die Adresse Oberkirchplatz Nummer 10 in Cottbus.
> Um 1890 wurde das Döringsche Gesellschaftshaus errichtet. Und bereits 1919 wurde dort in den Kammerspielen das Zelluloid strapaziert und zur Entspannung gab es im Erdgeschoss eine Weinstube und das damalige Kabarett „Kammerbrettl." 1929 konnte auf 650 Plätzen der erste Tonfilm bestaunt werden. Noch jetzt erinnern sich zu DDR-Zeiten dort Bedienstete an die hohen Zeiten des gesellschaftlichen Amüsements, besonders in den 70er Jahren. Inzwischen war dort auch eine Nacht- und Tanzbar platziert, der „Clou." Vortrefflich geschätzt von manchem Cottbuser und den vielen Außerstädtischen. Über viele Jahre fanden im „Clou" Varieté- und Konzertveranstaltungen statt. Bekannte DDR-Künstler gaben sich die Klinke in die Hand und man konnte wahres Nachtleben genießen. 1998 war Schluss und nach Jahren des Leerstandes wurde das Gebäude

2005 bis auf die Grundmauern abgerissen (recherchiert bei Wikipedia).

Doch 1989 hatten wir das Glück dort auftreten zu dürfen. Für uns sollte es besonderes Erlebnis werden. Mit sogenannten Nachtbars hatten wir noch nicht soviele Erfahrungen gesammelt und waren bei unserer Anreise noch etwas eingeschüchtert. Der „Clou" umgarnte uns mit einer Art pariserischem Flair. So ganz anders als Brigadefeierlichkeiten und deren Örtlichkeiten. In dieser kleinen Stadt funktionierte das Nachtleben. Es gab so etwas wie eine Bühne, Ton- und Lichttechnik. Also beste Voraussetzungen. Drei Tage sollten wir im „Clou" gastieren. Untergebracht waren wir im heute leider nicht mehr bestehenden Hotel „Lausitz." Wir hatten endlich das Gefühl, richtige Künstler zu sein. Jeder Abend war ausverkauft. Das lag aber nicht allein am Programm. Das Drumherum, der Rahmen der Professionalität und natürlich auch die mehr oder wenigen „sittsamen" Damen der Gesellschaft, lockten das Publikum. Außerdem war für das optische Wohl der Männerwelt bestens vorgesorgt. Striptease hieß das Zauberwort. Den ersten Abend hatten wir erfolgreich hinter uns gebracht. Auf dem Weg zurück in unser Hotel sahen wir auf großen Plakaten die Ankündigung der Gala-Abende vom VARIETÉ MOBIL in der Stadthalle Cottbus. Also gleich nebenan. Ein Plakat weckte unsere besondere Aufmerksamkeit. BENJAMIN & JESSICA aus Westberlin. Wir waren beeindruckt.

Da hingen sie, abgelichtet mit ihren prächtigen Federkostümen und waren die Gaststars der Galas vom VARIETÉ MOBIL. Etwas grotesk wirkte das alles auf uns. Wir aus dem Osten in so einer kleinen Nachtbar und die aus dem Westen in der großen Stadthalle.

Unsere Stimmung schwankte. Wir waren natürlich neugierig und uns sofort einig, das wollten wir uns anschauen. Zeitlich war das kein Problem, da unser Auftritt im „Clou" spät am Abend angesetzt war. Tante Koe wollte sich um alles kümmern. Aber es kam alles ganz anders, als wir uns es gedacht hatten. Am nächsten Abend saßen BENJAMIN & JESSICA bei uns in der Vorstellung. Na, das war eine Überraschung. Erst waren wir etwas irritiert, aber dann lief der Abend wie am Schnürchen. Nach unserem Auftritt baten uns BENJAMIN &

JESSICA, die eigentlich inkognito da waren, an ihren Tisch. Wir plauderten, tranken, lachten und tauschten uns aus. Und dabei stellte sich heraus, dass sich Raimund und BENJAMIN, der eigentlich Klaus Fechner hieß, aus Ostberliner Tagen kannten. Beide hatten früher im Jugendensemble vom Friedrichstadtpalast getanzt und sich nun in Cottbus wieder gefunden. BENJAMIN wollte irgendwann in den Westen abhauen, wurde aber geschnappt und ließ sich frei kaufen. Raimund war geblieben. Nun saßen wir in Cottbus und schwatzten über Gott und die Welt. BENJAMIN & JESSICA waren auch im Hotel „Lausitz" untergebracht. Natürlich ging es an der Hotelbar weiter, bei einem solchen Wiedersehen…

Wir verabredeten für den nächsten Abend, dass wir uns den Auftritt von BENJAMIN & JESSICA in der Stadthalle anschauen könnten. Später wollten sie dann zu uns rüber kommen und kräftig weiterfeiern. Na und kräftig feiern kostet auch eine Stange Geld. Da die Gagenmodalitäten für Westkünstler etwas verzwickter waren, musste eine andere Lösung herbei. Die beiden hatten einen guten Geist dabei, der sich um die Belange kümmerte, die Künstlern immer lästig sind. Holger. Noch heute bin ich mit gut bekannt. Holger fuhr mal eben so schnell nach Westberlin, um „frisches" Geld zu holen. Die Rechnungen im „Clou" waren horrend.

Am Abend schminkten wir uns rechtzeitig und konnten unbemerkt vom Publikum in die Stadthalle. Man erwartete uns bereits. Wir saßen bei der Technik und hatten somit den besten Platz. BENJAMIN & JESSICA wurden mit gehörigem Tam-Tam angekündigt. Dann erklangen die ersten Töne von „Etwas Chi-Chi, etwas Travestie." Die Hymne für Travestiekünstler schlechthin. Dieses Lied verfolgt mich heute noch. Auch nach dem BENJAMIN &JESSICA nun schon lange tot sind, singen wir es oft in unseren Shows. Auch in Erinnerung an zwei Spitzenkünstler.

Doch zurück in die Stadthalle. Selbstverständlich war die Halle ausverkauft und die Zuschauer tobten ob des bombastischen Programms. BENJAMIN & JESSICA schritten links und rechts am Publikum die großen Treppen hinab. In atemberaubenden Kostümen und zwei großen Federkragen auf den Schultern sangen sie ihr erstes Lied.

Was keiner wusste, JESSICA sang mit sich selbst im Duett, da BENJAMIN keinen geraden Ton heraus bringen konnte. Er bewegte synchron zum Playback die Lippen. Das tat er sein ganzes Künstlerleben lang. Später ging er ins Studio und produzierte jedes einzelne Wort und jede Zeile sehr mühevoll auf Band. Auf der Bühne klang das alles gar nicht schlecht und man hätte meinen können, er singe wirklich live. Was man mit Technik so alles machen kann. Aber wehe, wenn er seine pointenreichen Conferencen los ließ. Da blieb kein Auge trocken und jeder, aber auch jeder bekam sein Fett weg. Das Publikum war außer sich vor Begeisterung. Uns indessen klappte die Kinnlade herunter. Wir waren einfach nur baff. Diese Kostüme, diese Vielfalt. Sagenhafte Paillettenkleider ohne Ende. Und alle handgestickt. Uns gingen die Augen über und wir fühlten uns, angesichts unserer kleinen „Kostümchen" nicht mehr ganz so wohl in unserer Haut. Ja regelrecht armselig kamen wir uns vor. So glaubten wir jedenfalls. Später wurde uns aber bewusst, dass es unser komödiantisches Talent war, das unseren Erfolg ausmachte. Da brauchte es dieser Kostüme eigentlich nicht. Noch nicht, denn wir hatten Blut geleckt.

BENJAMIN & JESSICA sollten nur eine „kleine Einlage" von zwanzig Minuten geben. Weit gefehlt. Über eine Stunde hingen wir an ihren Lippen und ihren Kostümen. Sie hatten wohl alles eingepackt. In atemberaubender Schnelligkeit zogen sie sich um. Parodien, Singsang und Revueparts wechselten sich ab. Und noch ein Kleid und noch ein Kleid. Jeder Gag war gut platziert und schlug ein wie eine Bombe.

Der Hit für mich war JESSICA's Lied „Bengelchen." Es handelt von der unerfüllten Liebe zwischen einer wunderschönen Rose und einem stacheligen Kaktus, die nicht zueinander finden können: „Ach Du kleines Bengelchen, warum hasst Du kein Stängelchen, damit wär´n Du und ich dann endlich Eins…" Noch heute singe ich dieses Lied sehr gern, als Reminiszenz an die Beiden. Sie waren ja irgendwie eine Rose und ein Kaktus und weil der so wunderbare Text nie inaktuell werden kann. Die Texte für „Bengelchen" und „Chi-Chi" hat kein geringerer Autor als Norbert Hammerschmidt geschrieben.

Hammerschmidt, ein Star unter den deutschsprachigen Schlagertextern, der für viele nationale und internationale Schlagersänger/innen, wie Roland Kaiser, Roberto Blanco, Andrea Berg, Angelika Milster und viele andere Texte verfasst hat. Viele seiner Lieder wurden absolute Hits.

Als könnte man das alles nicht mehr übertrumpfen, hatten BENJAMIN & JESSICA noch ein Ass im Ärmel. Diesen Trumpf spielten sie geschickt zum Schluss ihrer Darbietung aus. Da standen sie nun in einem Meer aus lachsfarbenen und schwarzen Straußenfedern. Die Federkragen hatten fast doppelte Mannshöhe und ein immenses Gewicht. Die dazugehörigen Paillettenkleider waren in denselben Farben gestickt und mit Federn geschmückt. Damit sprengten sie dann endgültig den Rahmen. Das Publikum war nicht mehr zu halten.

Mir taten nur die armen Künstler leid, die nun nach BENJAMIN & JESSICA auftreten mussten. Es war ein fantastischer Abend, der dann später im „Clou" weiter ging und auch dort für Furore sorgte. Denn JESSICA erschien im Fummel und war die Göttin der Nacht. Von jedem männlichen Gast wurde sie angehimmelt. Argwöhnisch beäugt wurde sie von den weiblichen Begleiterinnen, die alsbald fast „grundlose" Eifersucht an den Tag legten. Ein närrisches Treiben. Die Männer gockelten um JESSICA herum und die achtlos zurückgelassenen Ehefrauen versauerten an ihren Tischen und nuckelten beleidigt an ihren Cocktails.

Für uns war es der Abend der Abende. Wir genossen es, solche prominenten Kollegen zu haben. Ich bezweifele heute noch, ob sich auch alle Männer sicher waren, dass JESSICA keine echte Frau war. Und wenn doch, dann verbargen sie es geschickt. Männer vergessen jede Selbstbeherrschung, wenn ihr Idol einer Traumfrau zum Greifen nahe scheint. Bestimmt hatte es am nächsten Tag in der einen oder anderen Ehe einen mächtigen Streit gegeben.

Cottbus stand Kopf und wir hatten unseren Spaß daran. Der Spaß ging soweit, dass JESSICA unsere Zimmerreservierung im Hotel um eine Nacht verlängerte. Selbst ich war hin und her gerissen von JESSICA. Ich kannte sie ja auch als Mann und der sah nicht mal schlecht aus. Kurz vor unserer Abreise beschlossen BENJAMIN & JESSICA, alles daran zu setzten, dass auch wir ein Gastspiel in Westberlin haben könnten. Na, darauf waren wir gespannt und malten uns schon aus, wie es sein würde, wenn wir im Westen tingeln könnten. Zunächst ging es zurück nach Ostberlin. Unterwegs schmiedeten wir schon Pläne für eine neue Show. Der alles entscheidende 9.November 1989 näherte sich.

Eine Tüte Haribo

In der Nacht des 9.Novembers stand ich in meiner Wohnung am Bügelbrett und frischte meine Kostüme für die nächsten Auftritte auf. Nebenbei lief das Radio. Ich glaubte an ein Hörspiel, das dort lief. Ich hörte eh nur mit einem Ohr zu. Aber dieses vermeintliche Hörspiel wiederholte sich und stellte sich letztendlich als die Nachrichten heraus, die gesendet wurden. Darin wurde verkündet, dass die Mauer offen sei und man relativ ungehindert die Grenzübergänge passieren könne. Also doch ein Hörspiel aus der Zukunft. Nein, es waren die Nachrichten. Das wollte ich mit eigenen Augen sehen. Ich überlegte kurz, steckte meinen Personalausweis und fünf Westmark ein und machte mich auf den Weg zum Grenzübergang Bornholmerstrasse. Der war ganz in meiner Nähe.

Ich traute meinen Augen kaum. Am Grenzübergang bot sich mir ein sonderbares Schauspiel. Massen von Leuten drängten sich Richtung Westen. Ich reihte mich ein. Auf der anderen Seite wurden wir von den Westberlinern mit Sekt empfangen. Es war wie Silvester, nur ausgelassener. Die Menschen fielen sich in die Arme, obwohl sie sich nicht kannten. Sie lachten und weinten zugleich. Ein Taxifahrer bot mir an, mich zum Kurfürstendamm mitzunehmen, ein Platz wäre noch frei. Unentgeltlich natürlich. Ich zögerte nicht lange und stieg ein. Da stand ich nun am Kurfürstendamm, im Goldenen Westen mit fünf Mark in der Tasche und wusste nicht wohin. Es war mitten in der Nacht. Ganz Berlin war auf den Beinen. Meine Barschaft versetzte ich in eine Zeitung, eine Currywurst und eine Tüte Haribo Goldbärchen. War ich nun glücklich? War das alles nur ein Traum? Was ist am 10.November? Wie sollte ich eigentlich zurück kommen? Die halbe Nacht lief ich um den Tauentzien und sah mir alles ganz genau an. Ich fühlte mich in meine Kindheit zurück versetzt, wie auf einem Rummelplatz. Alles so unwirklich bunt. Überall Musik und überall wurde gefeiert. Und überall war dieser Geruch, den wir ja nur aus dem Intershop kannten. Westberlin war also ein riesiger Intershop. Irgendwie und irgendwann kam ich dann auf dem Bahnhof Friedrichstrasse an. Die ostdeutschen Grenzer staunten nicht schlecht, dass wir alle von der anderen Seite kamen und zurück in den Osten wollten. Am nächsten Tag erzählte ich Raimund von meinem nächtlichen Intermezzo. Er hatte das Ganze total verpennt und glaubte mir nicht so recht.

Wenige Tage nach dem Mauerfall standen wir tatsächlich in Westberlin auf der Bühne. BENJAMIN & JESSICA hatten Wort gehalten und luden uns ein im NEW EDEN aufzutreten. Ein gutgehender Nachtclub vom Altplayboy Rolf Eden. Wir waren mächtig aufgeregt. Wir wussten allerdings nicht, dass dieser Abend eine Misswahl sein würde, bei der wir mitwirken sollten. Die Wahl zur „Queen of Berlin 1989." Ein Travestiewettbewerb im Nachtleben von Westberlin.

Alles lief für uns wie ein Film ab und wir waren die Komparsen, die von einem imaginären Regisseur an die richtige Stelle geschoben wurden. Jeder sollte ein kleines Liedchen, ein kleines „Nümmerchen" bringen und gut.

Der Laden war brechend voll. Die High Society von Berlin hatte Platz genommen. Selbst Romy Haag war anwesend und neugierig, was die Travestieküken so auf Lager hatten. BENJAMIN & JESSICA moderierten diesen Abend. Alle waren schnieke und pikfein angezogen. Die kleine Künstlergarderobe war überfüllt mit Travestiekünstler aller Couleur und jenen, die sich für äußerst prominent hielten. Einige mussten sich sogar auf dem Gang umziehen. Wir zierten uns nicht lange und reihten uns ein in die Wartenden der Fummelgarde.

Mann, waren das bunte Vögel. Unter anderen TIMA die GÖTTLICHE. Sie galt als das Schrägste von Kreuzberg und Neukölln. Nur so richtig GÖTTLICH war sie nicht. Dann war da noch ROBERTIN CHEVALL. Ein/e Hannoveraner/in, die Berlin unsicher machte. An diesem Abend wollte sie mit ihrem berühmten Manteltanz glänzen. Das Ganze hatte nicht viel mit Tanzen zu tun, aber ROBERTIN sollte uns später noch einige Auftritte und somit nicht wenig „richtiges" Geld besorgen. Wenn ich so an MARY & GORDY und SAMY & MARIO zurück denke, dann hatte dieser Abend ein klein wenig mit Panoptikum zu tun. Egal, am Ende eines sehr langen Abends im NEW EDEN waren Raimund und ich die bestplatzierten Teilnehmer der Misswahl. Ich wurde „Queen of Berlin 1989" und Raimund belegte den zweiten Platz. Vielleicht weil wir die Exoten aus dem Osten waren. Ich könnte diesen Titel noch heute für mich beanspruchen, denn danach gab es nie wieder eine Queen-Wahl.

Nun konnte sich unser Auftrittsradius erheblich erweitern, wir hatten ja die Westkontakte. Das tat er auch. Schon zum Weihnachtsfest traten wir im „Pumuckel's Nest" auf. Eine kleine Kneipe in Moabit, in der BENJAMIN & JESSICA wie zu Hause waren und eine große Fangemeinde besaßen. Betrieben wurde dieses Lokal von Holger und Inge. Holger kannten wir ja schon aus Cottbus. Da standen wir nun am Heiligen Abend und sammelten die Westmärker ein, die in einem rumgereichten Hut landeten. Es war nicht wenig. Natürlich investierten wir unsere erste Westgage in die Show. Ich kaufte mir eine fantastische Perücke im KaDeWe und Raimund legte sich die langersehnten Strumpfhosen aus Amerika zu. Von nun ab pendelten wir regelmäßig zwischen Ost- und Westberlin.

Zwischenzeitlich erkundete ich die gesamte Szene von Berlin und probierte mich und meinen Körper aus. Ich lernte viele Leute kennen, die mich dann auch immer irgendwo mit hin schleppten und ich so das Nachtleben von Berlin richtig erleben konnte.

Das waren noch Zeiten, ob die berühmte Schoppenstube, Besenkammer, Nachtschwärmer oder das beliebte Café Ecke Schönhauser Allee, in dem sich die Tunten am Sonntagnachmittag zum Kaffee-Kränzchen trafen, überall war was los. Oft war ich auch im inzwischen abgerissenen Hotel „Berolina" unten im Krögel. Das Hotel kannte ich noch gut aus einer Zeit, in der ich mir gelegentlich als

Roomboy Geld hinzu verdiente. Im Krögel war es sehr gemütlich. Dort trafen sich die Berliner Gastronomen nach ihrem Dienst auf einen oder mehrere Absacker. Wenn man wollte, dann konnte man auch leicht jemanden kennen lernen, mit dem man... Sie können es sich ja denken. Der Hausherr im Krögel war Joachim Teitzel. Ein charmanter und seriöser Gastgeber, der formvollendet mit jedem flirtete. Auch mit mir. Er zeigte mir von den Berlinern Nächten das, was ich noch nicht kannte. Er lud mich in das Café Bauer im damaligen Grandhotel Friedrichstraße Ecke Unter den Linden ein. Das war schon eine feine Adresse. Eine heiße Schokolade kostete sechs Mark. Dafür gab es edles Interieur, ein Musikertrio, das Kaffeehausmusik spielte und eine Sängerin, die unaufdringlich leise ihre Chansons vortrug. Herrlich dieses Ambiente und nicht zu verschweigen, das nette Personal. Uns bediente ein verdammt gut aussehender Kellner mit einem kleinen Schnäuzer auf der Oberlippe. Er war wirklich hübsch anzusehen. Aber ich war ja in Begleitung. Achim stellte uns einander vor und da funkte es auch schon.

Ein paar Tage danach ging ich alleine ins Café Bauer und bestellte mir eine heiße Schokolade. Eine Stunde und zwei Schokoladen später war ich dann auch mit dem hübschen, Oberlipppenbärtchen tragenden Kellner verabredet. Er wohnte in einem Studentenwohnheim und es war schon sehr abenteuerlich, wenn wir ungestört sein wollten. Um in sein Zimmer zu gelangen, mussten wir durch ein anderes, in dem schon einer schlief. Und die Wände hatten Ohren. Vielleicht wäre aus uns sogar ein Paar geworden. Wer weiß. Aber mein Weg führte mich weiter.

Auftritte hatten Raimund und ich zur Genüge. BENJAMIN & CO. hielten uns auf Trapp. Einmal gingen wir schon geschminkt und im Fummel über die Grenze. Die Grenzposten staunten nicht schlecht, als sie unsere Pässe kontrollierten. Wir lüfteten nur kurz die Perücken und schon durften wir passieren. Wir hörten noch wie die Grenzer feixten. Für mich war es eine grandiose Zeit. Ich war so jung und brauchte das Geld. Und oft, so bedauere ich es heute noch, gab ich das Geld mit vollen Händen aus. Wie gewonnen so zerronnen. Aber so wie es war, war es gut. Ich trat in allen möglichen und unmöglichen Berliner Kneipen auf. Sogar auf dem Berliner Tuntenball im ICC waren wir zu Gast. Das war schon etwas Besonderes. Dort traten sonst nur die großen Stars auf. Mehrmals hatten wir dieses Vergnügen und traten dann auch mit berühmten Stars auf. Unter anderem mit BONEY M., BOY GEORGE und den SURPREMES. BENJAMIN hatte überall seinen Fuß in der Tür. Und wir profitierten davon. Ob Tuntenball, die Funkausstellung oder auf der Trabrennbahn Mariendorf. Alles große Events und BENJAMIN schleppte uns überall mit hin.

Ich genoss es. Raimund hingegen sah das mit argwöhnischen Augen, da wir für BENJAMIN nur Staffage waren. Mir war es egal. Ich lernte Leute und Westdeutschland kennen. Ansonsten hätten wir wohl nie im „Senftöpfchen-Theater" in Köln oder im „Halbneun-Theater" in Dortmund gespielt.

Zwischendurch spielten wir Drei im KuDamm-Karree im „Ei." Das „Ei" war eigentlich ein Amüsierlokal für Berlin-Touristen. Es gab mehrere Shows am Abend und die Gagen kamen über den Umsatz herein. Wenn man bedenkt, dass ein Bier damals zehn Mark kostete. Dafür war der Eintritt frei. Nach jeder Show wechselte das Publikum. Manchmal auch die auftretenden Artisten, weil sie zu viel animiert oder anderweitig einen über den Durst getrunken hatten.

BENJAMIN, Raimund und ich spielten dort über mehrere Wochen en Suite unsere eigene, große Revue.

Cabaret Berlin

Berlin wartete mit einer weiteren Überraschung für mich auf. Ich bekam ein Engagement im „Berliner Gasthaus." Es war nicht irgendein Lokal, es war eine Institution mit Tradition. Wer hier schon alles aufgetreten war – eine lange Liste. Die meisten auf dieser Liste sind schon lange tot. Dieses Etablissement war sehr altehrwürdig. Urberliner Gemütlichkeit mit rustikaler Gelassenheit. Wenn die Wände hätten sprechen können. In der Mitte dieses geschichtsträchtigen Hauses befand sich ein riesiger Tresen. Rund herum kleine Nischen und Ecken zum Sitzen, Trinken, Essen und Quatschen. Überall an den Wänden hingen Fotos von Leuten, die hier schon so manche Nacht zum Tag gemacht hatten. Es gab ein uraltes Klavier. An dem saß, leider nicht mehr zu meiner Zeit, eine ebenso alte Dame und klimperte alles, was sich die bunte Gästeschar so wünschte und die Tasten hergaben. Bestellt irgendjemand der alten Dame einen Drink, so ließ sie diesen auf ihr Klavier servieren und griff erst dann in die Tasten. Es gab viele Kleinkünstler, die zu dem Spiel der alten Dame auf der klitzekleinen Bühne auftraten, Gassenhauer und andere Chansons zum Besten gaben.

Die Berliner Travestieszene vergangener Jahrzehnte hatte sich im „Gasthaus" etabliert und lockte viele prominente Nachteulen an. Es war immer was los. Es wurde gefeiert, gelacht und sich vielleicht auch anzüglich amüsiert. Wenn einer alleine in der Nacht war, ging er dort hin und lernte schnell jemanden kennen. Ob nun nur für eine Nacht oder darüber hinaus ist leider nicht überliefert.

Der Zahn der Zeit nagt an jeder Art von Überlieferungen. Es scheint fast unmöglich, irgendetwas über die Berliner Travestieszene der letzten Jahrzehnte zu erfahren. Die meisten Zeitzeugen sind im Himmel und das Internet hat alle Informationen in ein dunkles Loch geworfen. Ich bin froh, dass ich wenigstens einen kleinen Teil mit erleben durfte. Die 70er, 80er und Anfänge der 90er Jahre des vergangenen Jahrhunderts waren, was das Amüsement betraf, relativ sorgenfrei. Jede/r konnte sich nach seiner/ihrer Fasson ausleben und die Fummeltanten hatten ein breites Spektrum an Möglichkeiten, sich noch etwas dazu verdienen zu können – aus heutiger Sicht betrachtet.

Anfang 1991 übernahmen Sylvie Schmidt und ihr Mann Bodo das „Berliner Gasthaus." Die beiden waren schon „alte" Hasen auf diesem Gebiet der Unterhaltung, hatten sie doch lange im NEW EDEN gearbeitet. Sie verfügten so über ausreichend Erfahrung, die auch schon mal über eine Flasche Champagner hinaus bis ins Separee gingen. Sie bauten eine größere Bühne ein und vergaben längerfristige Engagements an Künstler dreierlei Geschlechts. Ich hatte sogar meinen eigenen, kleinen Schminkplatz in der engen Garderobe. Da saß ich nun als Frischling zwischen den Dinosauriern der Travestie. Aber dass man mich ausgerechnet zwischen zwei Dicke gesetzt hatte – da musste ich nun durch, im wahrsten Sinne des Wortes.

Auf der einen Seite saß CLAIRE DE MONTAIGNE. Ein Künstler durch und durch. Witzig, charmant und ein sehr kluger Holländer, der im Essen seine Passion sah. CLAIRE war von einer gewaltigen Fülle, also richtig dick, aber gemütlich. Es gehörte einiges dazu, um ihn/sie aus der Ruhe zu bringen und sie besaß einen ausgeprägten Gerechtigkeitssinn, den ich selten unter Künstlern wieder gefunden habe. CLAIRE hatte auch schon unter Rolf Eden gearbeitet und gab mir wertvolle Tipps, um die Cabaret-Nächte zu überstehen. Wir spielten in einigen Nummern zusammen. Das war sehr ulkig anzuschauen. Ich war so dünn und CLAIRE so bombastisch. Dennoch war sie sehr beweglich und raubte uns allen die Show, wenn sie als Riesenbaby über die Bühne robbte, vor sich hin quietschte und kicherte. Oder wir beide als Wilmersdorfer Witwen. Wenn sie mir nur einen kleinen Schubs gab, dann war der schon so kraftvoll, dass ich über die gesamte Bühnenbreite geschleudert wurde. Die Leute liebten CLAIRE und ihr komödiantisches Unwesen, das sie da trieb.

Wir waren immer gut besucht. Es war für jeden Geschmack etwas dabei. DANY LAMEE war der Conférencier in unserem Programm. Sie war die andere Dicke neben mir in der Garderobe. DANY war ein routinierter Artist, der/die schon länger als Frau lebte. Nicht nur auf der Bühne. Ihre Conferencen waren nichts für schwache Gemüter oder katholische Minderheiten. Sie nahm kein Blatt vor den Mund. Allein ihre Erscheinung war schon Angst einflößend. Wenn sie vor einem stand, überragte sie jeden um einen Kopf. Und sie war genauso breit und nahm es mit der Körperhygiene nicht so ganz genau. Ab und an müffelte sie, wenn sie von einem ihrer Streifzüge am „17.Juni" im Berliner Tiergarten kam. Meistens hatte sie sich dort schnell noch etwas Geld verdient – womit auch immer.

Sie war dennoch, auf ihre Art, eine schillernde Person. Sie sah aus, wie eine zu groß geratene Kopie von Marilyn Monroe und ihr Mundwerk war Waffenschein trächtig und legendär. Die Lachsalven des Publikums gaben dem Recht. Sie erlag später einem zu frühen Tod.

Entweder hat sie sich totgesoffen oder ein türkischer Hengst hat sie in den Künstlerhimmel geritten. Keiner weiß es so genau.

In unserem Programm war sie die Hoheit, der man sich am besten nie in den Weg stellte. Wenn ich beim allabendlichen Finale zwischen DANY und CLAIRE stand, dann sah das aus, wie eine kleine Distel ohne Stachel zwischen zwei riesigen, bunt blühenden Mammutbäumen.

Mal abgesehen von Sylvie, die mit ihrer Kautschukdarbietung sinnliche Erotik verbreitete, gab es noch andere „richtige" Frauen in unserem Programm. Teils traten sie als Sängerinnen in Erscheinung, teils kellnerten sie, mit überdimensionalen Brüsten, auf denen man Biergläser hätte anstellen können. Gabi war eine von ihnen. Die mit den großen Brüsten. Ein Pfundskerl. Immer auf der Suche nach dem richtigen Mann. Sie stammte aus Speyer in Rheinland-Pfalz. Ihr Dialekt erinnerte an eine Mischung aus Sächsisch und Thüringisch. Das machte sie mir sehr sympathisch. Mehr als einmal war sie mir eine gute Freundin. Zunächst kellnerte sie nur im „Berliner Gasthaus", später stand sie dann auch selbst auf der Bühne. So gesehen in der „Kleinen Nachtrevue." Sie machte ihre Sache ziemlich gut.

Ab und an gehörte ein junger Pole zu unserem Ensemble. CHRISTOFF JANUSELL. Ein hübsches Kerlchen, dem man die Travestiekunst nicht so recht abnehmen wollte. Er wirkte sehr männlich. Vielleicht war das auch die Komik seiner Darbietung. Er war ein lustiger Bursche, der immer für ausgelassene Stimmung in unserer kleinen Garderobe sorgte und sich auch mit DANY anlegen konnte. Amüsant, wenn die beiden sich behakten. Der eine schimpfte auf Polnisch und die andere keifte im feinsten Berliner Jargon zurück. Possierlich. Ebenso possierlich war auch sein Anblick, wenn er jeden Abend nackend durch die Garderobe huschte, um dann grinsend in der Dusche zu verschwinden. Der liebe Gott hatte sich mit CHRISTOFFs Körper große Mühe gegeben. CHRISTOFF war auch sehr hilfsbereit und zeigte mir, dass man die Dusche auch zu Zweit benutzen konnte. Er war sehr überzeugend und CLAIRE blinzelte nur vielsagend in ihren Schminkspiegel. Ein weiteres Schicksal saß ebenfalls in unserer Garderobe, in der man früher noch rauchen konnte. SANDRA MILO alias Rainer Böser. Wir alle qualmten um die Wette, die Luft war zum Schneiden. SANDRA war nicht mehr die Jüngste. Aus dem Osten stammend, war er/sie früher Tänzer/in beim Weimarer Ballett. Irgendwann hatte es SANDRA in den Westen verschlagen und sie verdingte sich als Travestiekünstler. Unter anderem auch im weltberühmten CHEZ NOUS. SANDRA hatte drei Laster. Rauchen, Alkohol und das Zocken. Das viele Geld, das sie im Laufe der Jahre verdient hatte, verdampfte, floss durch die Kehle oder landete in den Spielautomaten, die nichts wieder hergaben. Also gab sie in unserem Programm alles, um zu überleben.

Sie konnte gut singen und das Tanzen lag ihr sowieso im Blut. Wir hatten viele gemeinsame und schöne Auftritte. Eines Tages fragte sie mich, ob ich sie nach Hamburg begleiten möchte, zu einem kleinen Engagement in einer alten Hamburger Kneipe, die irgendwie zur Firma „Strümpfe-Landers" gehörte. Ich sagte zu. Das war doch mal was. Hamburg, das Tor zur großen, weiten Welt. Die Ernüchterung folgte auf grauem Fuße.

Die Fahrt nach Hamburg war, Dank SANDRAs Vorlieben, sehr feucht. Aber die Benebelung war nicht ausreichend für das, was uns in Hamburg erwartete. Die Kneipe, in der wir drei Tage gastieren sollten, hatte auch schon bessere Jahrhunderte erlebt. Im Hamburger Abenddunst mutete alles so an wie Kriegsruinen. Es fehlten nur noch die Sirenen. Über dem Lokal gab es eine kleine Artistenwohnung, in der wir unterkamen. Unterkamen. Das traf es.

Ich sollte bald feststellen, dass die Artistenwohnungen, speziell die in Hamburg, die letzten Löcher sein konnten. SANDRA beruhigte mich und wies auf die Gage, die nicht unerheblich war. Sie war die Erfahrenere, ich gehorchte und folgte. Der erste Abend war so einigermaßen. Der zweite war schon besser besucht und es machte sogar Spaß. Obwohl es für mich nicht leicht war, mit dem rauen Hamburger Umgangston umzugehen. Immerhin saßen nicht wenige richtige Seebären im Publikum. Alsbald sollte ich mich daran gewöhnen und sogar Gefallen daran finden. Am letzten Abend hielt SANDRA noch eine besondere Überraschung für mich parat. Nach unserem Engagement sollte ich noch rüber nach Sankt Georg und im berühmtberüchtigten Pulverfass auftreten. Gehört hatte ich schon davon. Es kribbelte in mir und ich war gespannt, was mich da erwartete.

Pulverfass und leichte Jungs

Jedes Jahr im Januar fand und findet im berühmten Pulverfass-Cabaret in Hamburg der Nachwuchstalentwettbewerb statt. Ein erquickendes Ereignis für das Publikum, die gerade engagierten Artisten und natürlich vor allem für die Neusprösslinge der Travestiezunft. Die meisten traten zum ersten Mal vor einem größeren Publikum auf. Das sah man denen auch gleich an. Einige von ihnen machten sich total zum Klops und merkten es nicht einmal – sehr zur Belustigung der Nichtbetroffenen. Andere wieder erhofften sich mit einer günstigen Platzierung am Ende des Abends, ein Engagement im Pulverfass. Also einen ganzen Monat lang, fast jeden Abend auf Bühne zu stehen und so vielleicht einen beruflichen Neustart zu finden. Viele von ihnen waren so enttäuscht, wenn es nicht zur gewünschten Platzierung reichte, dass sie sich richtig die Kante gaben und schimpfend, wie die Rohrspatzen, ihren neuen Berufswunsch zerplatzen sahen. Und dann gab es noch die kleinste Gruppe, zu der ich gehörte, die überhaupt nicht wussten, wie ihnen geschah und wo sie sich wirklich befanden.

1973 wurde das Pulverfass-Cabaret von Heinz-Diego Leers auf Sankt Georg, einem Hamburger Stadtteil in der Nähe vom Hauptbahnhof, gegründet. Es befand sich im Pulverteich Nummer 12. Daher leitete sich auch der Name ab. Heinz-Diego stammt aus einer vermögenden Familie und konnte sich solch ein ungewöhnliches Spielzeug leisten. Ein Puppenhaus mit lebenden Püppchen. Hübsch angezogen und sie tanzten alle nach seiner Pfeife. Sein Konzept ging auf und er wurde noch reicher. Herr Leers setzte noch einen oben drauf und legte sich noch einen Amüsiertempel zu. Der war insbesondere für die Frauenwelt gedacht. Das „Crazy Boys. " Ebenso einzigartig wie das Pulverfass und es mauserte sich schnell zum Geheimtipp. Denn dort fand allabendlich Männerstriptease vom Feinsten statt. Das exklusive daran war, dass nicht irgendwelche Boys auftraten, die nichts zeigten. Ganz im Gegenteil. Wie aus dem Bilderbuch sahen die Jungs aus. Attraktiv, schön oder hübsch. Egal wie man es nennen wollte. Muskulös waren sie in jedem Falle und äußerst zeigefreudig. Und natürlich an der richtigen Stelle ordentlich ausgestattet. Sie schossen nicht nur einmal über das Ziel hinaus. Das überwiegend weibliche Publikum (die wenigen Männer im Publikum mussten entweder mit oder zeigten ebenso großes Interesse an holder Männlichkeit), war entzückt über so viel Freizügigkeit und sehr oft überrascht, dass manche „Sachen" riesig groß werden können, wenn man sie nur „gewissenhaft" behandelte. Einige Mädels waren bestimmt enttäuscht darüber, dass diese „Sachen" zu Hause nicht ganz so üppig ausfielen und wurden selbst zum Freier. Allerdings alles unter vorgehaltener Hand.

Der hübscheste Boy gehörte natürlich Heinz-Diego. Das war kein Geheimnis. Er hatte ja auch die nötige Pinke-Pinke, um solch einen Jungen bei Laune zu halten. Es gab Tage, an denen hatte auch Heinz-Diego besonders gute Laune und seine Spendierhosen an. Und so kam es, ich war schon ein engagierter Artist im Pulverfass, dass bei einem feucht-fröhlichen Gezeche in einer kleinen Bar auf Sankt Georg, eine kleine Meute hübscher Jungs um uns herum stand. Die meisten kamen aus fernöstlichen Gefilden. Heinz-Diego bot mir an, ich solle mir einen aussuchen. Er würde dafür zahlen.

Was soll ich Ihnen sagen, in meinem Suffkopp tat ich es und habe es nicht bereut. Ich hatte Glück und der Junge keine „klebrigen" Finger. Was die Chefs nicht so alles für ihre Mitarbeiter taten. Das nannte ich mal Motivation.

Aber das vergessen Sie jetzt bitte gleich wieder. Danke. Anfangs noch belächelt, etablierte sich das Pulverfass zum bekanntesten und erfolgreichsten Travestie-Cabaret weit über die Grenzen von Deutschland hinaus. Ende 2001 zog das Cabaret dann nach Sankt Pauli auf die Reeperbahn in ein ehemaliges Kino.

Jeder Travestiekünstler, der etwas auf sich hielt, war stolz dort engagiert zu sein und wer irgendwann einmal das Gegenteil behauptet, der hat ganz einfach vergessen, wo der Schuster seine Leisten hat.

Zurück zu meinem Pulverfass-Einstand. Da stand ich nun in diesem Cabaret auf Sankt Georg. Es war beengend. In der Luft lag der Geruch von Alkohol, Parfum und anderen arabischen Düften. Die Künstlergarderobe war voll mit den amtierenden Artisten. Wir Nachwuchstalente zogen uns also im benachbarten „Crazy Boys" um. Dort war Ruhetag und die Verbindungstür zwischen beiden Cabarets erleichterte die Sache ungemein. Endlich war ich an der Reihe, mich in die Höhle des Löwen, sprich auf die Pulverfass-Bühne zu begeben. SANDRA MILO, die mich Gott sei Dank begleitete, schubste mich auf die kleine Bühne, die sich mitten im Cabaret befand. Grelles Licht blendete mich, meine Musik lief und ich taumelte auf die Bühne. Die Leute klatschten artig. Ich sah nur die Umrisse von den Köpfen der Leute, die da im Dunklen saßen und sang brav mein Liedchen. Wie man es von mir verlangte. Die Leute klatschten wieder und da war ich auch schon wieder von der Bühne. Ein kleines Lied und ich war schweißgebadet. So, das war es – dachte ich mir und packte meine Sachen zusammen.

Plötzlich tippte mir jemand von hinten auf die Schulter. Ich drehte mich um und da stand die Barfrau des Hauses vor mir. Patricia, die vorhin noch während meines Liedes ihre Hängelampen an der Bar angestubst hatte, so dass sie im Takt mitschwangen. Sie verkündete mir, dass wir uns bald wiedersehen würden. Wenig später fragte mich Heinz-Diego, ob ich mir denn vorstellen könnte im Pulverfass zu arbeiten. Na und ob ich mir das vorstellen konnte. Ich sagte zu. Handschlag drauf – nun war ich also ein richtiger Artist mit Monatsengagement. Ich ahnte nicht, was da alles auf mich drauf zu kam.

Das war der Beginn meiner, über viele Jahre dauernden Cabarettätigkeit, die mich bis in die Schweiz und nach Österreich bringen sollte. Zu dieser Zeit war ich schon mit Tino Less liiert. Wir kannten uns noch aus dem Osten, wo wir zusammen im Haus der jungen Talente beim Steppunterricht waren. Ich wohnte bei ihm in der Straßmannstraße. Eine kleine, gemütliche Wohnung im Parterre. Wir hatten uns in der Westberliner Wu-Wu-Bar wieder gesehen. Na und wie das so war, wir lebten zusammen. Tino Less war und ist Sänger und Moderator. Damals wurschtelte er sich genauso durch wie ich. Mal hier und mal da. Im Sommer 1992 war es dann soweit. Mein erstes Monatsengagement in Hamburg. Ich hatte weder Auto noch Führerschein und reiste mit dem Zug. Ich empfand es damals als sehr bequem. In den Speisewagen konnte man noch rauchen und man wurde nett bedient.

Untergebracht war ich auf Sankt Georg in der Rostocker Straße. In dieser Artistenwohnung lebten mehrere Künstler aus dem Pulverfass. Ich bezog ein kleines, sehr kleines Kämmerchen. Eine Küche gab es nicht, nur ein Gemeinschaftsbad. Alles war so herunter gekommen und eklig dreckig. Mir war zum heulen. Hier sollte ich nun zwei Monate aushalten. Im Zimmer nebenan hauste SYLVIA SWANSON, eine Stripteasetänzerin. Tänzerin, so glaubte ich. Sie war ein Mann mit Silikonbrüsten. Ich kannte das alles nur vom Hören und Sagen. Und jetzt so auf Tuchfühlung. Aber im Laufe der Zeit gewöhnte ich mich daran und SYLVIA wurde mir eine gute Kameradin. Ich war oft froh, dass sie an meiner Seite stand und mir unendlich viele Tricks zeigte, um im Cabaret zu überleben. Danke SYLVIA!

Sie zeigte mir, wie man Perücken frisiert, wie man animiert ohne gleich im Alkohol zu ertrinken, dass gut geklebte Fingernägel die halbe Miete waren, dass man an der richtigen Stelle einfach mal die Fresse hält und dass man immer einen halben Hausstand mit sich herum schleppen musste, um es einigermaßen erträglich zu haben.

Später, als ich dann mit dem eigenen Auto tourte, war ich einer der am besten ausgestatteten Artisten in den Cabarets. Ich hatte alles dabei, eine halbe Küche, Fernseher und DVD-Recorder, Nähmaschine mit allem drum und dran, inklusive Berge von Stoffen, Perlen und Pailletten, Perückenzubehör, Privatklamotten, Bettzeug, Teppiche, Tisch und Stuhl, alle möglichen elektrischen Geräte, Malzeug, zwei Hunde und jeden Krims Krams, den man sich vorstellen konnte. Der kleinste Koffer barg meine Kostüme. Wenn irgendein Artist etwas benötigte, ich hatte es und half gern aus. Es war immer eine logistische Meisterleistung, alles in meinem Auto zu verstauen. Und jeden Monat kam was Neues hinzu.

Nun hieß es, den ersten Monat zu überstehen. Und das war schwer. In der Garderobe war kein Schminkplatz für mich. Gerademal zehn mal zehn Zentimeter, um etwas abzulegen. Meine Kostüme ließ ich gleich im Koffer. Soviel hatte ich damals noch nicht.

Der erste Monat hatte es in sich. Knapp zwanzig Artisten drängelten sich in dem Cabaret. Playbacknummern, Liveartisten, Stripteasetänzerinnen und Revuen. Und ich hatte auch gleich alle, damals so „großen" Artisten erwischt: RITA JANÉ, MARCEL BILOU, NADJA TAYLOR (sie war die beste und ich konnte sie unheimlich gut leiden, soviel Charisma und Intellekt), MIMI DOREÉ, PETRA DOREEN, CRISTINA, LILIAN CARRÉ, IREEN SUE, SYLVIA SWANSON, CLAUDIA, die GRAND OLIVIA REVUE und viele andere „Raubtiere." Neben mir gab es noch einen weiteren Neuling, der versuchte, sich in diesem Zirkus der Nacht zu Recht zu finden. DAPHNE DE LUXE. Heute ist sie eine der angesagtesten Künstlerinnen der Comedianszene in Deutschland.

Sie brillierte im Pulverfass mit ihrer unerreichten „Marika Rökk-Nummer." Sie sah aus wie Marika und sie sprach wie Marika, mit diesem ungarischen Akzent. Da sie multilingual veranlagt war, fiel ihr das bestimmt nicht schwer. Eine Glanznummer. Ganz zum Schluss legte sie, trotz ihrer Vollweibfigur, noch einen Spagat hin. Das sollte ihr erst mal einer nachmachen. Sie war ein wenig introvertiert, aber im Grunde genommen waren wir das alle, sonst hätten wir diesen Job nicht machen können.

Ich sang meine Berliner Liedchen und plauderte mich NICHT um Kopf und Kragen. Dafür verdrehte ich schon am ersten Abend dem Choreografen vom „Crazy Boys" den Kopf. DYONA LORR. Er war ein Rasse-Typ mit französischem Akzent. Superschlank und gut aussehend. Er tanzte neben seiner Arbeit als Choreograf fast jeden Abend seine „Prince-Double-Nummer."

Es kam, wie es kommen musste und wir landeten natürlich in meiner kleinen Artistenkemenate. Er war ein Verführer par excellence. Wo hatte er nur all das gelernt, was er da mit mir tat? Ich wusste allerdings nicht, dass er eine sehr eifersüchtige Dauerfreundin hatte. Irgendein Luder hatte ihr gesteckt, wo sich ihr Liebster gerade in höchstem Maße verlustierte. Es dauerte nicht lange und sie stand in der Artistenwohnung und machte ihrem Ärger ordentlich Luft. Derart, dass sie dabei die halbe Wohnung auseinander nahm. Das war ein Theater und Gezeter. Nach dem sich die Gehörnte ausgetobt hatte, rauschte sie wieder von dannen. DYONA blieb und vollendete das, was er so verführerisch begonnen hatte.

Am nächsten Tag wusste natürlich ganz Hamburg von dem nächtlichen Debakel. Im Pulverfass grinsten mich alle hämisch an und stichelten, was das Zeug hielt. Heinz-Diego amüsierte sich am meisten. Er nahm es mir nicht übel. Er mochte es, wenn es unter den Tanten Zoff gab, dann war ihm nicht so langweilig. Und das was zu Bruch gegangen war, das war vorher eh schon kaputt.

Mein Einstieg ins Pulverfass war also ein ausgewachsener Fettnapf, in den ich da gelatscht war. Von Tag zu Tag profilierte ich mich und überlebte so. Während dieser zwei Monate besuchten einige Künstlermanager aus anderen Cabarets in Deutschland und aus der Schweiz das Pulverfass. Unter anderem aus dem inzwischen längst geschlossenen ALCAZAR in Hannover, aus dem PARADIES in Nürnberg und aus dem T&M in Zürich. Nicht lange und ich hatte auch mit diesen Theatern Verträge geschlossen.

Züricher Intermezzo

Mein Engagement für die Schweiz hatte ich in der Tasche. Es war ein heißer Sommer und der August sollte noch heißer werden. Ich freute mich auf Zürich und auf meine erste Reise mit dem Flugzeug. Von Berlin nach Zürich und danach gleich wieder nach Hamburg. Das ganze damals zu einem Spottpreis von vierhundert Mark.

Tino brachte mich zum Berliner Flughafen Tempelhof. Zum Abschied schenkte er mir einen Plüschdrachen (über viele Jahre hatte ich diesen Drachen in Ehren gehalten, bis ihn einer meiner Hunde gefressen hat). Ich war auf einen Flug mit einer Fokker 50 gebucht. Ein ganz kleines Propellerflugzeug. Es stand etwas weiter vom Hangar entfernt, sodass uns eine Stewardess zu Fuß zum Flugzeug begleitete. Wir waren nur sechs Passagiere in dieser Maschine, in der ungefähr fünfzig Platz gehabt hätten. Also freie Platzwahl. Jeder nahm sich eine Reihe. Ich war mächtig aufgeregt und verfolgte von meinem Fensterplatz aus das Geschehen. Der Flug sollte gerademal knapp eine Stunde dauern. Es gab ein kleines Frühstück und man durfte sogar rauchen. Na, das war ja was für mich. Da saß ich nun mit meinem Plüschdrachen, zog genüsslich an meiner Zigarette und konnte den Rauch beobachten, wie er in einer Düse in der Kabinendecke verschwand. Ich nippte am heißen Kaffee und machte den Eindruck eines glücklichen Honigkuchenpferdes. Switzerland, ick komme.

Das T&M, in dem ich auftreten sollte, befand sich im Hotel „Goldenes Schwert" in der Marktgasse mitten in der wunderschönen Altstadt von Zürich.

Schon auf der sehr teuren Taxifahrt vom Flughafen in die Stadt, begriff ich, warum jede/r Züricher/in diese Stadt und dieses Land so liebte. Ein traumhafter Flecken Erde. Der liebe Gott hatte sich große Mühe gegeben. Es ist nur soweit weg und für uns Deutsche einfach zu kostspielig.

Das Hotel hatte den Charme der 60er und 70er Jahre. Es gab eine winzige Rezeption und einen noch winzigeren Lift. Wenn man drin stand, dann war der Koffer noch draußen. Also nur der Koffer, aber dann fuhr der Lift nicht los. Also die Treppe. Mein Zimmer lag nach hinten raus, sehr ruhig und geräumig, sauber mit eigenem Bad. Fast schon Luxus und nicht zu vergleichen mit Hamburg. Ich richtete mich häuslich ein, da klopfte es an der Tür. Draußen stand DONNA LA BELLE (was die alle so für Namen hatten). Mit ihr gemeinsam sollte ich den Monat im T&M bestreiten. DONNA, die bürgerlich Andreas hieß und ich waren uns auf Anhieb sympathisch. Er/sie hatte ein hübsches Gesicht mit einer bedeutsamen Nase und stahlblauen Augen (er erinnerte mich ein wenig an Hans Albers, der Augen wegen). Vielleicht ein, zwei Kilogramm zu viel. Eine rheinische Frohnatur mit gewisser Bühnenerfahrung aus dem Kölner STARTREFF. DONNA zeigte mir wo es lang ging, aber erst einmal den Weg zur Bühne. Damals war im T&M noch nicht so viel umgebaut worden. Aber es verfügte über die modernste Ton- und Lichttechnik. Nach den abendlichen Shows fungierte das Haus als Diskothek. Die Tanzfläche war also die Bühne. Die Garderobe war mit einem schweren Vorhang abgeteilt. DONNA und ich hatten zweimal am Abend für jeweils eine halbe Stunde die Bühne für uns. Zur ersten Show versammelte sich das zum Teil sehr junge Publikum meist recht spärlich. Aber gegen Mitternacht war die Hütte gerammelt voll.

Jeder der hier auftrat kam zwar in den Genuss der guten Schweizer Gagen, lief künstlerisch aber gegen Windmühlen an. Denn TAMARA und MARLISA (die leider schon verstorben war) waren die Maskottchen der Schweizer Travestieszene und gaben diesem Musentempel der Nacht ihren Namen: T und M.

Sie hatten in zahlreichen Produktionen hohe Maßstäbe gesetzt. Die Züricher und umländischen Nachtschwärmer waren, vielleicht sogar zu Recht, sehr verwöhnt und kritisch. Sie hielten damit nicht unbedingt hinterm Berg. Genügend Berge hatten sie ja. Es gab wenige, die es wirklich geschafft hatten, die Schweizer davon zu überzeugen, dass Deutschland in Sachen Travestie ihnen in nichts nachstand: CAZAL, FRANCE DELON, LESLIE ANDERSON und JOY PETERS, um nur einige zu nennen.

Für mich war es schon eine große Genugtuung, dass ich dieses bezaubernde Land überhaupt kennenlernen durfte und war dankbar für jeden Tag, denn ich in der Schweiz verbrachte.

Die Hausherrin war immer noch TAMARA. Thomas Kraus, ein gestandenes Mannsbild mit einem feinen, undurchschaubaren Spürsinn für das Geschäftliche. Er hielt die Zügel in der einen und in der anderen Hand den geliebten Champagner. Protegiert wurde das T&M durch das gegenüberliegende Varieté POLYGON. Ein Unternehmen der Züricher Spielbetriebe TIVOLINO. Und dort residierte zu dieser Zeit die „Princess of Travestie" FRANCE DELON. Bei all dieser Professionalität die um uns herrschte – wohl bemerkt um uns herum, war mir recht mulmig zu Mute. Ich war mir nicht so sicher, ob den jeder Franken, den die Schweiz an uns verschwendete, auch gerechtfertigt war. Meine Gedanken behielt ich wohlweißlich für mich. Denn eigentlich machten DONNA und ich unsere Sache anständig. Die Leute applaudierten und hielten regen Kontakt zu uns. Ich muss zugeben und das tue ich gern, DONNA war eindeutig die bessere von uns beiden. Ihre Parodien auf Bette Midler und Dolly Parton waren einmalig und sehr überzeugend. Und ihre gewaltige Stimme nebst den nicht immer eigenen Conferencen tat das Übrige. Aber ich mit meinem kleinen Stimmchen, meinen Marlene-Liedchen und Berliner Geschichten. Ich sah mich als einen Akt des Freundschaftsdienstes an die ehemalige DDR. Die Leute mochten mich. Aber im Kreise all derer die ich kennen lernte, war ich eben doch das Bambi.

Trotzdem genoss ich die Zeit sehr und bedauere heute manchmal, dass ich gewisses Angebot ausschlug. Es beinhaltete die Möglichkeit in der Schweiz zu bleiben – natürlich gegen etwaige Leistungen, die einen amourösen Charakter hatten. Aber mit der Aussicht, nach nur fünf Jahren die Schweizer Staatsbürgerschaft anzunehmen und vielleicht ein ganz anderes Leben zu bestreiten.

Ich war damals einfach zu jung, um das gesamte Ausmaß dieses Angebotes zu erkennen – hätte ich mich dafür entschieden. Sicherlich, ich hätte das mit meinen beiden Arschbacken „abgesessen." Es ist nun mal anders gekommen. Dieser August 1992 wurde mir unvergesslich. Ich durfte das Land und die Leute kennen und schätzen lernen. Etwas was mich sehr berührte und sogar anmachte, war der Dialekt, das Schwyzerdütsch. Ich verstand kein Wort und wunderte mich, dass die Leute keine Halsschmerzen vom Reden bekamen. Aber es hat etwas. Wie die Franzosen oder Österreicher, man denkt wunder was die einem erzählen, aber man möchte die Wahrheit lieber nicht wissen.

Es war ein sehr heißer Sommer und deshalb suchten wir an den Nachmittagen Abkühlung am Zürcher See im Freibad. Mit dem Wort „Freibad" hatte ich wohl etwas missverstanden und ein Bademeister konnte mich gerade noch davon abhalten, mich der Freikörperkultur hinzugeben. Ich kannte es ja von Zuhause nicht anders, aber in der Schweiz war man in diesen Dingen etwas prüder. Gut, behielt ich die Badehose eben an und lernte trotzdem einen stattlichen, holländischen Schweizer kennen. Eine Augenweide. Groß und breit und…, ja das auch. Er war Krankenpfleger in einem Schweizer Spital. Obwohl ich nicht krank war, ließ er sich nicht davon abhalten mich ausgiebig „zu pflegen." Aus Anstand wehrte ich mich, aber nur ganz kurz und mein Zimmer wurde zu einem Ambulatorium der besonderen Art. Er behauptete Bein und Stein, er wäre heterosexuell. Es störte mich nicht – mir kann man ja alles erzählen… Es war eine herrliche Zeit.

Im POLYGON liefen die Vorbereitungen für die neue Show mit und um FRANCE DELON auf Hochtouren. Sie sollte eine der besten Produktionen im POLYGON werden. Die FRIGHT NIGHTS, eine sehr moderne Travestieformation, waren extra aus Deutschland angereist, um mit ihren meisterlichen Fähigkeiten die Vorbereitungen wesentlich voran zu treiben und zu bereichern. Ihre Fähigkeiten umfassten, sehr breit gefächert, Make-up, Hairstyling, Kostümdesign und das Kostümbildnern. FRIGHT NIGHTS, das waren CAZAL, MICKY TANAKA und Jochen Kronier. Wahre Experten auf ihren Gebieten und noch dazu exzellente Künstler auf der Bühne.

Oft saß ich in ihren Werkstätten und bestaunte diese absoluten Handwerkskünste mit Kamm, Nadel und Schere. Jochen hatte es mir am meisten angetan. Neben seinen Fingerfertigkeiten besaß er einen traumhaften Körper. Schon fast eine Waffe. Und natürlich hatte ich einen unverschämten Flirt mit ihm. Aber leider spielte ich auf Dauer nicht in seiner Liga. Sein schönes Gesicht werde ich nicht vergessen. So unschuldig, wie er immer schaute – im Herzen war er es bestimmt. Einige von Ihnen mögen vielleicht denken, ob ich es nicht ein wenig übertreibe mit dem Flirten. Ganz im Gegenteil. Man kann gar nicht genug flirten. Ist es nicht ein schönes Gefühl, wenn jemand, denn man einfach nur so aus einer Spur von Sympathie heraus angelächelt hat (egal ob Mann oder Frau), sich umdreht und Dir schmunzelnd nachschaut. Man sieht diese Person vielleicht nie wieder. Aber der kurze Moment, in dem man für andere begehrenswert war, ist unbeschreiblich schön und gibt Dir das Gefühl, lebendig zu sein. Wenn sich keiner mehr umdreht oder Du für andere durchsichtig wirst, dann hat das kleine bisschen Leben ein Stück an Qualität verloren.

Unser Engagement in Zürich brachte uns einen Folgemonat ein. Es sollte ein sehr professionelles Programm mit Unterstützung eines Balletts werden. Roger Pfändler, der Intendant vom POLYGON übernahm dafür die Verantwortlichkeit. Es gab richtige Plakate und Flyer. Wir waren mächtig stolz. Was DONNA und ich allerdings nicht wussten – all das, was wir da spielen sollten, wurde kurz vorher schon in einer anderen Besetzung aufgeführt.

Mit Gerry Braukmann, einem sehr erfahrenen Musikproduzenten aus der Schweiz nahmen DONNA und ich den Titel „Leben, Leben ist wunderbar" auf. Eine schöne Melodie und kein schlechter Text. Mich wunderte nur, dass dieses Lied erst jetzt aufgenommen wurde. Wahrscheinlich lag er schon eine Weile in der Schublade. DONNA korrigierte meinen Irrtum. Sie erklärte mir, dass jeder Artist, der vorher noch nicht in der Schweiz war, dieses Lied singen musste. Diese Melodie spielte schon in anderen Produktionen wie „Again and Again" und „Traumtanz" eine gewichtige Rolle. Erst war ich etwas verstört, aber es ging ums Geldverdienen. Der Franken lachte. Die Proben wurden ebenfalls honoriert. Wir konnten in tollen Tonstudios produzieren und die Kostüme waren einsame Spitze. Obendrein gab es noch fantastische Fotos, für die wir an anderer Stelle viel Geld bezahlt hätten. Und ich konnte meinem Mythos Marlene ein bisschen Leben einhauchen. Das Programm lief gut, der Laden war voll und wir hatten unseren Erfolg. Was wollten wir mehr.

In dieser Zeit lernte ich den Gewandmeister Walter Joss kennen. Er war eine Korefähe auf seinem Gebiet, ein angesagter Meister seines Handwerks in der Schweiz und hatte für das POLYGON gearbeitet. Für mich hatte er ein sehr schönes Kostüm entworfen und hergestellt. Es war ganz aus weißem Lack gefertigt. Ein tolles, mehrteiliges Ensemble, das ich lange getragen habe.

Walter hatte zwar kein Auge auf mich geworfen, aber er war so frei, mir ein wenig von der Schweiz zu zeigen. Ich lernte sein wunderschönes Haus im Tessin kennen und Lugano am Comer See. Die Schweiz ist ein sehr interessantes Land. Ob man nun die herrlichen Landschaften vorzieht oder sich den multikulturellen und kulinarischen Köstlichkeiten hingibt. Enttäuscht werden nur jene, die kein offenes Herz für die schönen Dinge im Leben besitzen.

ALCAZAR – ganz und gar niedersächsisch…

… aber mit französischem Flair.

Ich hatte es also geschafft und pendelte als Travestiekünstler zwischen Berlin und Hamburg, Hannover und Nürnberg. Ich war gut gebucht und Raimund bestimmt stinksauer, weil ich so oft unterwegs war. Aber es machte mir Spaß, ich konnte gut davon leben und mich weiter entwickeln. Das Beste an den Reisen war, dass ich bei jedem neuen Engagement auch neue Artisten kennen lernte.

Ich konnte das Gute mit dem Nützlichen verbinden. Ich arbeitete und sah mir jeden Abend eine tolle Show an, die auch jeden Abend etwas Neues brachte. Langweilig wurde es nie. Nun war ich im ALCAZAR gelandet.

Das Cabaret ALCAZAR befand sich in der City von Hannover, gleich hinter dem Bahnhof in der Leonhardtsraße 11. Untergebracht war es im Kellergeschoss vom Hotel „Schweizer Hof." Der Eingang befand sich an einer Seite vom Hotel. Er war sehr erhaben gestaltet und mit einem Baldachin überdacht. Alles spiegelte die Moderne der achtziger Jahre wieder. Viel Glas und viele Spiegel. In großen Schaufenstern hingen die Fotos von den Artisten, die im jeweiligen Monat auftraten. Das Cabaret hatte von Mittwoch bis Sonntag geöffnet und war fast jeden Abend gut besucht. Am Wochenende war natürlich der Teufel los, denn zwischen und nach den Shows war Disco angesagt. Eine rundum gelungene Mischung. So konnten die Artisten und das Publikum in regen Kontakt kommen.

Manch ein allein gekommener, solventer Herr war dann am Abend nicht mehr ganz so einsam, dafür seine Brieftasche um einiges leichter. Alles hatte seinen Preis. Mein Lächeln war immer gratis.

Herrscher über das Cabaret war ein schwules Paar Ende des mittleren Alters. Hermann und Ferdinand. So wie sie hießen, so sahen sie auch aus. Die beiden glaubten wirklich, dass sie alles im Griff hatten. Aber die „Drahtzieher" waren ganz andere. Ein bis zweimal in der Woche hielten sie Hof im Cabaret. Meistens kamen sie schon recht angetütert an und wussten natürlich alles besser. In jede noch so kleine Kleinigkeit mischten sie sich ein und gingen uns mächtig auf den Sack. Oftmals überschritten sie ihre Kompetenzen, falls sie diese überhaupt kannten. Dann nahmen sie gemächlich in unserer Garderobe Platz, wenn wir gerade nackend herum sprangen. Es grenzte teilweise an sexuelle Belästigung. Gegen Mitternacht hatten sie ihren Pegel dann vollends erreicht und waren voll wie die Haubitzen. Dann verließen sie, Gott sei Dank, endlich das Cabaret. Danach konnte die Nacht nur noch schöner werden.

Ich weiß nicht, ob die beiden jemals geahnt haben, dass das gewiefte Personal sie oft von Hacke bis Nacke beschissen hatte. Strafe musste sein.

Am Eingang gab es meistens eine nette Person, die den Eintritt kassierte und als Türsteher/in fungierte. An eine aus dieser Zeit erinnere ich mich besonders gern. Sie war eine sympathische Griechin Namens Nula. Sie machte ihre Sache sehr gut und war bei den Artisten sehr beliebt. In den Jahren haben sich viele der Artisten bei ihr ausgeheult oder einfach nur ihre Nähe gesucht, wenn es im Cabaret mal zu langweilig war. Nula gehörte fast schon mit zum Inventar und hätte es verdient gehabt, beim allabendlichen Finale mit auf der Bühne zu stehen. Wenn die Gäste unsere Nula „passiert" hatten, gelangten sie über eine Treppe hinab in das Cabaret. An den Wänden im Treppenaufgang hing eine Auswahl riesiger Fotoposter von den Artisten, die hier schon aufgetreten waren. Sehr imposant. Eines Tages hing auch von mir ein solches Foto an der Wand. Ich muss zugeben, ich war sehr stolz darauf.

Im Cabaret wurden die Gäste dann von YAN PARKER mehr oder weniger freundlich empfangen und zu ihren Plätzen geleitet. YAN PARKER war in seinen Glanzzeiten ein gefeierter Tänzer gewesen und in Deutschland einer der ersten professionellen Menstripper. Da er nicht mehr tanzte, hatte er das Amt des künstlerischen Leiters übernommen. Er führte mit seinem französischen Akzent durch das Programm und nahm sich auch noch heraus Lieder aus seiner Heimat zu singen. Das war ein Singsang. Jedem, der auch nur ein kleines musikalisches Gespür hatte, tat es in Ohren weh. YAN war sehr von sich überzeugt und wehe einer hätte ihn kritisiert, der hatte dann den ganzen Monat zu leiden. Außerdem hatte er auch noch die Bar unter sich und war sein bester Kunde. Keine Nacht, in der er nicht sturzbetrunken das Cabaret verließ, um sich vielleicht noch in einer anderen Kneipe von Hannover den Rest zu geben. Dort hielt er dann Ausschau nach übrig gebliebenem, männlichem und jungem Gemüse. Er hatte eine Vorliebe für knabenhafte Typen.

Ich hatte das Glück, dass YAN mich aus seinem Beuteschema gestrichen hatte, nachdem ich mich unmissverständlich einem seiner Annäherungsversuche versagt hatte. Danach kam ich bestens mit ihm aus. Unsere nächtlichen Streifzüge durch Hannover sind mir noch gut in Erinnerung geblieben. Er hat mir Kneipen gezeigt, in die wäre ich im Leben nicht alleine hinein gegangen. An manchem Morgen danach hatte ich mehr Geld in der Tasche als am Abend vorher und kann mir das bis heute nicht erklären.

YAN schminkte sich jeden Abend und keiner wusste warum. Er war in Hannover sehr bekannt und hatte seine Stammgäste. Manche kamen im Monat fast täglich. Die meisten wussten darum, dass sich YAN gern mal „verrechnete" und waren auf der Hut. Jeder von diesen Stammgästen hatte seinen Lieblingsartisten und umgekehrt war es genauso. An meisten mochte ich Uli. Ihm gehörte das Hotel „Gildehof" direkt am Bahnhof. Für mich wurde es zur Tradition, dass ich bei jedem meiner Engagements am Anreisetag zuerst zu Uli in den „Gildehof" ging. Ich sagte „Hallo" und ließ mich kulinarisch verwöhnen. Er hatte die beste Küche von Hannover, gutbürgerlich, schmackhaft und preiswert. Sein Restaurant war immer gut besucht und zur Messe musste man schon reservieren. Für mich hatte er immer einen Platz. Im Cabaret war Uli immer sehr spendabel, aber in seinem Hotel bestand ich darauf, meine Rechnungen selbst zu begleichen.

Uli war einer der wenigen Freunde, die YAN hatte. Und Uli war wohl auch der einzige, der ihm mal den Kopf waschen konnte, wenn der kleine Franzose mal wieder über die Stränge geschlagen hatte oder sich Hals über Kopf in einen unerreichbaren Schönling verliebt hatte. Einige Jahre später übernahm dann DAPHNE DE LUXE, nach dem Umbau des Cabarets durch die neuen Betreiber, die künstlerische Leitung. Natürlich hatte das Unternehmen ALCAZAR auch einen

Geschäftsführer. Er hieß ebenfalls Uli, war Familienvater und trat mir gegenüber sehr loyal auf. Er hielt das Geschäft am Laufen, war der Wächter über die Kasse und zahlte die Gagen.

Was wäre ein Cabaret ohne die richtige Beleuchtung und die richtige Musik. Für beides war Otti zuständig. Ein liebenswerter Zeitgenosse, wenn man sich mit ihm verstand. Die meisten konnten gar nicht anders. Otti war lustig, hatte immer einen Witz auf den Lippen, trank gerne mal einen oder mehrere. Er war äußerst und mit Hingabe bemüht, uns immer ins richtige Licht zu setzen und uns den richtigen Ton zu verleihen. Es gelang ihm eigentlich immer. Das Tollste an ihm waren seine An- und Absagen für die Artisten. Otti hatte eine wunderbare Sprecherstimme und mit der bettete er uns regelrecht auf die Bühne. Aber er hatte auch seinen Spaß mit den Artisten. Da kam es schon mal vor, dass Otti den Knopf für die Nebelmaschine zu lange gedrückt hielt oder die Lichter ganz ausblieben. Wir nahmen es mit Humor, solange es der Show zuträglich war. Wenn Otti etwas besonders gut gefiel, dann holte er alles aus seiner Technik raus. Die Livenummern „beschnitt" er immer mit seinen Blinkzeichen, wenn sie die Redezeit mal wieder überschritten hatten. Es blinkte immer, sehr zur Freude des Publikums – die kannten den Gag schon. Otti war ein richtiger Partymaker und heizte dem Publikum ordentlich ein. Oft saßen wir nach der Show zusammen bei YAN an der Bar und halfen Otti, wenn er seinen regelmäßigen Liebeskummer im Wodka ertränkte. Leider kommen diese Zeiten nie wieder. Was wohl aus Otti geworden ist?

Einen Geheimtipp von Hannovers Nachtleben hatten mir YAN und Otti noch gezeigt. Ein nächtliches Kleinod gleich um die Ecke vom Cabaret. Die Minidiskothek „Harlekin." Dort lernte ich Gisela Bachmann kennen, mir der ich auch später noch viele interessante Momente in meinem Leben haben sollte.

Die lieben Kollegen und andere schöne Menschen

The Company of Thunderman

Ich teilte mir mit vielen Artisten die Garderoben. So viele unterschiedliche Charaktere und Nationalitäten. Mehr oder weniger kam jeder mit jedem klar.

„The Company of Thunderman" war ein erfolgreiches Duo, das sich in die Herzen des Publikums tanzte. Auf der Bühne waren Matthias und Suara Maas wie für einander geschaffen. Aber im realen Leben wie Pech und Schwefel. Beide wohnten mit ihren vielen Kostümen in einer Wohngemeinschaft in Dortmund. Einen Monat lang beherbergten sie mich einmal, als ich ein Gastspiel in Dortmund hatte. Matthias war der ewige Schönling, der von allen angehimmelt werden wollte, aber nie einen an sich heran ließ. Er verkörperte den Typen, der Schwiegermütter in den siebenten Himmel versetzen würde. Suara hingegen war die Bedachte, die sich aufopfernde Showpartnerin. Sie hatte ein sagenhaftes Gespür für exzellente Kostüme, Musik und den richtigen Schwung beim dahin schmelzenden Tanz auf der Bühne. Sie war um knapp „zwei" Donnerstage älter als Matthias. Ihr wahres Alter hat sie nie verraten. Indonesierinnen tun so etwas nicht, die können kochen. Suara war eine begnadete Köchin. Was sie alles aus den einfachsten Zutaten zaubern konnte. Und wenn, dann für alle. Beide legten eine sehr saubere Show hin. Es war berauschend und traumhaft, ihnen zu zuschauen. Sie tanzten sich den grauen Alltag einfach weg.

Wenn es auch nicht immer leicht für Suara war, sich gegen Matthias durch zu setzen, sie blieb sich immer treu.

Sylvia Swanson

Mit SYLVIA SWANSON, die ich schon von Hamburg kannte, war ich oft im ALCAZAR engagiert. Ich mochte ihre offene, manchmal sehr direkte Art und Weise, wie sie mit den Dingen und den Leuten umging. Tauchte sie irgendwo, dann war Leben in der Bude. außerdem besaß sie ein meisterliches Organisationstalent, von dem wir alle profitierten. Sie hatte für fast jedes Problemchen eine Lösung. Auch wenn diese ab und an eine Gratwanderung war.

Ich liebte ihre aufgedonnerten Frisuren. Sie trug immer Echthaarperücken. Die waren so raffiniert gearbeitet, dass man wirklich keinen Unterschied bemerkte – außer, dass kein Mensch soooviele Haare auf dem Kopf hat. Jeden Tag ließ sie sich eine neue Kopfkreation einfallen. Die Frisuren wurden immer höher und spektakulärer. Wenn SYLVIA das nicht mehr ausreichte, dann mussten Hüte her. Keine kleinen Hütchen, die man kess auf der Frisur drapierte. Nein, riesige Mutationen von der Größe eines Wagenrades waren gerade gut genug für SYLVIA. Sie schaffte es immer noch einen drauf zu setzen. Wir waren immer sehr gespannt am Ersten des Monats, was sie wohl dieses Mal aus ihrem schier unerschöpflichen Fundus auspackte.

Da ihr von Natur aus keine so großen Lippen mitgegeben wurden, hatte sie ein wenig nach geholfen. Vielleicht eine Idee zu viel. Sie hatte Lippen für drei Transvestiten. Diese bemalte sie mit so viel Lippenstift, dass jeder, den sie damit küsste, eine Woche lang zu tun hatte, ihn wieder los zu werden. Die armen Ehemänner, die als vermeintliche Singles im Cabaret die Bekanntschaft mit SYLVIA gemacht hatten. Wie die das ihren Frauen erklärten haben? SYLVIA galt als die Schönheitstänzerin aller Transvestiten. Sie tanzte nicht nur nach irgendeiner Musik, sie erzählte immer eine kleine Geschichte mit ihren Auftritten. Ob als Marilyn Monroe oder Bonnie Tyler, es war immer ein besonderes Erlebnis. Heut lebt und arbeitet SYLVIA in Hannover, ist immer noch gefühlte „Neunundzwanzig" und denkt bestimmt wie ich, an die scheenen Zeiten von damals. Jeder der sie kennen gelernt hatte, rätselte – wer und was SYLVIA wirklich war.

JOHN – Den du elsker

Die Weihnachtszeit in einem Cabaret zu verbringen ist nicht Jedermanns Sache. Auf der einen Seite sind alle so überschwänglich in weihnachtlicher Vorfreude und auf der anderen Seite ist es nicht immer leicht für einen Artisten, gerade an solchen Feiertagen arbeiten zu müssen. Aber ein Artist „muss" nicht arbeiten – er will arbeiten, weil er gar nicht anders kann. Mal abgesehen vom Geldverdienen.

Weihnachten 1996 in Hannover. DAPHNE DE LUXE war schon künstlerische Leiterin im renovierten ALCAZAR. Ich hatte ein wenig Muffensausen davor, plötzlich jemandem zu unterstehen, der vorher „nur" ein Kollege war. Meine Bedenken sollten sich alsbald zerstreuen. Das Cabaret war wie aus dem Ei gepellt und erstrahlte in einem neuen Glanz. Alles war viel moderner und das Interieur entsprach dem Zeitgeist. Die Künstlergarderoben waren an eine andere Stelle in Bühnennähe versetzt worden. Meine Gisela aus dem „Harlekin" wurde zur Geschäftsführerin erhoben und SYLVIA SWANSON wurde die Barfrau im ALCAZAR.

Ich hatte das Glück RICKY LEE AND THE ILLUSIONS aus Dänemark kennen zu lernen. Einer der beiden Tänzer war ein Bild von einem Mann. John Bergmann. Er passte so gar nicht in dieses Cabaret. Er wirkte äußerst männlich und man hätte ihm blind abgenommen, dass er mit all dem Künstlerkram gar nichts am Hut habe. Aber weit gefehlt. Er war ein sehr feinfühliger Mensch, der genau wusste was er tat und er hatte das Gespür für die Kunst und die Bühne. Auf den ersten Blick sah man das alles nicht in ihm. Er konnte hervorragend kochen, Kostüme nähen, tanzen, Weihnachtskarten schreiben, küssen und mich verrückt machen.

Aber eins nach dem anderen. Ich hatte mich also getäuscht. Das machte ihn nur noch interessanter für mich. Nicht nur für mich. Er wurde zum Publikumsliebling. John war der Typ von Däne, wie man sich so einen Dänen vorstellte. Kein Wikinger. Aber er hatte eine Spur von dem. Groß und kräftig war er. Richtig durchtrainiert. Blonde Haare und in seinem markant geschnittenen Gesicht trug er einen raffiniert zu recht gestutzten Moustache. Er besaß ein unwiderstehliches Lachen, dass jeden ansteckte. Und diese azurblauen Augen – in die hatte ich mich verguckt. Ihn umgab ein betörender Duft. Wenn er an mir vorüber ging, schien es mir die Sinne zu rauben. Sein weniges Deutsch das er sprach, hatte diesen entzückenden Akzent. Wir mussten nicht viel reden, wir verstanden uns auch so.

Mir gegenüber war John der perfekte Gentlemen. Manchmal geradezu unheimlich, als ob er mir jeden Wunsch von den Lippen ab lies. Ich suchte seine Nähe und wir verbrachten viel Zeit miteinander. Weihnachten stand vor der Tür. Mir war so warm ums Herz. Wie frischverliebte Teenager machten wir uns kleine Geschenke. Aber waren wir wirklich verliebt? Eine Schwärmerei, da traf es wohl eher. Das ist das Schlimme an mir – ich kann mich Hals über Kopf in jemanden verlieben, den ich eigentlich gar nicht kenne. Meistens habe ich den größeren Schmerz zu tragen, wenn ich mich wieder in etwas gesteigert habe, dass kaum eine Chance auf Zukunft besitzt.

John hatte mir vom Hannoveraner Weihnachtsmarkt eine wunderschöne, kugelrunde Leuchtkerze geschenkt. Ich zündete sie jeden Tag an. Am Ende des Monates war sie herunter gebrannt. Sie war wie ein Lebenslicht für meine kleine, heimliche Liebe, das am Ende verlosch. Ich hatte John nicht die ganze Wahrheit über meine Gefühle verraten. An einem unserer freien Abende besuchten wir zusammen die Theatervorstellung „Cabaret" mit Georg Preuße in der Hauptrolle.

Georg war an einigen Abenden zuvor Gast bei uns im ALCAZAR gewesen und hatte sich köstlich amüsiert. Darauf hin bekamen wir die Karten. Als Dankeschön schenkte ich ihm ein von mir gemaltes Portrait der Bühnenfigur MARY.

Die Weihnachtsfeiertage konnte jeder bei seiner Familie verbringen. John fuhr nach Dänemark. Es tat mir weh. Spätestens da merkte ich, dass ich meinen Gefühlen einen zu freien Lauf gelassen hatte. Wie sollte ich da wieder rauskommen. Ich hatte keine Lust nach Berlin zu fahren und blieb über Weihnachten in Hannover. Zum Glück, denn wer weiß, was ich alles Dummes in meinem Selbstmitleid getan hätte. DAPHNE hatte wohl etwas von meinem „Weltschmerz" mitbekommen und lud mich zum Fest zu sich nach Hause ein. Das hätte ich ihr nie zugetraut. Ich war überrascht von ihrem Feingefühl und zierte mich anfangs. Aber dann gab ich mir einen Ruck und nahm die Einladung an.

Gott sei Dank, sonst hätte ich diesen schönen Weihnachtsabend bei DAPHNE nie erlebt. Sie hatte sich große Mühe gegeben und allerhand Schmackhaftes gekocht und zubereitet. Ich wusste nicht, dass sie so eine Leidenschaft für das Kochen hatte. Viele Jahre später gab DAPHNE dann ein eigenes Kochbuch heraus.

An diesem Abend konnte ich ein wenig zu mir selbst finden. Dann war John wieder da. Ich hatte mich so auf ihn gefreut, aber ich wusste auch, dass es die letzten gemeinsamen Tage sein würden.

Vor einiger Zeit bekam ich das Halbplayback „La vie en Rose" (Edith Piaf) geschenkt. Ich hatte lange mit mir gehadert dieses Lied zu singen. Erstens fühlte ich mich noch zu jung dafür und zweitens musste ich dafür fehlerfrei französisch singen können. Das war das größere Problem. Irgendwann hatte ich es drauf und nahm es in mein Repertoire auf.

RICKY LEE gefiel dieses Lied und er verriet mir, dass es dafür eine dänische Übersetzung gibt. Na, das nannte ich mal ein Weihnachtsgeschenk. Ich war Feuer und Flamme. Ich versprach ihm noch in diesem Monat das Lied auf Dänisch zu singen. Nicht ohne Hintergedanken bat ich John, mir den dänischen Text und die Übersetzung aufzuschreiben. Die Übersetzung war gar nicht so einfach.

Am Ende saßen sage und schreibe sechs Dänen in der Küche der Künstlerwohnung und versuchten den dänischen Text bestmöglich ins Deutsche zu übersetzen, was ihnen schlussendlich auch gelang. Dänisch ist keine leichte Sprache und es hört sich an, als ob ein Holländer erkältet ist. Es wurde eine lange Nacht und ich mittenmang.

La vie en Rose – Den Du elsker – Den Du liebst

Et blik der trullerbinder mit	Ein Blick der verzaubert
Et smil der kun er til for mig	Ein Lächeln nur für mich
Et sprog vi skabte i en leg	Eine Sprache wie ein Spiegel gemacht
Det soere sind som kun er dit	Deine Gedanken sind seltsam, sind Deine

Das Jahr neigte sich dem Ende und Silvester stand vor der Tür. Ich bibberte vor dem Augenblick, in dem ich mich von John verabschieden musste. In der Nacht zu Neujahr heulte ich wie ein Schlosshund und war totunglücklich. Nun war er weg.

Ich habe nie etwas mit John gehabt und dennoch fühlte ich mich ihm so nahe. Ich habe eine kleine Ewigkeit gebraucht um zu begreifen, dass jeder sein eigenes Leben hat. John in Kopenhagen und ich in Berlin. Vergessen konnte ich ihn nie. Ein paar Monate später habe ich ein Portrait von ihm gemalt. Danach habe ich ihn noch einmal in Kopenhagen besucht und wusste nun endlich, dass ich ihn loslassen konnte.

Barbara von Streusand

(Anmerkung. Im Folgenden bezeichne ich Paul als Barbara und „sie")

Meine kleene Babsi kannte ich ja schon aus Berlin. Dort waren wir gemeinsam im damaligem „U-Buffet", bei Manfredos Travestieauslese aufgetreten. Es wirklich eine Auslese. Hört sich hochtrabend an, war aber ein ganz simples Prinzip der Unterhaltung. Auch heute, nach über zwanzig Jahren funktioniert es immer noch. Man nehme ein paar Fummeltanten, einen singenden Moderator und pfercht alles in eine kleine Berliner Kneipe. Man schließt die Tür ab, wartet ein paar Stunden und wenn dann alle überlebt haben, war es ein erfolgreicher Abend.

Es war Ende Februar – der wusste auch nicht was er will. Eine nasskalte Mischung aus Winter und vorzeitigem Frühlingserwachen. Mit viel Glück hatte ich einen Parkplatz gefunden, der meinen kleinen Ansprüchen genüge tat. Das war gar nicht so einfach – ich besaß meinen Führerschein gerade mal drei Wochen und hatte ihn auf ehrliche Art und Weise erlangt. Es war ein Sonntag und ich war, wie so oft, ein paar Minütchen zu spät. Nummer 28. Spilles. Wo steht Spilles, hier. Ich drückte auf das dafür vorgesehene Knöpfchen und es machte Sssst. Parterre links. In der offenen Tür stand ein hochgewachsener, schlanker, junger Mann – soweit man das im tristen Licht erkennen konnte.

„Hallo, ich bin etwas spät, Verkehr, Stau und Parkplatzmangel..." stammelte ich. Der junge Mann bedeutete mir einzutreten. Ich hatte sofort das Gefühl, dass hier jemand schon sehr lange wohnt. Ein kleiner Flur, vollgepfropft mit persönlichen Habseligkeiten. Die Wände waren mit Bildern behangen. Unzählige Videos in zimmerhohen Regalen. Halb links befand sich das winzige Bad und halb rechts das einzige Zimmer mit einer sich anschließender Küche. Es war dunkel. Sehr dunkel und man konnte nur ahnen, wohin man trat. Ich ließ meinen Blick schweifen.

Auf der Sitzgarnitur lümmelte BARBARA VON STREUSAND, eine kleine untersetzte Person. Sie kam mir entgegen und begrüßte mich, Küsschen links, Küsschen rechts. Wir kannten uns ja schon eine Weile. BARBARA VON STREUSAND hieß eigentlich Paul Spilles und wurde am 23.09.1943 in Euskirchen (das liegt noch in Deutschland) geboren. Sie hatte mit Schuhgröße 41 ein richtiges Damenfüßchen. Und wie eine richtige Dame verschwieg BARBARA ihr wahres Gewicht mit den Worten: „Das wechselt, je nach Laune und Liebhaber." Seine Kindheit hatte Paul weit hinter sich gelassen und winkte gelangweilt ab, damit ich nicht weiter danach fragte. Wie die meisten Travestiekünstler, hatte er vor vielen Jahren den allumfassenden Beruf eines Kellners gelernt. Diese Berufsgattung und ihre „Anhänger" gelten im Allgemeinen als „Hans Dampf in allen Gassen." Als Paul noch ein Paulchen war, wurde die Sucht nach den Brettern, die die Welten bedeuten, vom Taumel der wilden und ungestümen 60er Jahre unterdrückt. Erst das Militär, das ihn nach Belgien führte, schürte die ersten theatralischen Gelüste. Zu dieser Zeit gab es beim belgischen Militär „Bunte Abende" für die Soldaten und ihre Angehörigen. Theateraufführungen und anderes Amüsantes wurden gezeigt. Alsbald stellt sich heraus, dass der junge Paul die ideale Besetzung für die weiblichen Rollen war. So nahmen die Dinge ihren Lauf. Aber die Militärzeit war nicht die Geburtsstunde für den späteren Travestiekünstler. Ein holpriger Weg führte Paul 1968 nach Antwerpen in die „Dennis-Bar." Von nun an stand er als BARBARA mit einer ersten Vollplaybacknummer auf der Bühne.

Die damalige Travestietradition bestand unter anderem in der Aufführung von Stripteasedarbietungen. Natürlich waren diese nicht so freizügig wie heute gewesen. Was man heute so sieht, grenzt ja fast an Pornografie. Damals galt eine relativ keusche und demütige Tanznummer mit einem leichten, frivolen Hauch als Hit der Saison. Der kleine Unterschied zwischen Frau und Mann wurde fein, säuberlich weggeklebt.

Entdeckt wurde BARBARA von MADAME ARTHUR. Diese MADAME ARTHUR galt in den Steinzeiten der Travestie als die Wegbereiterin für diese Kunstgattung – weit über die Landes- und Gesellschaftsgrenzen hinaus.

1969 kam BARBARA nach Berlin und sprach kaum ein Wort deutsch. Sie lernte ihre erste, große Liebe kennen – Manfred. Es war keine leichte Zeit für Manfred und BARBARA. Finanzielle Probleme trübten oft die Tage. BARBARA selbst beschreibt diese Jahre als ihre schönsten, auch wenn viele Steine im Weg lagen. Mit Tingeln und Tangeln im In- und Ausland verflogen die Jahre wie im Flug. Viele Läden, viele Auftritte und viele Kollegen, die sie erleben durfte. So wohl als auch. Einige von den „Kollegen" beschrieb BARBARA als Drachen und Scheusale. Andere Mitartisten waren echt kollegial und ganz wenige Künstler sogar richtige Freunde.

BARBARA verdiente viel Geld und gab es genauso mit vollen Händen wieder aus – wie alle Artisten – Grins. Die 80er Jahre waren für BARBARA die Krönung ihres Artistenlebens. Die Gesellschaft hatte zwar ihre Normen, doch insbesondere die Künstler hatten sich davon frei gemacht und lebten das Leben, welches Freizügigkeit versprach.

Durch einen unfreiwilligen Ausrutscher gelangte BARBARA zu ihrem Nachnamen. Sie war mit einer befreundeten Kollegin SANDRA MILO per Flugzeug unterwegs nach Hamburg. Damals war es bei einigen Flügen üblich, dass die Passagiere nach dem Verlassen der Maschine noch eine kleine Wanderung über das Rollfeld unternehmen mussten, um die Flughafenhalle zu erreichen. An diesem Tag herrschte regnerisches Wetter. Überall waren Pfützen und alles war glatt. Wie der Zufall es wollte, rutschte BARBARA aus und landete auf dem Allerwertesten. SANDRA meinte nur spöttisch: „Babsi, Dir fehlt eine Tüte Streusand." Darauf entgegnete BARBARA genervt: „Selbst wenn ich Streusand heißen würde…" Beide lachten über diese Begebenheit und SANDRA murmelte nur: „Streusand, Streusand." Und so wurde der Name gefunden und Babsi zu BARBARA VON STREUSAND (eine Ähnlichkeit mit der echten „Streisand" war von vornherein ausgeschlossen).

Ob nun Hamburg, Berlin oder sonst wo, Show lässt sich nur da gut machen, wo es das Publikum auch sehen will. Obwohl Paul ganz gern mal ein paar Stunden für sich allein brauchte, war er nie ein Freund vom Singledasein. Seit 1997 war Philipp, ein etwas mehr als jüngerer Mann, Pauls ständiger Begleiter und Freund. Er hatte den jungen Slowaken während eines Gastspiels in Hannover kennengelernt. Der Junge sprach gut deutsch und war äußerst höflich. Für Pauls Privatleben war der junge Mann eine ungeheure Bereicherung. Mit ihm konnte er reden, ihm konnte er vertrauen. Aber Paul ließ sich nicht gerne in die Karten schauen. Show ist Show und Privat ist eben Privat – da hat der Mann im Fummel die Hosen an.

In über dreißig Jahren auf der Bühne und mit der Erfahrung als ein renommierter Travestiekünstler, ist BARBARA sich selbst und ihrem Motto immer treu geblieben: „Ich habe lange dafür gearbeitet um *EINE* zu werden, ich bin heute noch *EINE* und werde mich höchstwahrscheinlich auch nicht mehr ändern – eben *EINE* von den wenigen Ulknudeln. Ich mache mich gern zum Klops und ziehe mich selber durch den Kakao. Ob nun als Wehrmuteule aus der Bahnhofshalle, als türkische Putzfrau, als Sexspezialistin von Beate Uhse oder als die verschollene Schwester von Hildegard Knef. Und solange sich das Publikum amüsiert oder vielleicht auch brüskiert den Saal verlässt, solange will ich das noch weitermachen."

Viele Kollegen haben BARBARAs Genre nie richtig verstanden, oder wollten es auch nicht und haben sie gar belächelt. Babsi war es vollkommen Wurscht. Sie war die Ulknudel, die sich ihre Kostüme, aus rein authentischen Gründen, im Second Hand kaufte. Ab und an ließ sie sich etwas schneidern oder Kollegen wie RICKY RENEE, machten ihr besondere Geschenke (Ich habe ihr auch einmal etwas geschneidert – Babsi war sehr stolz darauf und hat es in Ehren gehalten). Etwas anderes blieb ihr auch nicht übrig: „Ick hab zwee linke Hände und kann nich mal een Knopp annähen." Aber die Ideen für ihre Comicnummern brütete BARBARA schon selber aus. Dabei war der Alltag der beste Berater. Wer aber glaubt, dass nur die komischen Nummern und das sehr gewöhnungsbedürftige, überdimensionale Make-up für die STREUSAND sprachen, der irrt sich gewaltig. Wenn ihr danach war, sang sie auch. Sogar Lieder. Inspiriert wurde sie von einer der ganz großen und letzten Diven – Hildegard Knef. Die Texte der Knef-Songs spiegelten ein Stück von BARBARAs Leben wieder.

Mehr denn je, sind sie heute noch hochaktuell und regen jeden zum Nachdenken an – wenn er es denn will. Das wollte auch BARBARA VON STREUSAND mit ihren Gesangsauftritten bewirken: „Sicherlich, die Leuten sollen sich auf die Schenkel klopfen, wenn ich sie zum Lachen bringe. Aber es wäre auch schön, wenn die Leute erahnen können, warum ich vom Heimweh nach dem Kurfürstendamm singe." Nach so einer langen Bühnentätigkeit verändert sich nicht nur der Mensch: „Die Auftrittsorte und die wenigen Travestiecabarets haben sich stark gewandelt – nicht nur vom Interieur. Im heutigen Cabaret-Publikum finden sich meistens nur noch Touristen, die ihrem Hobby als Freier frönen möchten. Das Verständnis für die eigentliche Kunst der Verwandlung ist verloren gegangen. Die Plüsch-Cabarets sind alle tot. Heute herrscht nur noch Maschinerie und Kommerz ohne jegliches Flair und Ambiente. Es ist wie im Kino, fehlt nur noch die Fernbedienung. Und auf die jungen Leute wirken wir lächerlich."

BARBARA wusste, wovon sie sprach. Sie hat ihrem Publikum oft genug in die Augen gesehen. Den Travestienachwuchs hielt sie für einen ausgemachten Jux. Für sie war kaum ein Name nennenswert: „Die neuen Travestiekünstler sind keine richtigen Artisten mehr, ihnen fehlt das Feeling und die Ausdauer. Sie haben keine eigenen Ideen. Die ziehen sich einfach nur ein Kleid an, nennen sich Dragqueen und… EN, IE, ICKS, NIX. Die letzte gute Nummer die aus einem Cabaret hervorging, das war die Rökk´n – DAPHNE DE LUXE, 1992 in Hamburg."

Die Frage nach der salonfähigen Travestie haben BARBARA und all die anderen Künstler schon vor über dreißig Jahren versucht zu beantworten: „So richtige haben das erst MARY & GORDY geschafft. Die haben Pionierarbeit geleistet – für die große Masse. Und nebenan entstanden die Gefahren der Abstumpfung und die Verdummung der Travestie. Männer in Frauenklamotten. Der Reiz des Besonderen, die Exklusivität ist futsch. Für die Zukunft der Travestie sehe ich schwarz. Der Lack ist ab und meiner bröckelt auch schon. Was soll´s – habe ich es bis hierher geschafft, dann will ich auch noch die nächsten zehn Jahre fummeln."

Leider konnte sie dieses Vorhaben nicht mehr in die Tat umsetzen. Drei Jahre nach diesem Gespräch ist BARBARA VON STREUSAND, Paul Spilles im Alter von nur 61 Jahren um den 20.Juli 2004 in Berlin auf ungeklärte Weise verstorben.

Babsi, wenn Du da oben von Deiner rosa Wolke runter schaust, Danke für die schöne und unvergessliche Zeit mit Dir!

Sex...

Neulich hat mich jemand gefragt, ob ich den auch über Sex in meinem Buch schreiben würde. Ich bitte Sie, wie lang soll denn das Buch werden... Grins.

Wenn einer eine Reise tut

Hannover und Hamburg hatte ich ja nun schon kennenlernen dürfen. Jetzt war Bayern an der Reihe. Also das Bundes-Berg-Land Bayern. Aber auch da gibt es empfindliche Unterschiede und schnell ist man den Einheimischen auf den Schlips getreten. Da heißt es, Augen auf beider Wahl des Reisezieles.

Der allgemeine Mittelfranke lässt mich über das Internet an der Tatsache teilnehmen, dass sein Land schon seit vielen Jahrhunderten auf den Landkarten zu finden ist. Der gemeine Mittelfranke lässt mich ungehindert durch sein schönes Land reisen und der „ganz" gemeine Mittelfranke engagiert mich in die Stadt, in der es schon im August Lebkuchen auf den Märkten zu kaufen gibt – nach Nürnberg. Was für eine Stadt. Schon über tausend Jahre ist sie alt, aber sie vereint die Schönheiten aller Welten.

Müsste ich mich heute zwischen Berlin, der Ostsee und Nürnberg entscheiden, dann würde ich gewiss mit einigen, wenigen Berliner Freunden versuchen, für die Ostsee einen attraktiven Platz am Stadtrand von Nürnberg zu finden.

Es war wieder einmal Sommer, wie er im Buche steht. Der Planet brannte und Nürnbergs Hauptbahnhof schwitzte gemächlich vor sich hin. Aber zu dieser Zeit war er noch nicht so schön hergerichtet wie heute. Er sah eher wie ein Kleinstadtbahnhof aus.

Mit meinem Gepäck bemühte ich mich zum Taxistand. Es standen doch tatsächlich einige Droschken bereit, wie der Berliner so schön zu sagen pflegt. Ich trat an den ersten Wagen heran und fragte den Chauffeur höflich, so wie ich es von meiner Mutti gelernt habe, ob er mich den in die Bogenstrasse fahren könnte. Im feinsten Fränkisch bedeutete er mir barsch, dass er für so eine kurze Fuhre seinen Motor nicht anwerfen würde. Aha – ich schluckte. In diesem Augenblick war mir aber zum Werfen zu Mute. Ich hatte aber nichts Greifbares zur Hand. Ich war kaum zehn Minuten in Nürnberg und schon hatte ich die Bekanntschaft mit der berühmten bayrischen, Entschuldigung mit der fränkischen – äh, mit der mittelfränkischen Freundlichkeit gemacht. Entschlossen fragte ich den Fahrer nach dem Weg. Er entgegnete mir: „Also da lang, dann rechts und dann wieder links und wenn Sie sich nicht verlaufen haben, dann sind Sie gleich da."

Hm. Also zuckelte ich meinen Koffer in der sengenden Hitze über das holprige Pflaster. Vorbei am „Savoy", in dem ich später noch so viele überraschende Stunden verleben sollte. Und da konnte ich es auch schon sehen, das Cabaret PARADIES. Der Mistkerl von Taxifahrer hatte also Recht behalten. Keine fünf Minuten, vielleicht sieben. Noch hundert Meter und ich stand vor der Tür. Ich schellte. Ein junger Mann öffnete mir die Tür, hieß mich willkommen und stellte sich mir als Thomas vor. Ich war baff über so viel Höflichkeit. Aber er meinte es ernst. Er bat mich herein und war mir bei meinem Gepäck sehr zuvorkommend behilflich. Ich nahm erschöpft und dankend an. Mit jedem Meter vom Bahnhof bis zum Cabaret war meine Bagage anscheinend um je ein Kilogramm schwerer geworden.

Die Artistenwohnung befand sich, Gott sei Dank, im ersten Geschoss. Thomas wies mir ein kleines Zimmerchen zu, verabschiedete sich mit „bis später" und war auch schon wieder verschwunden. Das Haus schien aus den 50er, 60er Jahren zu stammen. Die Wohnung wirkte verwohnt. Hier hatte anscheinend lange keiner renoviert. Zwei Zimmer, eine verschlossene Küche und ein Bad. Kempinski war anders. Aber alles Nötige, was man brauchte, war da. Im Flur gab es eine kleine Kochstelle und einen Kühlschrank.

Ich teilte mir die Wohnung mit einem anderen Artisten, mit WALBURGA VON DONNERSBERG, wie ich bald erfuhr. Ich richtete mich erst einmal ein. Im Zimmer nebenan polterte es. Da wurde wohl jemand wach. Ich kümmerte mich nicht weiter drum und packte weiter aus. Plötzlich stand ein Mann in meiner Tür. Er war etwas beleibt und so am Ende der mittleren Jahre. Er trug eine dicke Brille auf der Nase und seine Haare, also was noch an Haaren da war, so auf halb Zwölf zerzaust. Eine riesige Hand streckte sich mir entgegen und der runde Mann begrüßte mich mit einem tiefen Bass: „Tach, ich bin die Walburga." Ich wusste nicht, wie mir geschah, stammelte irgendetwas und da war die seltsame Erscheinung auch schon wieder verschwunden. Ich war im wahrsten Sinne des Wortes vom „Donner" gerührt. Thomas bat mich ins Cabaret zur Probe. Nun stand ich zum ersten Mal in diesem kleinen PARADIES. Die Kollegen hatten mir schon einiges vom PARADIES erzählt. Aber was ich dann zu sehen bekam, übertraf alle meine Erwartungen. Ich war regelrecht ergriffen und hatte mich sofort in den Laden verliebt. Ich wusste gar nicht, in welche Ecke ich zuerst schauen sollte. Die Wände waren mit Samt bespannt. Die Sitzecken, Stühlchen und Sesselchen waren mit demselben Stoff bezogen. An der niedrigen Decke waren verschnörkelte Kronleuchter und Lüster angebracht. Überall hingen gerahmte Fotos von den vielen Artisten, die über die Jahre im PARADIES aufgetreten waren. Große und kleine, vergoldete Spiegel (alle geputzt), verliehen dem Cabaret mehr Größe und ein nahezu herrschaftliches Ambiente. Man konnte fast annehmen, dass irgendwo in der Ecke Bayernkönig Ludwig der Zweite saß.

Schnickschnack, der über die Jahre sorgfältig gesammelt worden war, verlieh dem Cabaret den liebevollen Hauch eines lebendigen Trödelladens. Über den Türen hingen kleine Volants mit putzigen Quasten und Troddelchen. An der Stirnseite des Raumes befand sich die kleine Bühne. Rundherum positionierten sich die Sitze. Man konnte von jedem Platz aus das Geschehen auf der Bühne verfolgen. Wenn nicht, dann halfen die Spiegel dabei. Gegenüber der Bühne befand sich die Gästetoilette. Jeder Gast musste also, wenn es ihm während der Vorstellung danach verlangte, an dem Artisten der gerade auf der Bühne stand vorbei. Man braucht nicht viel Vorstellungskraft, um zu ahnen, dass diese Tatsache immer ein Garant für grenzenlose Belustigung war. Mehr oder weniger für den Artisten.

Ständig wurde in dem Cabaret neu dekoriert. Passend zu jedem neuen Programm, zu jeder Jahreszeit und natürlich nicht nur ein bisschen. Es hatte fast einen amerikanischen Touch, von allem war nie genug. Vor allem zur Weihnachtszeit war es wie bei Alice im Wunderland. Überall blinkte und funkelte es, johlten kleine Weihnachtsmänner: „Ho, Ho, Ho" und glitzerten Weihnachtssterne in allen Ecken. Man musste direkt befürchten, dass einem auch noch aus dem Klosettbecken „Merry Christmas" entgegen strahlen könnte. Gewundert hätte es mich nicht. Und da stand er, der Meister der Dekorateure von Mittelfranken und gleichzeitig der Herr Direktor vom PARADIES, Peter Schneider.

Nicht ganz so nette Kollegen hatten mich im Vorhinein versucht zu warnen und gestichelt: „Na, Du wirst Dich noch umschauen." Das hatte ich ja nun bereits getan und mir war noch nichts Schlimmes passiert.

Lässig lehnte der Herr Direktor am Tresen. Ein kleiner, schlanker Mann, so kurz über die „Neunundzwanzig" hinaus. Die blond gesträhnten Haare lagen halblang über seinen Schultern. Sein Gesicht zierte ein kleiner Don-Juan-Bart, den er in regelmäßigen Abständen zwirbelte. Die Brille war ihm auf die Nasenspitze gerutscht und darüber blitzte mich ein leicht verkniffenes Augenpaar argwöhnisch an. In seinem musternden Blick konnte ich lesen was er wohl gerade dachte: „Na, was will das junge Gemüse aus dem Osten hier?" Na, was wohl, dachte ich ihm entgegen – Du hast mich doch engagiert, Herr Direktor! Er zog genüsslich an seiner Zigarette und nippte zwischendurch ganz wichtig an seinem Pott Kaffee.

Die anderen Artisten, mit denen ich diesen Monat bestreiten würde, waren auch schon da. Da saß er – also diese WALBURGA, dieser Koloss von vorhin, der mir beinahe meine Hand mit seiner Pranke zerquetscht hätte und unter anderem YVONNE BRISTOL. YVONNE war ein ganz besonderer Mensch. Sie war nicht erst seit gestern auf der Bühne und das hatte Spuren hinterlassen. Ich möchte es mal so formulieren. Sie hatte einen besten Freund, dem sie sich jeden Abend anvertraute. Sie war „leicht" dem Alkohol verfallen. Sie trank nicht nur jeden Abend, sie soff bis nichts mehr ging. Dann fiel sie einfach vom Barhocker. Nach einer kurzen Weile rappelte sie sich wieder auf und rückte ihre verrutschte Perücke gerade. Sie tat so, als sei nichts geschehen und äugte breit lächelnd in die Runde. Man hätte Wetten darauf abschließen können, denn anschließend kramte sie ihren Lippenpinsel aus der Handtasche und zog blind ihre scharlachroten Lippen nach. Ohne auch nur einmal abzurutschen. Dieses Lippenschauspiel betrieb sie mit einer unfassbaren Akribie. Im Laufe der Nacht wurden ihre Lippen nur unwesentlich größer. Ich habe mich immer wieder gefragt, wie sie das schaffte. Am Anfang jedes Abends kam

YVONNE wie frisch gebügelt, ohne jeden Makel, mit perfektem Make-up und toller Frisur ins Cabaret. Sie bereitete sich schon immer zu Hause vor, da sie in Nürnberg wohnte. Am Ende jedes Abends war unser YVONNCHEN vollends ramponiert. Sie fühlte sich aber meistens noch nicht voll genug, um nach Hause zu gehen, sondern zog noch ins Nürnberger „Münchner Kindl." Eine stadtbekannte Kneipe für die Übriggebliebenen der Nacht.

YVONNE BRISTOL war eine sogenannte Playbacknummer. Ihr Steckenpferd war Caterina Valente, deren Titel sie mit Bravur auf der Bühne darbot. YVONNE sah der Valente verflixt ähnlich und imitierte sie meisterhaft. Wenn man es nicht besser gewusst hätte, man hätte fast glauben können, das YVONNCHEN sang selber. Ihre Bühnengarderobe war sehr edel. Nix von der Stange. Alles teure Paillettenstoffe. Sie war von Hause aus keine arme Person. Im Nachhinein glaube ich aber, dass sie im Herzen ein armer Teufel gewesen sein musste. Sie war eine nicht mittellose Tunte, die mit ein bisschen Schminke und Perücke versuchte, ihrem Leben einen Sinn zu geben. Neben ihrem immensen Alkoholkonsum hatte YVONNE einen sagenhaften Verbrauch an Pattex. Das war ein Kleber, mit dem man einfach alles kleben konnte. Sie benutzte diesen Klebstoff, um sich ihre falschen Nägel aufzukleben. Sie war ständig damit beschäftigt, ihre Nägel zu kleben. Sie hatte den Kleber überall, nur nicht auf den Nägeln.

YVONNE benutzte ein sehr teures Parfüm – Shalimar von Guerlain. Mehrmals bat sie mich, ihr welches zu besorgen, weil es entweder schon wieder alle war oder sie es bei ihren nächtlichen Touren irgendwo liegen gelassen hatte. Sie drückte mir ein paar Geldscheine in die Hand, ohne sich zu vergewissern, wie viel Geld sie mir gegeben hatte. Ich besorgte ihr natürlich das Gewünschte und ehrlicher Weise gab ich ihr auch das „reichliche" Restgeld zurück.

Trotz ihrer leidlichen Defizite war YVONNE ein feiner Mensch. Einmal lud sie uns alle, an einem spielfreien Tag, zu sich zum Essen. Natürlich gab sie sich nicht als YVONNE, sondern als ein Mann mittleren Alters, der nur einen leichten Hauch von Puder auf dem Gesicht hatte. Er war ein hervorragender Gastgeber. Die Wohnung war pikfein und sehr geschmackvoll eingerichtet. So sauber, man hätte vom Fußboden essen können. Keine Spur von einer YVONNE aus dem Cabaret. Es wirkte fast wie in „La Cage aux Folles." An diesem Abend gab es auch keinen Alkohol. Ich war entzückt und der Abend sehr gelungen. Danach konnte ich darüber hinwegsehen, wenn wir sie wieder einmal am Ende eines Abends zum gemeinsamen Schlussfinale rechts und links in den Arm nehmen mussten, da sie vom Alkohol gepeinigt, keinen Schritt mehr vor den anderen setzen konnte.

Einige Monate später war ich gemeinsam mit ihr und einigen anderen bekannten Artisten beim Berliner Fummelball engagiert. YVONNE hatte ein Zimmer im heutigen Hotel „Berlin Berlin" bezogen, in dem der Ball stattfand. Vergeblich warteten wir in der Künstlergarderobe auf ihr Erscheinen. Wir beauftragten einen Pagen nach unserem YVONNCHEN zu sehen, weil wir in Sorge waren, dass vielleicht etwas passiert sein könnte. Der sichtlich verstörte Page erklärte uns, Frau BRISTOL hätte die Minibar gänzlich vernichtet und wäre darüber eingeschlafen. Aha, nichts Schlimmes passiert. Der Page bekam ein kleines „Schmerzens-Trinkgeld", wir waren beruhigt und der Ball fand ohne YVONNE statt.

Später erfuhr ich dann, dass das Leben es nicht gut gemeint hatte mit ihr. Sie war nach einem gesundheitlichen Absturz an den Rollstuhl gefesselt. Mir tat es sehr leid um YVONNE.

Außer mir, YVONNE und dem WALBURGA war noch die GRANDE OLIVIA REVUE engagiert. OLIVIA REVUE, das waren OLIVIA, DIEGO und noch ein oder zwei Tänzer. DIEGO und OLIVIA waren auch schon zwei „alte" Travestiehasen. Wobei OLIVIA, bei dem was sie alles erlebt hatte, schon „hundert" Jahre auf der Bühne stand. Ich war ja noch so neu, mir konnte man ja alles erzählen. Zumindest glaubte ich den größten Teil von dem, was man mir erzählte. Aber ihre Revue war eine runde Sache. Von jedem etwas. Tanz, feinster Klamauk von OLIVIA inszeniert und eine Menge toller Kostüme. Sehr beeindruckend war die hinreißende „Madonna-Nummer" von DIEGO. Die Kostüme stimmten, die Choreografie im Einklang mit den beiden Tänzern stimmte und wenn man die Augen ein wenig zukniff, konnte man meinen, DIEGO wäre die echte Madonna. So war die Kunst der Travestie noch vor wenigen Jahren. Nichts wurde dem Zufall überlassen. Alles hatte seinen Grund und seinen Sinn. Perfektionismus war das Zauberwort. Etwas, dass heute sehr in den Hintergrund oder ganz in Vergessenheit geraten ist.

Die OLIVIAs beherrschten ihr Metier aus dem Effeff. DIEGO war durch die Schule von OLIVIA gegangen und hatte alles was ein Artist brauchte. Charisma, Disziplin und Ausdauer. Und OLIVIA war, das möge sie mir jetzt hoffentlich nicht übel nehmen, für mich der größte Clown der Travestiekunst. Das meine ich ganz und gar als Kompliment. OLIVIA konnte mit nur einem Augenzwinkern einen ganzen Saal zum Lachen bringen. Sie lies sich für ihre Comicnummern jeden Tag etwas Neues einfallen. Oft mischten wir uns unters Publikum, um keinen ihrer neuen Einfälle zu verpassen und amüsierten uns köstlich darüber. Es war schon etwas Besonderes für mich, mit ihnen in einer Garderobe zu sitzen, den alten Geschichten zu zuhören und mir dankbar Tipps für meine Auftritte geben zu lassen. In den Jahren, in denen wir zusammen arbeiten durften, freute ich mich über jeden gemeinsamen Monat.

Na und da war noch KITTY KRISTALL. Eine Stripteasedarbietung. KITTY wohnte ebenfalls in Nürnberg und hatte auch schon bessere Tage erlebt. Rein äußerlich war sie keine besondere Schönheit. Der Raubbau der vielen durchzechten Cabaret-Nächte hatten ihr zu gesetzt. Sie war sehr und viel zu groß für eine Frau. Ihr Körper war von den nicht ganz so gelungenen Operationen sehr in Mitleidenschaft gezogen worden. Aber KITTY tanzte und tanzte. Sie war ein stiller Mensch, der nie viel Aufhebens um sich machte. Viel zu lachen gab ihr das Leben nicht. Jeden Abend zeigte sie ihren Körper fremden Menschen, spülte ihren Kummer hinunter und lächelte hier und da einem vermeintlichen Freier zu. Sie war sehr spirituell veranlagt. Später, als wir im Dortmunder „Kristall" zusammen engagiert waren und zusammen wohnten, hatten wir sehr viele, tiefe Gespräche. Ich mochte sie, weil sie ein sehr ehrlicher Mensch war. Sie liebte ihren kleinen, zotteligen Hund über alle Maßen und teilte ihr kleines Leben mit ihm. Ein-, zweimal hatte sie ihn mir anvertraut, weil sie „arbeiten" musste – sich hingeben für eine Handvoll Geld. Manchmal frage ich mich ernsthaft und hoffe darauf, ob und dass der liebe Gott solche armen Geschöpfe zu sich in den Himmel holt, wenn die Zeit dafür gekommen ist?!

Ich gehöre keiner Religion an. Jeder hat seine eigene. Ich will mich auch nicht in den Kampf der Kirchen einmischen. Aber ich glaube fest daran, dass es irgendwo, irgendetwas gibt, dass unsere Geschicke bestimmt, ab und an ein wenig an schuppst und in die vielleicht richtige Richtung lenkt. Manchmal glaube ich, dass „Er" wieder einen schlechten Tag hatte oder sich Urlaub genommen hat, wenn mal wieder etwas schief ging. Sei es drum, „seinen" Job möchte ich nicht machen, da wäre man ja ständig auf Stand by. Auch nicht schön.

Aber als der liebe Gott Nürnberg gebastelt hat, muss er einen guten Tag erwischt haben. Man muss die Menschen mögen, ansonsten ist man dort sehr verloren. Die haben ihre eigenen Regeln und Gesetze und die Uhren drehen sich manchmal in die andere Richtung. Rein landschaftlich und architektonisch ist dieses Nürnberg sehr passabel. Seine Einwohner sind bodenständige Menschen. Manchmal hat es den Anschein, Nürnberg sei ein zu groß geratenes Dorf. Jeder weiß von jedem alles. In kürzester Zeit. Man hat noch nicht mal einen Pups gelassen, ein anderer hat ihn schon gerochen.

In der Südstadt, die vor den eigentlichen Toren von Nürnberg liegt und in der sich auch das PARADIES befindet, ist das Zentrum der Geschehnisse der Aufseßplatz. Er wurde nach dem Gründer des Germanischen Nationalmuseums benannt und ist im Zuge des U-Bahnbaus der Stadt Nürnberg entstanden. Rundherum ist alles, was die Südstädtler so zum Leben brauchen. Früher gab es dort noch Horten. Ich war jeden Tag da, obwohl ich nichts brauchte. Angrenzend die Landgrabenstrasse mit ihren vielen Geschäften und nur einen Steinwurf entfernt der Bahnhof. Ganz in der Nähe ist auch die fast vollständig erhaltene Stadtmauer von Nuremburg, an der sich Nächtens sehr zwielichtige Gestalten herumtreiben.

Aber die bekannteste Person der Südstadt war damals die sogenannte „Königin vom Aufseßplatz" – ANNI NATTER. Unsere ANNI vom Einlass aus dem PARADIES. Sprichwörtlich jede/r Nürnberger/in musste an ANNI vorbei, ob Nachts im Cabaret oder tagsüber am Aufseßplatz. Denn dort saß sie jeden Tag und hielt Hof, schwatzte da und tratschte dort. Sie war die Erste, die die Gerüchteküche zum Brodeln brachte und Neuigkeiten in Umlauf brachte. Ihr entging nichts. In bester fränkischer Manier und ungefragt plapperte sie in ihrem kleinen Kassenkabuff abends im Cabaret alles aus, was sie wieder an Wissenswertem in Erfahrung gebracht hatte. Das Geld für eine Zeitung konnte man sich sparen, denn mit einer bei ANNI gekauften Eintrittskarte, hatte man schon die neuesten Nachrichten für den nächsten Tag. Es waren Nachrichten zum Nachrichten.

ANNI war eine gewichtige Person, rund und gemütlich. Sehr auf ihr Äußeres bedacht, obwohl ihr schmaler Geldbeutel wenig Spielraum lies. Nach außen hin erweckte sie den Eindruck einer Oma, aber im Innersten wäre sie doch lieber eine von den weitgereisten Artisten geworden. Der Herr Direktor gab ihr die Möglichkeit, sich auf der Bühne zu beweisen. Peter Schneider war ein schlauer Fuchs und schlug somit zwei Fliegen mit einer Klappe. Er hatte seine ANNI, die sich um den Einlass und die Garderobe der Gäste kümmerte und gleich noch einen Artisten für die Show.

Unser ANNIlein spielte die Rolle einer fränkischen Hausfrau, in der sie total aufging. Sie rockte erst eine Playbacknummer und gab dann ihrem fränkischen Affen ordentlich Zucker. Und damit traf sie genau ins Schwarze und den Nerv des Publikums. Denn das war reineweg aus dem Häuschen, wenn ANNI ihre gepfefferten Conferencen losließ. Da blieb keine Auge trocken, niemand wurde verschont, jeder bekam sein Fett weg. Und man verzieh ihr nur allzu oft, dank ihres urfränkischen Dialektes, wenn sie mal wieder die Grenzen des guten Geschmackes überschritten hatte. So war sie eben. ANNI gehörte über viele Jahre zum Inventar des PARADIES. Irgendwann hatte sie sich auf ihr Altenteil zurück gezogen und ward nicht mehr gesehen.

Der gute Geist, die Seele des Hauses aber war der junge Mann, der mir am ersten Tag die Tür geöffnet hatte. Thomas. Er war nicht nur die Freundlichkeit in Person sondern auch ein Musterbeispiel an grenzenloser Hilfsbereitschaft. Er kümmerte sich um alles. Er putzte und kaufte für das Geschäft ein. Thomas platzierte am Abend die Gäste, servierte die Getränke und besorgte die Bühnenumbauten. Er half den Artisten bei ihren schnellen Kostümwechseln und als das I-Tüpfelchen obendrauf war er verantwortlich für den richtigen Ton und das passende Licht während der Show am Abend. Er konnte wirklich alles und hatte für jeden ein offenes Ohr, auch wenn es sich um ein noch so kleines Problemchen handelte.

Bis heute weiß ich nicht, wie er das alles unter einen Hut bekommen hat und vor allem, woher er die Zeit genommen hatte. Bei seinem Arbeitspensum hätte der Tag mindestens vierzig Stunden dauern müssen. Eigentlich hätte er einen fränkischen Nationalorden verdient, wenn es so etwas gäbe. Aber er war auch noch der bescheidenste Mensch, der mir in Nürnberg begegnet ist.

Ich fühlte mich vom ersten Tag an sehr wohl in Nürnberg. Man hatte es mir leicht gemacht. Wie schon erwähnt, hatten mich einige vor Peter gewarnt. Aber ich bin nur einmal ernsthaft mit ihm aneinander geraten und er war völlig im Recht mit seinem Unmut mir gegenüber. Peter verzieh mir allerdings sehr schnell und ich habe ihn, so glaube ich, nie wieder enttäuscht. Das Publikum nahm mich relativ gut an. Ohne Probleme lernte ich die Stadt, Land und Leute kennen. Ich merkte sehr schnell, dass in Franken die Uhren etwas anders gehen als im übrigen Europa. Mir gefiel die Lebensart auf Anhieb. Die Nürnberger/innen können arbeiten und feiern. Sie genießen ihr Leben und lassen sich nicht stressen. Na gut, da bleibt eben mal was für den nächsten Tag liegen. Keinen stört es sonderlich und das Leben geht weiter. Sie besitzen einen enormen Zusammenhalt. Wenn jemand in eine missliche Lage geraten ist, wird ohne viel Umschweife geholfen und danach gefeiert.

Ich wurde überall herzlich aufgenommen und war gleich mittendrin im Geschehen. Selbst mir noch fremde Leute begrüßten mich mit meinem Namen und ich merkte so ziemlich schnell, dass Nürnberg kein riesiges, aber ein liebenswertes, dörfliches Städtchen war. Im schon erwähnten „Savoy" und im Café „Max" verbrachten wir nach der Show viele vergnügliche Stunden und lernten Hinz und Kunz kennen, die dann am nächsten Tag in der Show saßen. So schloss sich der Kreis jedes Mal auf ein Neues.

Bonini – meine heimliche Schwester

Einen ganz besonderen Menschen habe ich Nürnberg kennen gelernt. Daraus ist eine nun schon über zwanzigjährige Freundschaft geworden. Auch wenn wir uns nicht jeden Tag sehen können – manchmal vergeht über ein Jahr bis zum nächsten Wiedersehen. Dann ist es, als hätten wir uns erst gestern Tschüss gesagt. Ramona Bonini.

Der Name Bonini allein. Wir hätten heiraten sollen. Der Name gefiel mir. Sie hätte mich ja wenigstens adoptieren können. Aber bei dem Altersunterschied von nur fünf Jahren – kein Amt hätte sich darauf eingelassen. Wir sind auch so groß geworden, also unmerklich älter. Wir haben ihren vierzigsten Geburtstag gefeiert und ihren Fünfzigsten. Kinder wie die Zeit vergeht.

Als wir uns kennen gelernt haben, muss Ramona wohl gedacht haben: „Mein Gott, was ist das für ein schüchternes Menschlein, das sich da nach Nürnberg verirrt hat." Na, das bin ich ja noch immer. Aber sie hat mir sehr schnell gezeigt, wo der Hase hoppelt. In Nürnberg ist Ramona bekannt wie ein bunter Hund. Wer Ramona nicht kennt, der hat die ganze Welt verpennt und es auch nicht anders verdient.

Ich habe mich oft gefragt, wann Ramona eigentlich schläft. Sie war immer on Tour. Sie ging arbeiten, sie feierte. Oftmals die Nächte durch und ging wieder arbeiten. Sie hat einen großen Freundes- und Bekanntenkreis. Sie traf sich dort mit jemanden, hatte an anderer Stelle wieder eine Verabredung mit jemand ganz anderen, ging zwischendurch im Café „Max" kochen, machte das PARADIES unsicher, lockte die Artisten in eine noch nicht bekannte Kneipe, schwatzte mit dem, trank mit einem anderen Weinschorle und war eigentlich immer dauerhaft liiert. Ich weiß nicht, wie sie das alles unter ihren bunten Haarschopf brachte. Sie war bekannt dafür, dass sie je nach Lust und Laune ihrer stets raspel kurze Frisur immer neue Farbkompositionen verpasste. Zum CSD brachte sie es fertig, sich einen bunten Regenbogen auf ihr Haupt zaubern zu lassen. Es sah Klasse aus. Das habe ich kurze Zeit später auch in einem Portrait von ihr verewigt und es hängt heute, nach so vielen Jahren, immer noch bei Ramona an der Wand.

Zu Hause warteten ihre Muschis – sie war eine große Katzenliebhaberin. Und diese Kätzchen wollten natürlich auch umsorgt sein. Dann wieder düste sie nach Hamburg oder vergnügte sich im warmen Süden. Eine ewig rastlose Person, die dennoch für jeden da war. Ich glaube, ihre Dauerfreundinnen hatten es nicht immer leicht mit ihr. Denn Ramona hatte man nie für sich allein. Ob Rossi, Sylvie oder Ulli – die geben mir bestimmt recht. Immer war irgendeiner da, der Ramonas Hilfe benötigte oder seinen Kummer bei ihr ablud. In dem Punkt war sie wie ein Schwamm. Sie sog alles in sich hinein. Zog jedes noch so kleine Schicksal an sich und hatte für jedes Wehwechen das passende Pflaster. Und wenn der Kreislauf mal nicht so mitspielte, dann gab es die hilfreichen „Herztropfen." Gleich zum Frühstück ein Glas Sekt.

Mann, das waren Zeiten. Ich konnte da nicht immer mithalten. Auf halber Strecke schlummerte ich da schon selig an ihrer Schulter und ließ mir hinterher berichten, was ich alles verpasst hatte. Meistens hatte ich sehr viel verpasst.

Ich erinnere mich gern an die Zeit in der Schmausengartenstrasse, in ihrer wunderschönen Mansardenwohnung. Alle ihre Wohnungen waren immer urgemütlich, stilvoll eingerichtet und trotz der vielen Katzen peinlichst sauber und ordentlich. Ihrer fast uneingeschränkten Gastfreundschaft sei Dank, war der Kühlschrank immer gut gefüllt, na und der Sekt stand immer kalt. Aber das konnten Sie sich ja bereits denken.

Auf Zureden von Ramona hatte ich bei ihr in der Schmausengartenstrasse für einige Zeit ein Zuhause gefunden. Ich befand mich damals in einer Sinnkrise und war der Meinung, dass ich meinen Lebensmittelpunkt nach Nürnberg verlegen müsste. Meine Beziehung mit Tino Less kriselte sehr und ich musste einfach mal raus. Nürnberg kam mir gerade recht. An Arbeit mangelte es mir nicht, denn auch da hatte Ramona, Dank ihrer vielen Kontakte, für mich die Fühler ausgestreckt. Gleich drei Jobs hatte sie mir besorgt. Wenn, dann richtig. Tagsüber arbeitete ich an der Kasse im WOS-Markt (World of Sex) und abwechselnd in einem Restaurant als Kellner – obwohl ich von beidem wenig Ahnung hatte. Nachts stand ich dann als Barfrau im „Klimbim", einem Animierschuppen nahe der Stadtmauer und legte nebenbei die Musik für die Stripmädels auf.

Auf die Dauer wurde mir das dann doch zu happig. Ich war nur noch müde und es kam vor, dass ich einen der Jobs verschlief. Ich musste mich entscheiden. Das Restaurant fiel aus dem Rennen. Jetzt konnte ich endlich auch mal nachmittags alle viere von mir strecken. Es war Sommer, es war heiß und in der Mansardenwohnung merkte man das gleich doppelt.

Ramona war für ein paar Tage in den Urlaub gefahren und ich hatte die Wohnung für mich alleine. So glaubte ich. Die einzige Sorge galt den Katzen. Die waren versorgt und ich wollte mich der Hitze ergeben und lag splitterfasernackt auf der Couch und döste vor mich hin. Ganz entfernt hörte ich das Türschloss klicken, nahm es aber nicht weiter war. Und plötzlich stand Bärchen mitten im Wohnzimmer. Bärchen hieß eigentlich Christoff und war ein Arbeitskollege und guter Freund von Ramona. Er kümmerte sich rührend um die Stubentiger, wenn Ramona verreist war. Und alle nannten ihn Bärchen. Das lag an seiner gemütlichen Natur und seiner kräftigen Statur.

Langsam wurde ich wach und blinzelte ihn an. Er schien wie vom Blitz getroffen worden zu sein. Augen und Mund waren weit aufgerissen. Bärchen brachte keinen Ton hervor, wie er mich da so liegen sah. Erst jetzt wurde mir bewusst, dass ich ja nichts an hatte. Verstohlen irrte sein Blick umher. Schweißperlen standen ihm auf der Stirn. War es nun die Hitze oder mein Anblick. Er konnte nur noch stottern. Ich war ja noch nie prüde gewesen und ließ ihn noch eine Weile „zappeln." Natürlich genoss ich es und schmunzelte vor mich hin. Irgendwann hatte ich ein Einsehen mit ihm und zog mir was an. Sichtlich erleichtert erklärte er mir dann, er wollte nach den Katzen sehen und hatte in seiner Hektik ganz vergessen, dass ich da war. Sein Kopf hatte inzwischen auch wieder eine normale Farbe angenommen und wir konnten herzhaft über diesen kleinen, aphrodisierenden Vorfall lachen. Auch später, wenn wir uns irgendwo trafen, brauchten wir uns nur anzuschauen und grinsten frech. Bärchen war sehr verschwiegen und es blieb unser kleines Geheimnis. Einmal in der Woche hatte Ramona Küchendienst im Café „Max." Sie war bekannt für ihre umwerfenden, fränkischen Spezialitäten und man musste vorbestellen. Sie war auch dafür bekannt, dass alles was sie kochte, sehr gehaltvoll war und ausnahmslos unter Zuhilfenahme von alkoholischen Zutaten zubereitet wurde. Ich übertreibe nicht, wenn ich gestehe, dass ich nach nur einem Teller ihres feurigen Gulaschs einen im Tee hatte. Offensichtlich war sie mit dem Kochtopf einmal durch die Bar gerutscht und hatte die Reste von Rotwein, Rum und anderem Hochprozentigem im Gulasch versenkt. Sie meinte gelassen: „Das verkocht sich." Ich warte heute noch.

Ramona war auch so etwas wie die Artistenmutti der Nation. Nicht, dass sie sich aufdringlich in die Künstlergarderoben geschmuggelt hätte oder unbedingt bei jeder Show in der ersten Reihe sitzen wollte. Damit hatte sie nichts am Hut. Ganz im Gegenteil. Die Artisten kamen von ganz allein und merkten sehr schnell, dass sie in Ramona eine gute Freundin gefunden hatten und mit ihr Pferde stehlen, sich hemmungslos amüsieren, mal alle Fünfe gerade sein lassen oder sich ihren Kummer von der Seele heulen konnten. Ihr Haus stand für jeden offen. Ramona war ein wandelnder Almanach, mischte sich aber nie in künstlerische Kompetenzen ein. Noch heute kann man sie mitten in der Nacht anrufen und fragen, wann man welchen Titel und wo gesungen hatte oder wer mit wem wieder unbefriedigt geflirtet hatte. Sie wusste über alles Bescheid.

Aber sie war keine Tratschtante, man musste ihr nur die richtigen Fragen stellen und konnte auch selber sicher sein, dass man sich von niemand brüskiert fühlen musste. Immer war sie für alle anderen da. Wenige bekamen vielleicht von ihren Problemchen mit. Damit ging Ramona nicht hausieren. Meist machte sie einen Scherz und das Thema war vom Tisch. Da war sie eisern und ich bin es jetzt auch.

Liebe Ramona, auch wir haben unsere kleinen Geheimnisse und die sind gut bei mir aufgehoben.
Es sei denn, liebe Leserin, lieber Leser – sie laden Ramona und mich mal auf einen Plausch ein. Bitte nehmen sie sich mindestens eine Woche Zeit und besten Falls treffen wir uns gleich in Nürnberg.

„Lili Marlene"

Die Mitte der neunziger Jahre waren meine bewegendsten, wildesten, leidenschaftlichsten und sehr kreativen Jahre, in denen ich so viele liebe Menschen kennenlernen durfte, ich mich mehr als einmal verliebte und eine große Zeit auf Reisen verbrachte.

Seit vier Jahren war ich mit Tino zusammen und er musste in dieser Zeit viel von mir hinnehmen. Liebe war es wohl nicht mehr, was uns zusammen hielt. Er fühlte sich für mich verantwortlich. Meine Eskapaden waren grenzenlos. Irgendwann musste es Tino wohl endgültig gereicht haben. Zu dieser Zeit wollte ich gerade meinen Neustart in Nürnberg beginnen.

Eines Tages stand er dann plötzlich im „Klimbim" und stellte mir ein Ultimatum. Ich war wie vor den Kopf gestoßen und fühlte mich ertappt. Hin- und hergerissen beriet ich mich mit Ramona und trat schließlich die Heimreise an. Nun war ich wieder in Berlin. Wie sollte es weiter gehen? Meine Arbeit war erst mal auf Eis gelegt.

Tino unterbreitete mir einen Vorschlag, den ich gar nicht mal so übel fand. Er hatte in Berlin-Friedrichshain, in der Voigtstrasse ein kleines Lokal gefunden, das zu mieten war. Der Gedanke faszinierte mich von Tag zu Tag mehr. Obwohl wir beide wenig Ahnung hatten, von dem was auf uns zu kommen sollte, gingen wir dieses Wagnis ein. Die Formalitäten waren schnell erledigt. Tino stellte das nötige Startkapital und ich sollte einfach nur mich einbringen. Das hörte sich anfangs auch ganz einfach an. Wir gründeten eine GbR und legten los. Einen Namen hatten wir schnell gefunden. Aus meiner Passion zu Marlene Dietrich wurde das Lokal zum „Lili Marlene."

Eine Berliner Brauerei unterstützte uns mit der Außenreklame und etlichem Zubehör für einen Kneipenstart. Da ich damals oft in den Babelsberger Filmstudios auftrat, konnten wir uns im dortigen Fundus an allerlei Dekorationsutensilien für unser Vorhaben bedienen. Total blauäugig stürzten wir uns in dieses Abenteuer. Aber die Vorbereitungen machten uns schon solchen Spaß, dass wir alle Bedenken wegschoben. Das Lokal war nicht sehr groß. Es gehörte zu einer

Spielhalle gleich nebenan, die Peter Renner besaß. Er war der damalige Mann von Dagmar Frederic. Wir ließen uns auch von der doch sehr üppigen Miete von immerhin 4000 DM im Monat nicht ängstigen. Freie Marktwirtschaft, die wir nun am eigenen Leibe zu spüren bekamen.

Zum Lokal gehörten zwei saubere Toiletten, eine Miniküche und ein Bierkeller. Einen kleinen Tresen mit vier Barhockern, vier Tische und eine Bistrobestuhlung hatten wir zur Verfügung. Nicht viel, aber mehr Platz war auf den 36 Quadratmetern auch nicht. Tino hatte von irgendwoher ein uraltes Klavier geschenkt bekommen. Das musste mit rein und erstmal gründlich gestimmt werden. Der dafür bestellte Klavierstimmer fragte uns allen Ernstes, ob wir das klapprige Ding wirklich behalten wollten. Wir wollten und er stimmte es so gut es ging. Ein, zwei Tasten gingen zwar nicht mehr, aber es sollte seinen Zweck mehr als recht erfüllen. Ein befreundeter Chansonier, Donato Plögert, hatte schon ein Theaterstück für zwei Personen geschrieben, das im „Lili Marlene" natürlich mit Klavierbegleitung welturaufgeführt werden sollte.

Die Zeit bis zur offiziellen Eröffnung nutzten wir mit der Umgestaltung des Lokals und lernten auch schon mal einen Teil unserer Gäste kennen. Dieser Teil bestand überwiegend aus Stammgästen vom Vormieter und entsprach im ersten Augenblick nicht unbedingt dem Klientel, das wir uns erhofft hatten. Wir konnten nicht sehr wählerisch sein, denn die Miete musste ja irgendwie bezahlt werden und wir waren froh, dass sich überhaupt Gäste in unsere „Baustelle" verirrten. Die Eröffnung war dann der Kracher. Das kleine Lokal schien aus allen Nähten zu platzen. Von überall her strömten die Leute und überrannten uns regelrecht. Achtzig Prozent der Gäste waren uns völlig unbekannt.

Dummerweise glaubten wir, dass das in leichten Ansätzen so weiter gehen könnte. Wir erlitten eine Glaubenskrise. Mehr schlecht als recht hielten wir uns mit dem Lokal über Wasser. Jeden Tag hatten wir zwölf Stunden geöffnet, aber es brachte uns nicht viel ein. Bis auf die Aufführung des Theaterstückes von Donato Plögert. Es hieß „Von Kopf bis Fuß – Hommage an Marlene D." Es war eine Art musikalisch-bibliografische Lesung um die Schauspielerin Marlene Dietrich. Nichts, was die Welt nicht schon gesehen hatte. Donato hatte für sich schon die männliche Hauptrolle reserviert, der Pianist war auch schon gefunden und übte fleißig an den Noten. Es fehlte nur noch die Besetzung für die weibliche Rolle „Lola." Mehr Rollen gab es nicht zu besetzen. Donato und Tino fragten mich, ob ich mir das zutrauen würde. Ich bat mir eine kleine Bedenkzeit aus. Schlussendlich sagte ich zu und war doch ein wenig skeptisch. Ich kannte diesen Donato überhaupt nicht und ich hatte noch keinen Sympathiefunken für ihn empfunden. Das sollte sich auch nicht ändern.

Die Lieder waren kein Problem für mich, den Großteil kannte ich und hatte sie auch schon gesungen. Die Arbeit mit einem Pianisten war mir auch nicht neu, auch das hatte ich schon mit großer Freude getan. Der Text und die Regieanweisungen aber waren eine große Überwindung für mich. Beides war sehr steif gehalten, bot wenig Spielraum und wirkte auf mich sehr melancholisch, teilweise sogar langweilig.

Donato aber bestand auf die strikte Einhaltung und Umsetzung des von ihm erdachten Stückes. Ich wollte kein Spielverderber sein und ließ mich darauf ein. Ich ging davon aus, dass dieses Spektakel nicht über die Premiere hinaus weiter gespielt werden würde. Der eine Abend sollte mir also keinen Schaden zufügen.

Die Proben fanden bei Donato zu Hause statt und hatten mit richtigen Theaterproben nichts zutun. Jeder ratterte seinen Text herunter und der noch recht junge Pianist war froh, wenn er gemeinsam mit uns begann und das Lied auch gemeinsam mit uns beendete. Die sogenannte Premiere war, trotz einiger Pannen, dennoch ein nicht zu verachtender Erfolg. Donato war davon überzeugt, mit diesem Stück noch größere Erfolge feiern zu können. Für ein paar Abende spielte ich noch an seiner Seite. Dann wurde mir aber bewusst, dass es ihm nur um seine Person ging. Petersilie zu sein, das kannte ich schon zur Genüge. Ich erklärte Donato ohne Umschweife, dass er in Zukunft dieses Stück mit jemand anderem spielen müsste.

Mit Tino ließ ich dieses Stück später noch einmal aufleben. Die Qualität war eine viel bessere und wir konnten sogar etwas Geld damit verdienen. Viel später gestaltete ich dieses Stück für mich noch einmal um, suchte mir den passenden Pianisten und schaffte es sogar mit diesem kleinen Programm in so berühmten Hotels wie dem „Regent" und dem „Adlon" aufzutreten.

Ich denke gern an diese Zeit zurück. Mit diesem Programm konnte ich mich mehr und mehr profilieren und hatte einige Jahre später das Glück und die Ehre mit dem Babelsberger Filmorchester aufzutreten. Das war schon ein sehr erhebendes Gefühl, wenn man so an die fünfzig Topmusiker im Rücken hat. Für mich war es eine Sternstunde, wenn es sowas gibt.

Das Klavier und Warnemünde

Matthias Sievert, heute ein sehr souveräner Eventmanager, hatte uns bei den Vorbereitungen für das „Lili Marlene" sehr unterstützt und im Nachhinein ab und an bei uns ausgeholfen.

Eines Tages brachte er einen sehr jungen und ebenso schüchternen, aber gutaussehenden Mann mit. Er stellte ihn uns als seinen Freund Andreas vor. Der junge Mann sprach kaum ein Wort und ich wollte nicht verstehen, dass so einer mit Matthias ernsthaft zusammen sein sollte. Matthias plapperte in einem fort, hatte große Ideen und Pläne. Keiner glaubte je recht daran, dass es Matthias mal zu was bringen würde. Heute hier und morgen dort, das war seine Devise.

Der junge Mann schien im „Lili Marlene" aufzutauen. Er sprach zusammenhängende Sätze. In kurzer Zeit stellte sich heraus, dass dieser Andreas ein ganz helles Köpfchen war und er besaß einen sehr schwarzen Humor. Das begeisterte mich ungemein. Er war immer öfter zu Gast. Eigentlich immer nur dann, wenn ich Dienst hatte. Und dann kam er ohne Matthias. Mir war das natürlich sehr recht. Anfangs blieb er nur auf ein Stündchen und unbewusst unterhielt er meine wenigen Stammgäste, die eine äußerst raue Schale vortäuschten. Nach und nach „knackte" er diese Heteronüsse mit seinen sinnigen, verbalen Attacken. Die langen Abende, die anfangs anstrengend und trist waren, wurden immer heiterer und feuchtfröhlicher. Andreas blieb nun auch immer länger und mein Umsatz stieg. Es ging soweit, dass die „Stammnüsse" schon beim ersten Bier nach Andreas fragten. Er ließ mich nicht im Stich und blieb oft solange, bis der letzte Schluckspecht aus der Tür wankte.

Andreas half mir bei meinen Kneipentätigkeiten, polierte die Gläser, räumte die Tische ab und so ganz schleichend machte er sich für mich unentbehrlich. Ich mochte es, wenn er in meiner Nähe war. Inzwischen bekam ich sogar schon Bauchkribbeln, wenn er mit seinem entwaffnenden Lächeln plötzlich am Tresen stand und als ob es das Selbstverständlichste sei, sich irgendwo nützlich machte oder einem miesepetrigen Gast die Stimmung erhellte.

Die Nächte, in denen er mich nach Hause fuhr, mehrten sich. So langsam wurde mir die Sache unheimlich. Er war doch eigentlich mit Matthias zusammen. Oder hatte ich da irgendwas verpasst? Andreas verlor nie ein Wort über ihn.

Meine Gefühle schlugen Purzelbäume. Klar, wir hatten uns schon geküsst und es gefiel mir. Den Gedanken aber, dass ich mich vielleicht in Andreas verliebt hatte, schob ich erstmal beiseite. Irgendwann konnte und wollte ich mich nicht wehren. Ich musste etwas in meinem Leben verändern. Ich wohnte ja noch bei Tino und das wurde zunehmend brenzlig. Inzwischen hatten Andreas und ich schon eine sehr intime Beziehung. Die großbusige Gabi, die ich aus dem „Berliner Gasthaus" kannte, hatte mir einige Male ihre Wohnung zur Verfügung gestellt. Als Revanche konnte sie ihren großen Schäferhund bei mir im Lokal lassen, wenn sie arbeiten musste. Aber so konnte es nicht weiter gehen.

Ich bemühte mich um eine Wohnung. Wie ein glücklicher Zufall es wollte, fand ich nach kurzer Zeit eine super Wohnung. Recht unbürokratisch konnte ich, allerdings als Untermieter, in meine neue Bleibe einziehen. Eine Drei-Zimmer-Wohnung mit Balkon in einem Zehngeschosser in der Karl-Marx-Allee. Ich war happy. Ein paar Stammgäste halfen bei den Renovierungsarbeiten. Selbst Tino unterstützte mich mit ein paar ersten Möbeln. Endlich konnte ich mein eigenes Zuhause betreten und verlassen, wann es mir beliebte. Für Andreas und für mich war es natürlich von großem Vorteil und wir genossen die Zweisamkeit. Er hatte zwar seine eigene Wohnung, aber die teilte er sich mit einem Mitbewohner. Es war eine Zeit, in der ich mich von Zwängen befreien konnte. Andreas und ich konnten uns endlich ungestört lieben und krachen. Mit ihm konnte ich mich bis aufs Messers Schneide streiten. Und die Versöhnungen hinterher waren unbeschreiblich. Wir liebten uns leidenschaftlich und ohne Hemmungen. Andreas war oft unersättlich. Er konnte immer und in jeder Situation und er war äußerst spontan und probierfreudig.

Die Beziehung mit Andreas schien für mich völlig normal. Für ihn stellte sich die Situation ganz anders dar. Er lebte ja eigentlich ein „normales" Leben. Ich hatte in diesem Leben zwar meinen Platz, aber als ein wohl gehütetes Geheimnis. Er hatte sich niemanden gegenüber geoutet und hatte das auch nicht vor.

Ich arrangierte mich damit. Mehr als einmal gab ich ihm allerdings zu bedenken, dass sich eine solch schwerwiegende Tatsache auf die Dauer nicht verheimlichen ließe: „Deiner Mutter kannst Du nichts vormachen. Du kannst am Nordpol einen Nieser machen und Deine Mutter in Berlin spürt das." Damit versuchte ich ihn zu beschwichtigen. Aber Andreas wischte diesen Gedanken aus seinem Kopf. Ich bedrängte ihn nicht weiter, glaubte aber fest daran, dass sich seine Einstellung irgendwann mal ändern würde.

Wir verlebten unglaublich schöne Momente. Wenn es seine Zeit zuließ, begleitete er mich zu meinen Auftritten, kümmerte sich professionell um alle Modalitäten und hielt mir den Rücken frei für meine Show.

Nach einem Jahr kamen Tino und ich zu dem Entschluss, das „Lili Marlene" aufzugeben. Es rechnete sich hinten und vorne nicht. Es blieb einfach nichts übrig. Da wir in weiser Voraussicht nur einen Jahresvertrag abgeschlossen hatten, stellte uns das vor keine weiteren Probleme. Tino bekam seine Kaution zurück und wir konnten sauber das Kapitel „Lili Marlene" mit Plusminus Null abschließen.

Die gesamte Dekoration fand bei Tino einen neuen Platz und das alte, klapprige Klavier riss ich mir unter den Nagel. In einer Nacht- und Nebelaktion bugsierten wir das antike Instrument auf einem Wägelchen über die Karl-Marx-Allee und platzierten es in meiner Wohnung. Für mich war es ein schönes, altes Möbel, denn ich konnte gerademal „Alle meine Entchen" darauf spielen. Es fiel dann leider meinem nächsten Umzug zum Opfer, denn beim Verrücken des guten Stückes zerbröselte es in seine Bestandteile. Mit einem letzten, großen Rums hauchte es sein musikalisches Leben aus.

Über hundert Jahre lagen da nun in einem riesigen Tastensalat und einem Wirrwarr an zerrissenen Klaviersaiten. Ein letztes Pianissimo. Ein paar Tränen rannen mir über das Gesicht, das Piano hatte doch so gut zur Sitzgruppe gepasst. Die Entsorgung der musealen Überreste war gar nicht so einfach, oder haben Sie schon mal versucht, ein Klavier in einem Müllschlucker zu versenken?

Tino wandte sich neuen künstlerischen Projekten zu und ich tourte weiter mit meinen kleinen Liedchen durchs Land.

Ob Babelsberg oder Bamberg, fast immer war Andreas an meiner Seite. Eine besondere Odyssee erlebten wir in Warnemünde. Ein schwules Gastwirtpaar, das ich in Berlin bei einem Auftritt in ihrem Lokal kennen gelernt hatte, war nach Warnemünde „ausgewandert." In dieser schönen Ostsee-Oase hatten sie sich erneut lokaltechnisch niedergelassen, wollten an ihre Berliner Zeiten mit Showunterhaltung an-knüpfen und hofften nun auf den großen Reichtum. Das kam mir nur recht. Mehrere Termine stellten sie mir in Aussicht und wir wurden uns schnell einig.

Andreas machte sich für diese Zeit frei und wir freuten uns auf einen Kurzurlaub an der Ostsee mit der Aussicht auf ein paar entspannte Tage mit ein wenig Singsang, gutem Essen und langen Spaziergängen am Strand. Seine Großeltern wollten auch für ein oder zwei Tage vorbeischauen. Ihnen hatte er erzählt, dass er mit einem locker befreundeten Artisten unterwegs sein würde. Mir war das egal, solange wir Zeit für uns hatten.

Mit seinen Großeltern unternahmen wir dann auch – der Ordnung halber, einen recht vergnüglichen Ausflug mit der legendären Schmalspurbahn „Molli." Mit dieser Mecklenburgischen Bäderbahn fuhren wir von Bad Doberan über Heiligendamm bis nach Kühlungsborn und genossen die unumstrittene Schönheit der Ostseeküste. Tun

Sie es einmal, es ist ein ganz besonderes Erlebnis, wenn Sie ein wenig für etwas Nostalgie übrig haben.

Sie müssen ihre Großeltern ja nicht mitnehmen. Es reicht, wenn die das Ticket bezahlen. Machen Sie es zu zweit und halten Händchen. Sie werden sehen, im Nu haben Sie ihre Probleme für eine kleine Weile vergessen.

Aus gegebenen Umständen hielten wir zwar nicht Händchen, genossen aber dieses „sich wegstehlen aus dem Alltag." Abends trat ich dann in dem besagten Lokal auf. Trotz einer Werbekampagne hatten sich nicht viele Zuschauer eingefunden. Ob es an mir gelegen hatte, ich glaube nicht. Ich hatte meine Festgage und trat auf. Die paar Leutchen waren begeistert, die Chefs zufrieden und nach der Show hielt ich mein Geld in der Hand. Der nächste Abend lief ähnlich ab, allerdings mit einer kleinen Abweichung. Die Gage sollte ich erst am darauf folgenden Tag mit der dritten Zahlung in Form eines Schecks erhalten. Ich hegte keinen Argwohn und ließ mich auf diese Lösung ein. In Berlin bekam ich dann einen mächtigen Schreck, als mir die Bank eröffnete, dass der eingereichte Scheck nicht gedeckt war. Ich telefonierte mit Warnemünde und man beruhigte mich, dass wohl aus Versehen etwas schief gelaufen wäre. Das Geld sollte ich dann aber beim nächsten Auftritt in bar erhalten. Einen Termin hatten wir ja noch vereinbart.

Andreas war außer sich und redete etwas von einem Anwalt. Ich versuchte ihm das auszureden. Schließlich lenkte er ein und mit einem mulmigen Gefühl fuhren wir wieder nach Warnemünde. Es war nicht mehr so ungezwungen, jetzt hatte unsere Reise ausschließlich einen geschäftlichen Hintergrund. Es ging um eine Menge Geld.

Das Gefühl, vielleicht doch betrogen worden zu sein, war ein sehr bitterer Begleiter. Es gab keine herzliche Begegnung. Wir regelten sofort das finanzielle Debakel. Ich absolvierte meinen Auftritt und keine halbe Stunde nach meinem letzten Lied, saßen wir auch schon wieder im Auto auf dem Weg zurück nach Berlin. Ich war froh Andreas an meiner Seite zu wissen. Er stärkte mich auf seine besondere Weise. Er hatte eigentlich immer einen Ausweg parat und war sehr besonnen in seinen Handlungen. Manchmal ging es mir auf den Nerv, aber in heiklen Situationen wog Andreas eine in Frage kommende Lösung in jede Richtung ab und bewahrte mich vor so mancher Dummheit.

Ein Picasso werde ich nie

In diesen spannenden 90er Jahren konzentrierte ich mich neben meinem eigentlichen Broterwerb viel auf das Verlangen, zu malen. Begonnen hatte diese Leidenschaft schon viel früher. In Magdeburg bei Onkel Franz. Aber da kritzelte ich nur Windjammern und andere Segelschiffchen.

In meiner Lehrzeit hatte ich viel an Bleistiftzeichnungen gearbeitet. Aber mit Beginn der „westlichen" Zeiten bot sich mir eine ganz andere Fülle an Möglichkeiten, Farbiges auf Papier oder andere Materialien zu bringen. Eine schier unendliche Auswahl an verschiedensten Papierarten und Farben ließen meiner Fantasie einen fast grenzlos freien Lauf.

Ich malte alles, was mir in den Sinn kam. Im Osten hatte man mich an der Kunsthochschule abgelehnt. Wahrscheinlich erschien ich zu unbedarft. Vielleicht hätte ich mich im Westen noch einmal bewerben sollen. Dann wäre vielleicht ein winzig kleiner Matisse aus mir geworden.

Die größte Begeisterung und Selbstfindung empfand und empfinde ich beim Portraitieren. Anfangs war Marlene Dietrich das künstlerische Objekt meiner Begierde. Ich fertigte viele Portraits von ihr in den unterschiedlichsten Techniken an.

Mein Lieblingsbild von Marlene ließ ich mir dann auch, verrückter Weise, auf eine sehr intime Stelle an meinem Körper tätowieren. Ich hatte schon länger über ein Tattoo nachgedacht und wusste nur noch nicht was und wohin. Nach einigem Hin und Her fand ich die Stelle an meinem Körper, von der ich glaubte, dass sie am langsamsten altert. Schließlich wollte ich ja nicht, dass sich das Konterfei von Marlene in irgendeine Richtung ungewollt verschieben sollte. Außerdem war so ein Tattoo eine sehr persönliche Sache, mit der ich ja nun ein Leben lang rumlaufen sollte. Und nur meine intimsten „Gegenüber" sollten das kleine Kunstwerk zu Gesicht bekommen.

Das war der eigentliche Grundgedanke. Sicherlich können Sie sich nun vorstellen, dass dieses Tattoo nicht nur ein einzelner Mensch zu Gesicht bekommen hat. Sogar die bekannte Kabarettistin Gabi Decker fand großen Gefallen an diesem Marlene-Portrait. Sie ließ sich es von mir noch einmal malen. Aber das Tattoo hat sie nie gesehen....
Am porträtieren von Zeitgenossen hielt ich lange fest. Ob nun die Dietrich, Zarah Leander, Nicole oder unsere MARY. Es waren so viele, die ich in meinen Bildern verewigte. Und es machte mir unheimlichen Spaß zu sehen, wie sich so ein Bild entwickelte. Von der Idee bis zum fertigen Bild. Wenn man überhaupt sagen kann, dass ein Bild je fertig ist.

Von MARY habe ich einige Portraits gemalt und sie besitzt sie auch alle. Vielleicht hängen sie in ihrem schönen Schweizer Anwesen. Na, nichts Genaues weiß man nicht. Vielleicht hängen sie ja auch bei Georg und Jack.

In dieser Zeit sind an die 700 Bilder entstanden. Viele davon waren Auftragsarbeiten, Geschenke oder kleine Aufmerksamkeiten für Freunde. Zu DDR-Zeiten hatte ich sogar mal ein Portrait von Marlene zu ihr nach Paris geschickt. Das war schon sehr abenteuerlich. Wer weiß, ob es überhaupt angekommen ist. Retour kam jedenfalls nichts und Repressalien habe ich dadurch auch nicht erfahren.

In einem längst schon geschlossenen Lokal am Kurfürstendamm, an dem ich unscheinbar beteiligt war, verschwanden nach meinem Rausschmiss um die 45 Bilder auf ganz unerklärliche Weise. Es waren sehr schöne Arbeiten dabei. Wech ist Wech. Mit die schönsten und meisten Bilder befinden sich, hoffentlich noch immer, in Raimunds privater Sammlung. Er hatte schon immer etwas übrig, was antik, künstlerisch wertvoll oder etwa vielleicht einen leicht erotischen Touch hatte. Denn ich habe auch, was mir sowieso niemand zugetraut hätte – weil ich ja doch eine sehr „zurückhaltende" Person bin, Aktmalerei betrieben. Mit der Aktmalerei ist es so ähnlich wie mit der Landschaftsmalerei, nur dass man näher dran ist. Eben nicht nur mit den Augen „malt", sondern auf Geruchsebene seiner Fantasie freien oder auch unfreiwilligen Lauf lassen kann.

Ein mehrgeschlechtliches Paar kam auf die Idee, nachdem es Wind von meinen künstlerischen Ambitionen bekommen hatte, sich als lebenden Akt zur Verfügung zu stellen. Ohne Frage weckte das meine Neugierde. Wir trafen uns in einem sehr privaten Rahmen für den gewissen „Akt der Malerei." Ich ahnte ja nicht, dass dieser Akt für uns alle drei unvorbereitet ausufern würde.

Damals trug ich noch keine Brille und hatte einen messerscharfen Blick. Aber bei dem Anblick des Paares von damals, würde mir heute sicherlich die Brille beschlagen. Beide waren wirklich sehr hübsch. Mein Hauptaugenmerk lag natürlich bei „ihm." Ohne Scham zeigten sie sich mir in jeder nur erdenklichen Pose. Die beiden wunderschönen Körper wanden sich und verlangten einander. Irgendwann hatten sie mich völlig ausgeblendet. Ungeniert gaben sie sich ihrem Liebesspiel hin. Leise, aber mit einem letzten Blick über die Schulter, schlich ich mich weg. Wie lange sie ihrer Fantasie erlagen, weiß ich nicht. Ich habe danach nie wieder nach einem lebenden Modell gemalt. Heute reicht mir ein Foto von dem was ich malen soll.

Natürlich hat mich damals mein Lehrer gelehrt, nach lebenden Objekten zu malen. Aber so fühle ich mich in meinem Kämmerlein sicherer. Nur das Bild und ich, sind mir genug. Es gab Zeiten, in denen war ich wie besessen vom Malen. Ich wachte morgens auf und hatte schon den Pinsel in der Hand (bitte nicht falsch verstehen). Heute gönne ich mir dafür Ruhe und Muße. Ich möchte mit mir allein sein um zu malen. Nur so ist es für mich von Bedeutung. Wenn so eine Arbeit fertig ist, möchte ich auch niemanden erklären müssen, was in dem Bild zu sehen ist. Es kann jeder für sich selbst erleben. Wenn der Betrachter mir dann erzählt, was er zu sehen glaubt, nehme ich es als Kompliment und lasse ihm seine Gedanken. Bei Portraits allerdings gehe ich keinen Kompromiss ein. Es muss auf den ersten Blick erkennbar sein, wen ich da abgebildet habe. Da stelle ich mir selbst hohe Ansprüche. Bei Akten und Landschaftsmalereien können die Grenzen ruhig verschwimmen und bei abstrakten Geschichten, ist ja doch jeder sein eigener „Picasso."

Hotu, Tom, Morten und andere Schönheiten

Ein befreundeter Journalist, Tom Leddin, der heute in Amerika sein Glück gefunden hat, war mir damals bei meinen ersten Ausstellungen sehr behilflich. Er gab mir sogar den Anstoß dazu. Von allein wäre ich nie auf die Idee gekommen, meine Bilder einer breiten Masse zugänglich zu machen und das Ganze auch noch öffentlich. Ich hielt mich einfach noch nicht begabt genug dafür. Aber irgendwann ist es immer das erste Mal.

Tom war mit Leidenschaft Journalist und der erste Herausgeber der Zeitschrift „Die andere Welt." Später war er gemeinsam mit Jürgen Rummel und SPREERADIO einer der Macher des Magazins „EMOTION." Beide Zeitschriften sind heute noch auf dem Markt. Medien, vor allem Printmedien waren das Ding von Tom. Er hatte überall seine Kontakte und ließ sie auch für mich spielen. Wir verbrachten viel Zeit miteinander und ich sah wieder ein bisschen mehr von der Welt. Mit Büchern und Zeitschriften hatte ich bis dahin nur den Kontakt, wie jeder andere Ottonormalverbraucher auch. Durch Tom stieg mein Interesse am geschriebenen Wort immens. Anfangs war ich nur fasziniert, was man alles mit „Geschriebenem" bewirken kann. Tom traute mir sogar zu, eigene Artikel zu schreiben. Zuerst dachte ich, er wollte mich veralbern. Aber er meinte es ernst. Allmählich begann ich nebenbei, nur so für mich, meine Gedanken und Erlebnisse aufzuschreiben. Viel später sollte sich daraus dann die Idee für dieses Buch entwickeln. Doch bis zu der Verwirklichung sollte noch viel Wasser in der Spree und in anderen wichtigen Flüssen entlang fließen.

Durch Tom lernte ich zwei super Typen kennen. Sie wohnten beide in Hamburg und standen, obwohl sie etwa in meinem Alter waren, mehr als ich, mitten im Leben. Und in diesem waren sie ein sehr schönes Paar. John verdiente sein Geld als Immobilienmakler und war damit sehr erfolgreich. Er hatte eine ungeheure Ausstrahlung. Jede/n zog er mit seiner charismatischen Art in den Bann und sein mehr als angenehmes Äußere tat nur das Übrige dazu. Er sah aus wie spanischer Abenteurer, der von seinem Sonnenstrand geflohen ist, um im kalten Deutschland sein Glück zu finden. Ein kleines Stück von diesem Glück hatte er ja bereits an seiner Seite. Morten, ein angehender Steuerberater mit juristischen Ambitionen. Morten sah aus wie ein Model, benahm sich wie eins und war zeitweise sogar ein richtiges Model.

Als ich ihm das erste Mal begegnete, verschlug es mir glatt weg die Sprache. Ich war sonst nie um einen Spruch verlegen. Aber damals in Hamburg hatte ich mit der Bekanntschaft von John und Morten eine Welt betreten, in der ich mir reichlich deplatziert vorkam.

Denn das was ich war, so kam ich mir auch vor – ein kleiner Artist in der glamourösen Welt der Schönen und Reichen.

Für eine gewisse Zeit war mir dieser große, dumme Irrtum nicht bewusst. Tom störte mein „Durcheinander sein" in keinster Weise. Er hatte die Gabe, sich auf jedem Parkett mit einer beneidenswerten Geradlinigkeit zu bewegen und zerstreute meine wirren Gedanken mit sehr viel „Otard", einem sehr teuren Weinbrand.

Da saß ich damals mit diesen drei bewundernswerten Menschen. Keiner war wie der andere. Tom war der Visionär, den die Welt noch nicht verstand. John war der grenzenlose Optimist mit hanseatischer Lebensmaxime. Und Morten, ein aus Woltersdorf bei Berlin stammender, verteufelt schöner Laszivling, der einem, trotz seiner kühlen Aura, die Sinne zu rauben schien.

Und ehrlich gesagt, hätte ich mich damals entscheiden dürfen, mit wem ich eine Beziehung eingehen würde, dann hätte ich mich für eine Wohngemeinschaft entschieden. Allerdings mit vier Schlafzimmern. Heute seufze ich bei dem Gedanken – was wäre gewesen, wenn…

Aber da Sie mich ja schon ein bisschen näher kennen gelernt haben, können Sie sich bestimmt auch vorstellen, dass ich diese Gedanken mit niemand geteilt habe. Vielleicht auch aus der Angst heraus, abgewiesen zu werden.

Meine heimliche Schwärmerei für Morten behielt ich natürlich auch für mich. Ich hatte ihm einige Briefe geschrieben und keinen davon je abgeschickt. Ich hatte sogar ein Portrait von ihm gemalt. Es hängt heute noch in meinem Haus an einem besonderen Platz. Ich bin mir nicht sicher, ob Morten je geahnt hat, dass er sich einen Platz in meinem Herzen erobert hatte. Bis heute. Dazwischen liegen nun fast zwanzig Jahre.

Trotzdem meine Gefühle kräftig durcheinander gewirbelt wurden, genoss ich diese ungestüme Zeit. Ich lernte Dänemark und endlich Kopenhagen kennen und wie schon erwähnt, konnte ich endlich meine erste Ausstellung machen. Ich entschied mich für das „FLAX", ein inzwischen etabliertes Gayszenelokal. Es schien mir geeignet, weil vor mir schon einige andere Künstler ihre Werke dort ausgestellt und Erfolge vorzuweisen hatten.

Die Geschäftsleitung sah es gern, wenn sich etwas, ohne ihr Zutun, aber in ihrem Geschäftssinn im Lokal bewegte. Aus der Ausstellungseröffnung machten wir einen richtigen Event. Tom kümmerte sich um die Plakate, einen Bildkatalog für die ausgestellten Bilder und andere Werbemittel. Der Titel der Ausstellung hieß bezeichnender Weise „MARLENE UND ANDERE SCHÖNHEITEN." Diese Ausstellung umfasste, aus rein platztechnischen Gründen, nur zwanzig Arbeiten. Bei den Bildern handelte es sich um Aquarelle, Zeichnungen, Collagen und künstlerische Arbeiten mit einer mir eigenen Technik auf der Grundlage von Kunstharzlack. Als Bildthema wählte ich vorrangig unterschiedliche Motive von Marlene Dietrich, Männer meiner Fantasie und Portraits von Freunden. Die gezeigten Bilder, die ich willkürlich ausgesucht hatte, stellten im Rahmen dieser Ausstellung nur eine Auswahl aus meinem Schaffen dar. Nicht zu finden waren meine künstlerisch-pornografischen Bilder, die wie alle anderen auch, nie für eine Ausstellung gedacht waren. Im Gegensatz zu zeitgenössischen Künstlern lagen mit meinen Bildern keine Interpretationswerke vor, sondern einfach nur kleine Malereien, die meinen Gefühlszustand zu einer bestimmten Zeit wieder spiegelten. Dem Betrachter blieb es also freigestellt, was er in den jeweiligen Bildern zu sehen glaubte.

Anlässlich dieser Ausstellung hatten wir uns entschieden, eine von mir gestaltete, limitierte Edition meines Lieblingssektes anzubieten, von der pro verkaufter Flasche 10,00 DM an die Deutsche Aidshilfe gingen. Die Ausstellungsstücke und Replikationen aus den Jahren 1994 bis 1996 waren fast alle verkäuflich. Es ging mir nicht allein darum, Geld mit diesen Bildern zu verdienen. Die Sache an sich war ein großer Anreiz. Und ja, ich gebe es zu, es schmeichelte mir sehr, die Hauptperson zu sein. Der Gedanke, dass die Leute mich als einen Bildnisse schaffenden Künstler wahr nahmen, gefiel mir sehr. Bestärkt durch das Gefühl, dass ich mich hinter meinen Bildern nicht zu verstecken brauchte, weder Angst vor Kritik und Missgunst hatte, betrat ich wieder mal ein spannendes Neuland.

Diese Ausstellung war mein persönlicher Erfolg. Die Eröffnung übertraf alle meine Erwartungen. Das Team vom „FLAX" war mir sehr entgegenkommend und unterstützte mich im Rahmen ihrer Möglichkeiten. Ich hatte „Hinz" und „Kunz" eingeladen. An diesem Abend kamen weit aus mehr Gäste, als ich geplant hatte. Das Lokal schien aus den Nähten zu platzen. Viele befreundete Kollegen, Artisten, Schauspieler, Tänzer und Sänger gaben sich und mir die Ehre. Unter anderem Hannelore Breiten, die zu meiner großen Freude ihre Evergreens zum Besten gab, David Vilches und Marc Diavolo. Zu den beiden zuletzt Genannten erfahren Sie anderer Stelle vielleicht noch mehr.

Ich war hervorragend vorbereitet. Ich hatte ein DJ mit einer professionellen Anlage engagiert und einen jungen Musikstudenten samt seinem Keyboard verpflichtet. Er spielte traumhafte Pianomusik, passend zum Rahmen des Abends. Rundum war es ein perfekter Abend. Ob nun schwul, lesbisch, transgender, hetero- oder metrosexuell – alle waren in einem, fast schon überschwänglichen Einklang. Es schien fast so, als hätte sich das „Hotu", das Symbol für das Yin und das Yang der Welt, über diesen Abend gelegt.

Ich kann Ihnen verraten, dass ich einen Abend in dieser Form nie wieder erlebt habe.

Zwei Jahre später, 1998 – hatte ich die nächste, größere Ausstellung geplant. Diese wollte ich gemeinsam mit Raimund bestreiten. Wir hatten uns überlegt, mal was ganz „Neues" zu machen. Ich stellte die Originale zur Verfügung und Raimund verfälschte diese am Computer nach seinen Vorstellungen. Die Bilder von mir und die so entstandenen neuen „Exemplare" von Raimund hängten wir dann in der Ausstellung jeweils neben einander – ohne eine Erklärung. Wir waren sehr gespannt auf die Reaktionen der Betrachter. Natürlich entschieden wir uns wieder für das „FLAX." An den Erfolg meiner ersten Ausstellung konnten wir allerdings nicht anknüpfen. Die Ausstellung lief nicht schlecht, aber die erwarteten Reaktionen blieben aus. Es blieb bei diesem einen Experiment.

Ein Jahr später wurde der Großteil meiner Bilder aus einer feucht-fröhlichen Laune heraus, regelrecht verschleudert. Mir war es recht. Ich brauchte diese Bilder nicht mehr abhängen und hatte zu Hause endlich wieder Platz für neue. Und schließlich wollte ich kein Cornelius Gurlitt werden.

Palace de Nostalgie

Der Weißensee im gleichnamigen Stadtbezirk von Berlin war schon seit je her ein Volksmagnet und eine Kunstoase. Mitten in einem Park gelegen, bietet er zu fast jeder Jahreszeit viele Möglichkeiten der Naherholung, wie der Ossi so schön zu sagen pflegt.

Der See ist nicht sehr groß, lädt aber immer wieder ein zum Innehalten und Ruhe finden. Das Areal um den Weißensee ist um 1859 im Zuge eines geplanten Schlossneubaus entstanden und wurde um die Jahrhundertwende von der Gemeinde übernommen und somit der Bevölkerung zugänglich gemacht. Es entstanden das kleine Strandbad und auf der anderen Seite des Sees das heutige „Milchhäuschen." Ab Mitte der 60er Jahre gab es dann eine Freilichtbühne und das bis heute alljährlich stattfindende Blumenfest (nachgelesen bei Wikipedia). Unsere Tante Koe, also Rolf Könecke, hatte einen genialen, aber auch etwas verrückten Plan.

In der Nähe des Strandbades befand sich ein größerer Platz, der eigentlich nie richtig genutzt wurde und somit zur freien Verfügung stand. Tante Koe mietete diesen Platz vom Amt Weißensee für ungefähr ein Jahr zum Spottpreis von nicht einmal Hundert Deutsche Mark. Tante Koe war schon immer ein Hans Dampf in allen Gassen. Aus irgendeiner dunklen Ecke in Holland hatte Rolf ein kleines Spiegelzelt aufgetrieben und wollte es auf diesem Platz aufstellen. Aufgeweckt aus seinem Dornröschenschlaf, sollte es wieder als Amüsiertempel seinen Betrieb aufnehmen. Rolf erzählte uns was von Barbetrieb, Kleinkunstbühne und Livemusik mit einem kleinen Salonorchester im Stil der „Goldenen Zwanziger Jahre."

Wir waren von dieser Idee begeistert, denn Rolf hatte für uns schon einen Platz in diesem Unternehmen reserviert. Einen Geldgeber, in dem Rolf auch gleich den Geschäftsführer sah, hatte er schon an der Hand. Sich selbst sah er natürlich als künstlerischen Leiter, da er ohnehin die Kontakte zu den Kleinkünstlern hatte.

Raimund und ich konnten uns nach Herzenslust in „unserem" kleinen Theaterchen austoben. Der Name war Programm „Palace de Nostalgie." Und wirklich, das „Ding" wurde aufgebaut. Bis auf die alte Außenhaut, die etwas gelitten hatte, war alles andere in einem relativ guten Zustand. Dieses Spiegelzelt war ein Holzrundbau. In der Mitte war, wie eine Manege, die Tanzfläche und rundherum waren in kleinen Nischen und Séparées die Tische und Sitzbänke untergebracht. Im großzügigen Eingangsbereich fand der Tresen und die Technik Platz. Gegenüber auf der anderen Seite war ein kleines Bühnenpodest für das Orchester. Alle anderen wichtigen „Nebensächlichkeiten", wie die Toiletten und die Künstlergarderoben mussten außerhalb des „Palace" in anfangs gemieteten Containern untergebracht werden. Ein Zaun drum herum und fertig war der Zirkus für Arme. So sah es jedenfalls am Anfang aus. Aber das intakte Interieur war eine Wucht. Die hölzernen Wände, Oberlichter und Stützpfeiler waren mit geschliffenen Spiegeln verziert. Überall Spiegel. Dadurch gewann das Rondell an Größe. In der Deckenmitte des Holzbaus hing ein riesiger Kronleuchter und aus jedem Eckchen funkelten nostalgische Kandelaber.

Die rote Deckenbespannung bestand aus einzelnen, rotsamtenen Stoffbahnen, die in verschiedenen Höhen raffiniert gerafft und drapiert worden waren. Es erweckte den Anschein, als würde der Zelthimmel voll mit roten Wolken hängen. Dieses Rot fand sich auch in den Bezügen der Sitzbänke wieder. Es erschien mir wie eine Mischung aus VARIETÉ MOBIL und dem Cabaret PARADIES. Wir konnten uns für einige Momente glücklich schätzen und hatten keine Bedenken, dass die bald zahlreichen Gäste unsere Empfindungen teilen würden. Eine bekannte Berliner Brauerei unterstützte uns bei unserem Vorhaben.

Da wir uns sonst um keine finanziellen Belange den Kopf zerbrechen mussten, stürzten sich Raimund und ich in die spannende Aufgabe, eine neue Show aus der Taufe zu heben. Rolf hatte ja angedeutet, dass es ein kleines Salonorchester geben sollte und wir rochen natürlich Lunte. Rolf, Raimund und ich trafen uns mit unseren Gedanken in der Mitte – dieses Salonorchester sollte unsere komplette Show musikalisch begleiten.

Dass da ein Haufen Arbeit auf uns zu kam, schoben wir erst einmal beiseite. Der Gedanke, jeden Titel orchestral begleitet singen zu können, ließ unseren Ehrgeiz ins Unermessliche steigen. Die Musiker waren auch bald gefunden. Da hatten wir die Qual der Wahl. Unser Obermusikus war ein begnadeter Pianist und Komponist. Ziggy Pruetz, ein in Musikerkreisen geschätzter aber auch diskutierter Kollege. Er konnte in jeder, aber auch in jeder Lebenslage spielen wie ein junger Gott. Wenn Götter das überhaupt können... Mit ihm hatte ich auch die fantastischen Galaauftritte in den Nobelhotels „ADLON" und „REGENT." Noblesse Oblige.

Nein, Nein – erst einmal galt für uns Pruetz Oblige. Pruetz verpflichtet. Ziggy war uns ein guter Lehrer. Ihm ging es nicht allein darum, dass wir schön und mit operettenverdächtiger Technik sangen, sondern viel mehr darum, dass wir mit ihm harmonierten und seine komponierten Töne trafen. In diesem Punkt war er unerbittlich und wenig nachgiebig.

Achtzehn Titel standen uns bevor. Zum Teil hatten wir diese schon mit unseren eingespielten Halbplaybacks gesungen. Aber live begleitet, sollte das schon eine besondere Herausforderung werden. Und die anderen Musiker gingen wie selbstverständlich davon aus, dass wir als sogenannte „Singezähne" auch wussten, was wir da taten. Wir konnten ja keine einzige Note lesen und dass es auch für das Schlagzeug Noten gab, war uns bis dahin unbekannt. Ziggy machte uns die Probenarbeit mit der Aussicht schmackhaft, für uns eigene Songs zu texten und zu komponieren.

   Unser neues Programm hieß „Tante Koe hat Schuld", so wie auch der Titelsong. In dem Titel ging es darum, was Tante Koe und auch warum, so alles verzapft hatte. Eine gelungene, musikalische Geschichte. Raimund lieferte die dafür notwendigen Hintergrundinformationen. Für mich schrieb Pruetz einen Blondinensong. Ein witziger Text, aber die Musik so raffiniert verschachtelt. Keine Melodie nur Harmonien. Aber ich habe es hinbekommen.

   Zu unserem kleinen Salonorchester gehörte noch ein anderer Pianist, der alle erdachten Noten schriftlich festhielt und sich mit Ziggy je nach Auftrittslage die musikalischen Gelegenheitsgeschäfte teilte. Kurzzeitig hatten wir auch das Vergnügen, einen Bassisten mit seinem riesigen Instrument in unserem Programm zu beschäftigen. Und natürlich bildete die Grundlage ein erfahrener Schlagzeuger. Zur Premiere hatte Ziggy einen schon älteren Kollegen bemüht. Ein Unikum, das gerne mal ein Bierchen trank und trotzdem es seinen Zenit schon weit überschritten hatte, hinter jedem Rockzipfel hinterher war. Unser Bimbo. Er tat uns den Gefallen und begleitete uns mehrere Male. Einmal war Bimbo schon sehr angetütert. Bei seinem Schlagzeugsolo war er so in Ekstase geraten, dass er den Halt verlor und vorn über seine Schießbude schoss. Da lag er nun bäuchlings vor seinem Instrument auf dem Parkett und zappelte wie ein Maikäfer. Seine Schlagstöcke hatte er immer noch in der Hand. Unbeirrt von dem, was passiert war, trommelte er tapfer weiter. Das Publikum johlte vor schreiender Begeisterung. Raimund und ich halfen Bimbo nach seinem umjubelten Solo wieder auf die Beine, er setzte sich wieder hinter sein Instrument und die Show ging weiter, als ob alles so geplant gewesen sei. Dieser Abend war wieder eine von den wenigen Sternstunden. Unser Programm war ein voller Erfolg. Künstlerisch waren wir um ein gutes, sehr gutes Stück gewachsen und stolz darauf. Viele Kollegen, darunter auch so wunderbare Musiker wie Michael Hansen, Günter Gollasch oder Hans Pannasch, die uns besuchten – bestärkten uns in unserem Tun. Jetzt gehörten wir wirklich zur Gilde der Musiker, auch wenn wir „nur" Laien waren. Das Lob der Kollegen adelte uns. Also doch Noblesse Oblige. Zur eigentlichen Premiere, die natürlich gerammelt voll war – ebenso wie die Gäste zu später Stunde, hatte sich Tino Less etwas ganz Besonderes einfallen lassen. Er hatte im Vorfeld ein Einpersonenstück geschrieben. Einen Monolog. Eine gegensätzliche Moritat, kein Bänkelgesang sondern gesprochene Verse. Sie handelten von Raimund und von mir. Aber nicht wie im eigentlichen Sinne üblich von bösen Untugenden. Es mutete schon fast wie eine Lobeshymne an. Die Idee gefiel uns sehr und es stand die Frage im Raum, wer das machen sollte. Wer sich so etwas überhaupt zutraute. Spontan schlug Raimund die vom Deutschen Theater stammende, bekannte Schauspielerin Ursula Staack vor. Sofort waren wir uns einig, dass sie die Einzige sei, die diese Rolle übernehmen könnte. Wir hatten schon eine bestimmte Vorstellung von der Rollenfigur. Sie sollte kess und drall sein, kein Blatt vor den Mund nehmen, singen, schauspielern und natürlich eine imposante Erscheinung abgeben. Also kam wirklich nur die Staack in Frage.

Ich hätte weiß Gott was verwettet, dass die das macht. Sie zu überreden war dann auch meine Aufgabe, da ich Uschi ja vom VARIETÉ MOBIL kannte. Kurzerhand rief ich sie an und erwischte sie in der Badewanne. Am anderen Ende krächzte eine sehr heisere Stimme nach meinem Begehr. Ich erklärte Uschi in knappen Sätzen die „Sachlage" und wartete ab. In einem noch knapperen Satz entgegnete sie nur: „Ick muss mir erst mal auskurieren. Ruf dann zurück." verdutzt legte ich auf und war mir nicht sicher, ob Uschi überhaupt verstanden hatte was ich da von ihr wollte.

Es waren nur noch wenige Tage bis zur Premiere. Raimund erzählte ich erst mal nichts. Zwei Tage später meldete sich Uschi dann doch noch und sagte zu. Ich sollte ihr das Rollenbuch zukommen lassen und wir würden uns dann zur Premiere sehen. Eine Bedingung stellte sie – kein naiver Regisseur sollte sich in ihr Spiel einmischen. Mit großer Zuversicht stimmte ich zu. Tino erklärte ich dann die Bedingung auf eine sanfte Art und Weise – zähneknirschend ließ er sich darauf ein. Was sollte denn auch passieren, außer dass eine großartige

Schauspielerin uns ihr handwerkliches Können zeigte. Da wir nun keine eindeutigen Erwartungen hatten, harrten Raimund und ich bedingungslos aus. Insgeheim freuten wir uns auf ein Glanzstück eines kleinen Schauspiels.

Am Abend der Premiere waren alle wie aus dem Häuschen. Raimund und ich hatten mit unseren Liedtexten zu tun, Tante Koe kümmerte sich um die Gäste und die Musiker stimmten sich ein - natürlich erst mal mit einem Bierchen am Tresen.

Tino war aufgeregt wie ein kleiner Junge, dem man ein besonderes Spielzeug versprochen hatte. Nur von Uschi war weit und breit nichts zu sehen. Ob sie es vergessen hatte oder sich vielleicht mit dem Wisch von Rollenbuch den Hintern… Den Gedanken dachten wir gar nicht zu Ende. Plötzlich, wie im Ablauf des Abends vorgesehen, stand Uschi bereit für ihren Auftritt und überraschte uns alle.

Hannelore Breiten hatte sich bereit erklärt, durch den Abend zu führen. Das tat sie auch sehr charmant und mit der von ihr gewohnten Professionalität und sie war die Einzige, die wusste, dass uns Uschi nicht im Stich lassen würde.

Hanne moderierte gerade den nächsten Programmpunkt an und wurde jäh unterbrochen. Mitten im Programm polterte ein kleines Persönchen durch den Eingang und bahnte sich berlinernd pöbelnd einen Weg durch das verwunderte Publikum. Da war sie, unsere Uschi. Sie sah aus wie ein Knallbonbon, trug ein schreiend lilafarbenes, hautenges Nuttenkleid, das ihr wohl um einige Konfektionsgrößen zu klein war. Auf dem Kopf hatte sie eine aufgeplusterte, feuerrote Lockenperücke. In dieser schrillen Aufmachung war sie fast nicht zu erkennen. Allein an ihrer Stimme hatten wir sie erkannt.

Dank ihrer brachialen Stimmgewalt zelebrierte sie mit weit ausladenden Gesten, zweideutiger Mimik und ohne Mikrofon ihren Text. Und dieser wirkte im Gegensatz zu Uschi so gestelzt, dass allein die Mischung aus beiden an komödiantischer Urkomik nicht zu übertreffen war. Obwohl und bestimmt kaum einer aus dem Publikum den Inhalt des Textes verstanden hatte, räumte Uschi ohne Ende ab. Die Leute bogen sich vor Lachen und die Männer hingen mit ihren Augen an Uschis Busen. Denn Uschi hatte einiges zu bieten und der Ausschnitt ihres Kleides tat sein Übriges dazu. Wir befürchteten gar, dieses Ausmaß an weiblicher Rundung könnte sich selbstständig machen, so hatte Uschi sich in ihr Spiel gesteigert. Der anschließende, tosende Applaus wollte kein Ende nehmen. Uschis Auftritt war ihr Premierengeschenk an Raimund und an mich. Danach mussten wir dem Programm, dem Publikum und uns erstmal eine Pause gönnen. Im zweiten Teil erlebten wir noch einige schöne Überraschungen. Unter anderem gab Hanns Pannasch mit seinem geliebten Saxophon hochmusikalische Köstlichkeiten zum Besten.

Dieser Abend im „Palace de Nostalgie" entrückte uns alle für wenige Stunden in eine sorgenfreie Traumwelt. Spät in der Nacht, nachdem wir unser aller Erfolg schon reichlich begossen hatten, eröffnete uns Uschi, dass sie lange mit sich und diesem unwitzigen Text gehadert hatte. Schlussendlich hatte sie sich dieses Machwerk in nur einer Nacht eingehämmert. Gottlob, Tino war zu diesem Zeitpunkt schon gegangen. Es hätte ihn wahrscheinlich ob dieser herben Kritik sehr an seinem Selbstwertgefühl gekratzt. Kleine Menschen können da sehr empfindlich sein.

Unsere „Golden Zwanziger" im „Palace de Nostalgie" hielten, auf Grund der wirtschaftlichen Lage, leider nur für wenige Monate. Danach musste ich mich um neue Möglichkeiten des Geldverdienens bemühen.

Kurz vor meinem Austritt hatte ich das große Vergnügen MARY, also Georg Preuße in das Spiegelzelt zu locken. Inzwischen wohnte Georg fest in Berlin, da er eine lange Spielzeit im Theater am Kurfürstendamm hatte. Er hatte sich eine traumhafte Wohnung in der Knesebeckstraße genommen und wir sahen uns öfter. Selbst wenn es mir mal richtig Scheiße ging, war er für mich da. Da kam es schon mal vor, dass er nachts auf meinem Treppenabsatz auf mich wartete und mir einfach nur zuhörte. Wenn die Leute gewusst hätten, wer da nachts durch die Libauer Straße geschlichen war. Na Hallamasch. Privat war Georg kaum zu erkennen. Er sah immer irgendwie „abgerissen" aus und kein Mensch dreht sich nach ihm um. Gott sei Dank, so hatte ich ihn für wenige Momente ganz allein nur für mich. Das Spiegelzelt am Weißensee wurde noch einmal durch die Anwesenheit von Georg und einem kleinen Tross an Freunden, die er mitschleppte, erleuchtet. Sie ließen es sich an diesem Abend richtig gut gehen, feierten bis spät in die Nacht, beklatschten das Programm und amüsierten sich königlich. In diese Runde hatte sich sogar Günther Konnopke aus der „Currywurstdynastie" verirrt. Der Umsatz an diesem Abend war gigantisch.

Georg hatte schon am Anfang des Abends, beim Betreten des Spiegelzeltes, ein Auge auf ein Bild von mir geworfen. Es war ein sehr großes Portrait von Marlene Dietrich in einem wunderschönen, goldenen Antikrahmen. Es passte wie die Faust aufs Auge in das Spiegelzelt. Georg fragte gleich nach dem Preis. Mir war es zunächst peinlich und ich meinte nur, dass wir später darüber reden könnten. Am Ende des Abends, der dem Morgen wich, hatte ich das Bild schon fast vergessen. Etwas beschwipst verlangte Georg nach einem Taxi. Beim Verabschieden fragte er noch einmal nach dem Bild. Was sollte ich von ihm dafür verlangen? Auf der anderen Seite konnte ich das Geld gut gebrauchen. Georg drängte, denn er war bereit für das Bild zu bezahlen. Etwas betreten knickte ich ein. Er zog ein paar Geldscheine aus der Tasche und der Handel war gemacht. Es galt nur noch, Georg und das Bild unbeschadet in das Taxi zu bugsieren. Der Taxifahrer grinste nur, als er die ungewöhnliche und kostbare Fuhre sah. Wir verabschiedeten uns sehr herzlich. Erst als ich zu Hause war, zählte ich das Geldbündel nach. Ich traute meinen Augen nicht, wie viel ich da in der Hand hielt. Es war bei weitem mehr als ich erwartet hatte. Ich lächelte dankbar, denn bei meiner miesen Haushaltskasse war dieses Geld meine Rettung.

München und noch südlicher

Dank Georg war ich nun finanziell etwas sorgenfreier und konnte ein Engagement in München, im HENDERSON antreten. Es sollte mein erster Besuch in der bayrischen Landeshauptstadt sein. Ich war zusammen mit der heute sehr bekannten OLIVIA JONES engagiert.

Damals allerdings versuchte sie, genauso wie alle anderen Artisten auch, ihr Scherflein von Monat zu Monat ins Trockene zu bringen. Unser Gastspiellokal war die Stadt- und Szenebekannte Diskothek HENDERSON unter dem Regiment von Michael Schuhmacher. Nein, nicht der Formel-Eins-Star. Es war nur der gleiche Name. Er war ein junger, hübscher und schwuler Unternehmer, der sich den Luxus einer schwulen Diskothek leistete und das süße Leben genoss. Es gab ja genug „Tanten", die für ihn die Kohle rein tanzten. Im wahrsten Sinne des Wortes.

Die Bude glich einer von den vielen Diskotheken der 90er Jahre. Eine Technikkanzel, eine gefliese Tanzfläche und ein paar Sitzgruppen drum herum, das war es. Unsere Garderobe war so klein, dass eigentlich immer nur einer von uns darin Platz hatte. Gott sei Dank war Olivia nicht so breit wie hoch. Irgendwie ging es.

Damals durfte man noch überall rauchen. Sie können sich vorstellen, wir zwei Hübschen in der kleinen Garderobe, qualmend wie zwei Schornsteine – eine Räuberhöhle war ein Sch…dreck dagegen. Anfangs hatte ich Bedenken, die Münchner Tunten unterhalten zu können. Aber nach zwei Tagen hatte ich den Dreh raus.

OLIVIA und ich sollten die Meute knapp eine Stunde bei Laune halten. Danach war sowieso Baggern und Hopsen bis zum Abwinken angesagt, denn in Bayern galt die Sperrstunde. Da mussten sich die „Jungs" ranhalten, wenn sie noch etwas „abbekommen" wollten. Deshalb fingen die „Mädels" auch schon am Nachmittag an, trafen sich in ausgesuchten Caféterias und glühten schon mal vor. Da ich sonst nichts zu tun hatte, saß ich ebenfalls in diesen Läden. Allerdings ungeglüht und belauschte unfreiwillig die tratschigen Gespräche der männlichen „Mädels." Abgeschminkt kannte mich ja sowieso keiner und so blieb ich unbemerkt. Am Abend saßen dann eben diese „Mädels" im HENDERSON im Publikum. Brühwarm konnte ich das am Nachmittag Gehörte in meine Conferencen einbauen und auch die jeweilige Tunte aus dem Publikum dazu benennen. So einfach wie sich das anhört war es auch. Das war der ganze „Zauber." Und er funktionierte. OLIVIA sprang auch noch in die Bresche und die Tunten amüsierten sich bayrisch und königlich. Der Chef feierte sich einen darauf ab und bot mir insgeheim mehr Geld, wenn ich mein nachmittägliches Tun weiter betreiben würde. Ich trieb. Manchmal uferten diese Auftritte allerdings aus. Soweit, dass sich OLIVIA, gelangweilt vom Warten in der engen Garderobe, ins Nachbarlokal begab. Dort nahm sie ganz kess einen Drink und ließ sich vom HENDERSON anrufen, wenn ich mit meiner „Gerüchteküche" so langsam zum Ende kam.

Nachts saßen wir dann im PROSECCO. Dort traf sich die gesamte, schwule High Society von München und was sonst noch Rang und Schulden hatte. Eine sehr urige Kneipe, die fast jeden Monat, zwar nicht den Besitzer aber dafür die Dekoration wechselte.

Welche Mühe sich die Münchner gaben, um ihrer erzbistümlich-homosexuellen Bergwelt etwas Glanz und Gloria zu verleihen – es war unglaublich. Mit liebevollen Schniefchen, ob rustikal oder in Tuntenbarock, gelang es den Betreibern, dem nicht nur schwulen Publikum, in bayrischer Gemütlichkeit unvergessliche Stunden zubereiten. Im PROSECCO war jeder willkommen, egal ob er ein Fremder war oder jemand, der gleich nebenan in einer Diözese sein Tagewerk vollbrachte. Und um Eins war Schluss mit Lustig, die beknackte Sperrstunde. Da waren die Stadtväter eisern und gingen gnadenlos gegen Verstöße vor.

Man hielt sich also nicht langen Vorreden auf und kam gleich zur Sache. Zu welcher auch immer.

Die Stadt München ist schon eine Reise wert, wenn man über das nötige Kleingeld verfügt. Alles ist so sauteuer, da braucht man einen langen Atem mit ordentlicher Pinke-Pinke. Aber ich habe auch die andere, nicht so prickelnde Seite von München gesehen. Genau da, wo die Menschen vielleicht nicht unbedingt auf der Sonnenseite des Lebens stehen. Da wurde mir bewusst, Geld regiert die Welt. Ich war in Wohnvierteln, dagegen sind Marzahn und Hellersdorf in Berlin die Balearen. Aber die grundtiefe Gelassenheit der Münchner ist einfach nicht zu übertreffen. Sie wissen zu leben und zu lieben. Und ihre Sprache – aber das wissen Sie ja selber. Die wird mir sächsischem Preußen mit slawischen Wurzeln auf ewig ein Rätsel bleiben. Da liegt die Erotik wirklich im Detail und nicht im Weißwursttopf vor Zwölf.

Züricher Impressionen

Deutschland ein Wintermärchen. Aber ohne mich. Raimund und ich sollten wieder mal in Zürich im T&M gastieren. Ich fuhr mit dem Zug schon einmal vor und Raimund wollte später mit dem Flieger nach kommen, da er noch irgendwo auf dem Erdball im Urlaub war. Die ultimative Prozedere mit den Schweizer Taxifahrern, die gerne mal auf Kosten der nicht einheimischen Fahrgäste einen „kleineren" Umweg machten, war mir inzwischen geläufig. Auch die Sache mit dem zu engen Hotelfahrstuhl war mir nicht neu. Im Gegenteil es erheiterte mich sogar, es hatte sich nichts verändert. Sogar mein altes Zimmer stand mir wieder zur Verfügung.

Am nächsten Tag hörte ich ein Keifen auf der Straße. An der Klangfarbe erkannte ich ihn schon – Raimund war eingetroffen. Auch er hatte eins dieser Taxis erwischt, die erst mal, ungefragt, den Touris etwas Sightseeing anboten. Raimund schimpfte wie ein Rohrspatz, knallte dem Fahrer ein paar Franken auf die Motorhaube und polterte ins Hotel. Die Schadenfreude im Gesicht des Rezeptionisten konnte Raimund nicht übersehen. Totternd versuchte Raimund seinen Koffer in den Fahrstuhl zu bugsieren. Aber der Koffer hatte eine derartige Überbreite, dass er gar nicht erst in den Lift passte. Inzwischen war ich auch an der Rezeption angelangt, um noch größeres Unheil abzuwenden. Im Augenwinkel sah ich, wie der Rezeptionsheini sich verkrampft auf die Lippe biss. Es zuckte in seinen Mundwinkeln. Mir war auch zum Lachen. Das Bild, das Raimund und der riesige Koffer anbot, war einfach zum Schreien komisch. Zusammen hievten wir das Kofferungetüm die Treppe hinauf. Im Stillen dachte ich mir, dass sich dieser Fahrstuhl wohl nur selber transportieren könnte und mied ihn von nun an.

Am Abend hatten wir dann schon unseren ersten Auftritt. Wir waren ja beide nicht ganz unbekannt in Zürich. Es gab ein großes Hallo, man hatte sich auf uns gefreut. Zur Begrüßung gab es erst mal einen Appenzeller. Nicht den Käse, sondern einen wahrlich hochprozentigen Kräuterschnaps mit demselben Namen. Mit etwas Eis und einem Schuss Cola war das ein sehr köstliches Getränk und wurde während unseres Aufenthaltes zu unserem Nationalgetränk. Die Schweizer Tunten konnten nicht verstehen, welchen Gefallen wir daran fanden. Es wirkte wie eine Medizin. Trotz des rauen Wetters waren wir nicht ein einziges Mal erkältet und konnten uns sicher sein, dass uns niemand dieses Gesöff stibitzte. Ein weiterer und guter Effekt des Getränkes – man wurde nicht so schnell besoffen davon. An manchen Abenden standen etliche, nicht mehr zu zählende Appenzeller auf einem Tisch neben der Bühne, die man uns offeriert hatte.

Raimund zweifelte etwas, ob wir mit unserem Programm „Tante Koe hat Schuld" bei den Schweizern überhaupt ankommen würden. Es handelte sich ja um die Salonmusikgeschichte und um das Verständnis für die Texte. Außerdem hatten wir keine großen Roben im Gepäck, nur kleine aber feine, handgestickte Paillettenfummelchen. Seine Bedenken sollten sich im Nu zerstreuen. Nach einer kleinen Schweizer Skepsis war das Eis gebrochen. Die Leute suchten unsere Nähe und der Appenzeller floss in Strömen. Es war eines der schönsten Monatsengagements in meiner aktiven Artistenzeit. Alles war so unkompliziert, ohne Stress und ohne jede Hektik.

Wir beide sahen eine ganze Menge von der Schweiz und das Selbstbewusstsein von Raimund war endlich auf einem Höhepunkt angelangt. Raimund war inzwischen schon über Vierzig. Ein Alter, in dem man eigentlich keine Bedenken haben sollte. Aber als schwuler Mann über Vierzig macht man sich so seine Gedanken. Die Haare werden weniger, in den Ohren dafür mehr. Um die Hüfte wird man etwas runder und der Hintern verschwindet ganz. Ein Fältchen hier und mehrere da. Kann man da auf dem Jahrmarkt der Eitelkeiten noch bestehen? Hat man noch Chancen und ist man auch kurz vor dem Zenit noch begehrenswert. Heute kann ich das bejahen.

Aber Raimund hatte damals andere Gedanken. Ich sagte zu ihm: „Du hast einen schönen, runden Kopp, rasier Dir die paar Haare ab und mach Dir eine Glatze. Ein paar fette Ohrringe, ein bisschen Sonnenbank und der Rest, das bist Du selbst." Am nächsten Tag traute ich meinen Augen nicht. Raimund stand in eben dieser Aufmachung vor mir und sah blendend aus. Die folgenden Tage bewiesen, dass auch noch ganz andere, zum Teil viel jüngere Herren meine Auffassung teilten. Raimund konnte sich vor Avancen kaum noch retten und war im siebenten Himmel. Na also, es ging doch.

Was er allerdings mit seinem neuen „Lebensgefühl" anfing, blieb sein Geheimnis. Wir lernten viele interessante Leute kennen. Unter anderen einen Sprössling aus dem Hause „SWAROWSKI." Er wedelte nur so mit seinen vielen Franken. Aber wir waren eher an den kleinen berühmten Steinchen interessiert. Selbst mit – natürlich nur zur Tarnung – angebotenem Sex, kamen wir leider nicht an ein noch so kleines Kristallsteinchen. Dafür waren wir fast jeden Tag zum Essen eingeladen, ob bei Kollegen oder Stammgästen. Die Schweizer öffneten für uns ihre Häuser und wir konnten ihre sehr feine, stilsichere Gastfreundschaft genießen.

Seit einigen Tagen war ein junger Mann fast jeden Abend in unserem Programm. Er saß immer auf demselben Platz, hing an unseren Lippen und offerierte uns einen Appenzeller nach dem anderen. Er war nun nicht die Granate, dafür aber ein Baron von und zu – mit gekauftem Titel. Wir freundeten uns mit ihm an und wurden prompt aufs Land eingeladen. Ganz herrschaftlich, wie es sich für einen Baron ziemte, chauffierte er uns mit seinem Jeep ins Sarganser Land, in die Nähe von Lichtenstein. Unterwegs lasen wir Schilder mit der Aufschrift „Heidiland." Er erklärte uns, dass es zum Nationalstolz der Eidgenossen gehöre, eben auch „Heidi" ein Denkmal zu setzen. Wie dem auch sei und war. Unser Baron bewohnte ein schönes und großes Haus – ganz allein. Im geräumigen Wohnzimmer stand ein weißer Flügel und der Kamin überzeugte uns restlos – hier ließe es sich leben. In unmittelbarer Nachbarschaft wohnte eine echte, italienische Prinzessin, die eine gute Freundin des Hauses war. Sie hatte sich im Vorfeld erkundigt, was Raimund und ich gern essen würden. Sie entpuppte sich als eine Art rubensförmige, sizilianische Mama. Sie kochte und backte für uns, öffnete ihr Heiligtum von Weinkeller und stellte, wie selbstverständlich, nach dem üppigen Schmaus italienischer Kochkunst, einen gekühlten Appenzeller als Verteiler auf den Tisch. Sie denken jetzt vielleicht, ich hätte mir das alles nur ausgedacht.

Aber ich schwöre, hätte ich es nicht selbst erlebt, ich würde es auch nicht glauben. Es war so unwirklich – so schön wie im Märchen. Wir schwatzten, lachten und feierten die ganze Nacht. Zwischenzeitlich ließ ich in einem Gesprächsfetzen das Wort „Rhododendron" fallen. Dem Baron war plötzlich ganz anders geworden und er schien sehr erregt. Ich hatte unbewusst, in der Art und Weise wie ich das Wort „Rhododendron" aussprach, damit eine aphrodisierende Wirkung beim Baron ausgelöst und er bedeutete mir sehr eindeutige Absichten. Was hatte ich da angerichtet. Mir lief es heiß und kalt den Rücken runter. Aber seine Absichten waren nicht meine. Wie sollte ich aus der Nummer wieder rauskommen? Raimund bemerkte meine offensichtliche Hilflosigkeit und „erbarmte" sich meiner. Er ergriff die Gelegenheit beim Schopfe, verwickelte den Baron in ein abstruses Gespräch und flößte ihm noch reichlich von dem guten, italienischen Tropfen ein. Das war meine Rettung.

Schlussendlich landeten die beiden wohl in der Kiste, nachdem ich mich in die nächtlichen Jagdgründe von zu viel Wein und Appenzeller begab, friedlich und unangetastet schlummerte. Der glücklich harmonisierte Baron zeigte uns im Laufe des Monates die halbe Schweiz. Landschaftliche und auch personifizierte Schönheiten, die einmalig waren. Sogar bis Mailand hatten wir es geschafft und waren nicht wenig darüber verblüfft, mit welcher Selbstsicherheit auch jüngere Männer in der winterlichen Mittagssonne im Pelzmantel herum liefen. Wenn es nach uns gegangen wäre, dann hätte dieser Monat ewig dauern können. Aber irgendwann mussten wir zurück nach Berlin. Von unserem Baron haben wir nie wieder etwas gehört. Vielleicht sitzt er ja jetzt in so einem Rhododendronbusch und zupft am Blättchen

Später wollte ich dem Wort-Phänomen auf den Grund gehen und probierte es mit anderen Pflanzennamen aus. Aber ob nun mit „Glücksklee" oder „Schleierkraut", der Effekt war gleich Null. Eher hätte ich einer einbeinigen Schildkröte das Häkeln beigebracht.

Heiße Tränen in Sankt Moritz

Während eines Gastspiels in Hannover fragte mich ein „noch" Enddreißiger nach der Show, ob ich mir den vorstellen könnte, zu seinem vierzigsten Geburtstag in Sankt Moritz aufzutreten. Die Schweiz ließ mich nicht mehr los. Na und ob ich mir das vorstellen konnte. Wir wurden uns einig. Es war eigentlich sehr blauäugig von mir, da ich weder einen Vertrag noch eine Fahrkarte im Voraus bekommen hatte. Lediglich eine Telefonnummer. Aber ich war jung, brauchte das Geld und da machte man sich weniger um die Sicherheiten, als mehr um das Abenteuer Gedanken.

Die Anreise sollte schon ein spektakuläres Erlebnis sein. Fast einen Tag brauchte ich dafür. Ich fuhr die Nacht über von Berlin bis Basel im City Night Liner, dann weiter bis Chur und dort stieg ich dann in den legendären Glacier-Express. Für die Nacht hatte ich mir extra einen Schlafsessel gebucht, um einigermaßen ausgeruht in der Schweiz anzukommen. Aber ich hatte die Rechnung ohne die Züricher „T&M"-Gäste gemacht. Einige von ihnen arbeiteten bei der Bahn und ausgerechnet in der Nacht, in der ich reiste, hatten sie Dienst. Was für ein Zufall. Na, das war ein Wiedersehen. Meinen Schlafsessel sah ich nur zweimal. Einmal bei der Abfahrt, um meinen Koffer dort zu deponieren und dann wieder bei der Ankunft auf Schweizer Boden.

Wann immer ich mit dem Zug reiste, hatte ich die Angewohnheit, kurz nach der Abfahrt den Speisewagen aufzusuchen. Ich hatte es ja schon mal kurz erwähnt – damals war das noch ein Erlebnis. Man konnte nach Herzenslust rauchen, speisen und trinken. Die Landschaften flogen an einem vorbei und wenn man ganz großes Glück besaß, hatte man auch noch einen netten Kellner erwischt. Einen, der mich mit seinen, ihm zur Verfügung stehenden Möglichkeiten, aufs Äußerste zur Zufriedenheit bediente. Nicht was Sie schon wieder denken. Die meisten Speisen wurden frisch zubereitet. Es schmeckte hervorragend und der entsprechende Preis war gerechtfertigt. In dieser Nacht nun hatte ich gleich zwei dieser netten und auch noch sehr attraktiven Kellner „erwischt." Begrüßt wurde ich standesgemäß mit Champagner. Appenzeller hatten sie leider nicht an Bord. In dieser Nacht war nicht sehr viel Betrieb im Zug und so konnten sich die beiden Kellner abwechselnd und ausgesprochen charmant um mich bemühen. Ich weiß nicht was passiert wäre, wenn wir allein im Zug gewesen wären. Richtig, der Zug wäre erst gar nicht losgefahren. Wir ratschten die ganze Nacht, tauschten Neuigkeiten von Berlin und Zürich aus und die beiden Süßen offerierten mir einen Drink nach dem anderen. Zwischendurch musste ich eine Espressipause einlegen, um einigermaßen Herr der Lage zu bleiben. Dieses Gefühl war schön, dass ich auch als Mensch und nicht nur als Artist in der Schweiz, nicht in Vergessenheit geraten war. Zu meiner Überraschung hatten mich die beiden Züricher Jungs die ganze Nacht eingeladen – ich brauchte weder Franken noch Rappen zu berappen.

In Basel verabschiedeten wir uns herzlich bis zum nächsten Wiedersehen und ich mühte mich, etwas lädiert von der durchfeierten Nacht, in den nächsten Zug nach Chur. In dem fand ich etwas Schlaf, den ich dringend brauchte. Damals konnte man den Schaffner noch darum bitten, wenn man es ganz nett tat, einen rechtzeitig vor dem Zielort zu wecken, um den Ausstieg nicht zu verpassen. Ich wäre wahrscheinlich bis Italien durch gefahren, wenn der Schaffner nicht so großzügig gewesen wäre. In Chur wechselte ich dann in den legendären Glacier-Express, um die letzte Etappe meiner Reise ins Engadin bis nach Sankt Moritz zu absolvieren. Wenn man diese Fahrt nicht selbst erlebt hat, es ist fast unbeschreiblich. Diese Fahrt bis nach Sankt Moritz war kein alleiniges Transportieren von mehr oder weniger betuchten Urlaubsreisenden ins nächste Sternehotel. Ich saß sehr bequem im Panoramawagen und fühlte mich wie in einem überdimensionalen Cabriolet. Je mehr der Zug sich in die Berghöhen schnaufte, kam mir das Engadin wie eine riesige Modelleisenbahnplatte vor. Mit jedem Höhenmeter wurden die Täler kleiner und die Berge versanken unter mir. Ich konnte plötzlich auf alles herab blicken, was sich zuvor noch in den Himmel türmte. Das Dach der Welt schien mir zum Greifen nahe. Die Schneemassen schienen wie feiner

Puderzucker, den der liebe Gott auf einem Schweizer Selterskuchen verteilt hatte. Angesichts dieses Naturschauspiels, das sich hier seit Jahrtausenden jeden Tag wieder neu erfand, konnte ich auch in den Augen der anderen Fahrgäste eine gewisse Glückseligkeit erkennen. Dann wieder gipfelte ein riesiger Berg am Fenster vorbei und ob der majestätischen Wucht, die uns fast zu erdrücken schien, war man sich urplötzlich bewusst, wie klein und zerbrechlich wir Menschlein doch sind. Lütte, bunte Staubkörner mit etwas Zaster in der Hand, die hier oben die Erfüllung ihres armen und reichen Daseins suchten. Außer ich natürlich. Denn ich war die einzig arme Kreatur in dem Zug, die es nur mit einem kleenen Stückchen Glück und der Gnade des Schaffners bis hier her geschafft hatte.

Thusis, Tiefencastel und Filisur zogen an mir vorbei. Zur Vesperzeit kam ich in Sankt Moritz an. Gott lob, wurde ich auch freudig und wieder mit Champus empfangen. Meine Güte, die Schweizer waren nur am Süffeln. Zu jeder Gelegenheit eine andere Alkoholika. Ich befürchtete, jemals wieder nüchtern zu werden.

Der „noch" Enddreißiger Horst holte mich vom Bahnhof ab. Es war ein Wetter zum Helden zeugen. Strahlender Sonnenschein. Die Luft war angefüllt mit einer frischen Bergbrise und einem atemberaubenden Hauch aus den verschiedensten Düften der angesagtesten Parfümeure. Mit dem Glas Champagner in der Hand fuhren wir in die Via Suot Chesa, wo ich die nächsten Tage wohnen sollte. Die Fahrt durch Sankt Moritz schien mir sehr lang für dieses kleine Örtchen, eines der teuersten Pflaster dieser Welt. Horst fuhr offensichtlich einen ausgedehnten Bogen, damit ich auch alles sehen konnte. Alles war piekfein und geschäftiges Treiben auf den Sträßchen bestimmte den Lauf der Dinge. Kein Protz und Prunk, wie ich fälschlicher Weise erwartet hatte – der lag im Detail. Überall flanierten gutgelaunte und noch besser aussehende, sichtlich sorgenfreie und braungebrannte Ansiedler der „oberen Zehntausend" aus allen Nationen unterm Himmelszelt – eingehüllt in winterliche Haute Couture – durch das „Monaco" der kleinen Schweiz.

Hinter jeder Hausecke erwartete ich augenblicklich Alice aus dem Wunderland oder zumindest Angela Lansbury, die ja auch immer da zu finden ist, wo ungewöhnliche Dinge ihren Lauf nahmen. Und mittenmang, Icke aus Berlin-Friedrichshain. Aber das wusste ja niemand. Mein Aufnahmevermögen war durch die letzten vierundzwanzig Stunden fast ausgeschöpft und mein kleines Köpfchen randvoll mit Eindrücken und Erlebnissen, die in keinem Reisekatalog zu finden sind. Aber das war noch lange nicht das Ende der Fahnenstange. Am Abend gingen wir erst einmal herrschaftlich in einem hoch dekorierten Restaurant fürstlich essen. Mit allem Pie, Pa, Po.

Wir hatten Glück und waren keiner Etikette unterworfen, was die Klamotten betraf. Das überaus freundliche Personal servierte uns ein mehrgängiges Menü. Gott sei Dank waren es mehrere Gänge, denn die Portiönchen auf dem erlesenen Porzellan wurden von Gang zu Gang kleiner. Beim letzten Tellerchen konnte man nur noch ahnen, wo der Koch mit seinem Löffel den Dessertklecks platziert hatte. Ich hatte es sogar fertig gebracht, synchron zu den gereichten Tellerchen, mein Besteck von außen nach innen hin zu benutzen, hatte nichts umgeworfen, labte mich vorrangig am alkoholfreien Gewässer, flirtete mit dem überaus hübschen Ober und bedeutete ihm heimlich, mir zwischendurch doch immer noch ein Brotkörbchen bereit zustellen, damit ich nicht all zu hungrig ins Bett gehen musste. Augenzwinkernd eroberte der Ober mit dem rettenden Brot nicht nur mein Gemüt.

Und endlich, nach fast zwei Tagen konnte ich mich richtig ausschlafen. Der nächste Tag war randvoll mit süßem Nichtstun. Am Abend sollte dann die Geburtstagsparty steigen. Der Austragungsort der „Nullerparty" lag noch etwas höher auf einem Berggipfel weit über Sankt Moritz in der „El Paradiso Hütte." Und die war nur mit einem Sessellift zu erreichen. Es gab zwar auch Schneemobile, aber die waren den wirtschaftlichen Tätigkeiten vorbehalten.

Am Nachmittag machten wir uns auf den Weg nach oben auf den Gipfel des Berges. Ich hatte nicht viel Gepäck dabei und war bis zu diesem Zeitpunkt noch nie mit einem Sessellift gefahren. Ein Köfferchen nach dem anderen wurde auf je einem Sessel festgeschnallt und los ging es. Bei meinem Perückenkoffer war mir dann doch etwas mulmig zu Mute. Ich hatte mir extra eine neue Perücke zugelegt.

Wenn die abgestürzt wäre – dann wäre ich zur Hälfte kopflos gewesen. Dann war ich an der Reihe. Ich glaube in diesem Moment war ich etwas blass um die Nase. Ein kurzer Schub von hinten und schon saß ich. Meine Füße verloren den Boden und ich schwebte nach oben. Gott, im Karussell war das irgendwie anders. Es ging immer höher und der Boden entfernte sich mehr und mehr. Nach ein paar heißen und kalten Momenten genoss ich diese Fahrt. Absolute Stille. Nur ein leises Lüftchen blies mir eisig ins Gesicht. Ich blinzelte der Sonne entgegen und im Bauch verspürte ich ein mir unbekanntes aber dennoch wohliges Kribbeln. Der Schnee lag so friedlich über den Wipfeln der Bäume unter mir. Es war ein herrliches Gefühl von Freiheit. Kurze Zeit später waren wir oben angelangt. Mir bot sich eine fantastische Aussicht, als könnte man bis an das andere Ende der Welt schauen.

Ich saß auf der Terrasse und trank eine heiße Schokolade. Die klimatischen Verhältnisse auf dem Berg waren schon sehr verwirrend. Die Füße, dick besohlt, standen im Schnee und oben rum reichte ein kurzärmeliges T-Shirt. Mir war nicht kalt.

Bei dem Anblick der schneebedeckten Bergzüge musste ich an meine Mutter denken, wie sie mich früher fürsorglich mahnte, wenn wir im Winter im Schnee spielten: „Iss keinen gelben Schnee."

Die Vorbereitungen für die Feier waren in vollem Gange und auch ich zog mich zurück, um meine „Stuckarbeiten" zu vollbringen.

Die Party war ein Knaller. Völlig ausgelassen und ungehemmt wurde gefeiert. Nichts erinnerte auch nur im Geringsten daran, dass wir uns eigentlich auf einem der nobelsten Fleckchen unserer Erde befanden. Mein Singsang schürte die Laune der Gäste, wir hatten eine Menge Spaß und der Champagner floss nicht im „Rinnsal." Eine äußerst angenehme Überraschung für mich war die Tatsache, dass der reizende Ober vom Vortag auch in der „El Paradiso Hütte" seinen fast grenzenlosen Service leistete.

Ein dunkler Wuschelkopf mit Augen zum drin ertrinken und einem Lächeln, das so breit war wie die verschneiten Bergketten um Sankt Moritz. Er las mir fast jeden Wunsch von den Augen ab, selbst die geheimen Wünsche, die ich noch gar nicht gedacht hatte. Ein Italiener, wie er im Buche stand. Bei jedem Glas, das er mir servierte oder jedem anderen Gefallen, den er mir tat, huschte seine Hand natürlich rein zufällig und aus Versehen über meine Schulter. Wenn ich etwas bestellte, kam er mit seinem Gesicht so nah an meines, dass ich seinen minzigen Atem aufsog und den verführerischen Duft seines außergewöhnlichen Rasierwassers wahr nahm.

Er benebelte nach allen Regeln der Verführungskunst meine Sinne. Ich hatte nur noch Augen für ihn. Sein Name war so wie er aussah – Marcos. Ein Mann zum Durchbrennen.

Ich wehrte mich, meine Gedanken weiter auszumalen. Aber nicht lange.

Nach Mitternacht machten wir uns auf den Rückweg. Es sollte ein Abstieg der besonderen Art werden, denn der Sessellift hatte um diese Uhrzeit schon seine nächtliche Betriebspause. Der inzwischen „Vierzigjährige" hatte einen besonderen Einfall. Für jeden von uns gab es einen derben Plastikmüllsack. Den sollten wir uns unter den Hintern legen und ab ginge die Rutschpartie hinab ins Tal. Eine dafür vorgesehene „Rodelbahn" sollte uns das Vorhaben erleichtern.

Sie können sich vorstellen dass es ein gewagtes Unterfangen war, da wir ja alle schon reichlich beschwipst waren. Ein Teil des Personals, die zum Glück alle noch nüchtern waren, wurde uns an die Seite gestellt. Ihnen wurden Leuchtfackeln in die Hand gedrückt und verteilt in unserem Tross hatten wir so genügend Licht, damit sich niemand in der dunklen Nacht „verrutschte." Mein Gepäck sollte mir am nächsten Tag hinunter nach Sankt Moritz gebracht werden.

Rätseln Sie nicht weiter – natürlich war Marcos einer der Fackelträger. Er platzierte sich an das Ende des Trosses und bedeutete mir, mich mit meinem Sack hinter ihn zu setzen. Mit Vergnügen gehorchte ich ihm.

Der „Fackelzug" setzte sich langsam in Bewegung, begleitet vom Gejauchze der sehr angeheiterten Gästeschar. Die Fahrt wurde immer schneller und keiner hielt sich auf seinem Sack. Jeder lag irgendwann im Schnee. Dann hielt der Tross und alle wurden wieder eingesammelt. Wir hielten sehr oft und sahen aus wie die Schneemänner. Es war ein Heidenspaß. Auf halben Weg kamen wir auf die glorreiche

Idee, immer zwei Säcke miteinander zu verknoten. Was macht man nicht alles, wenn man nicht mehr alle Sinne beieinander hat. Aber das war noch lustiger. Marcos und ich verknoteten unsere, also unsere Säcke miteinander. Ich saß hinter ihm und klammerte mich an ihm fest. Fester als es nötig war. Im Schein der Fackel sah ich sein feines Lächeln. Es verriet mir, dass es ihm nicht unangenehm war. Ich schlang meine Beine um seine kräftigen Lenden und drückte meinen Kopf an seine Schulter.

Die anderen hörten wir schon lange nicht mehr. Der Tross war uns um einiges voraus. Unbekümmert und zärtlich küsste ich seinen Nacken. Sein wilder Haarschopf kitzelte mich dabei in der Nase. Eine heiße Träne rann mir über meine kalte Wange. Über uns wachte die sternenklare Finsternis und ließ mich beinahe in einen unendlichen Traum gleiten. Die Kälte spürte ich schon lange nicht mehr.

Im Tal trafen wir wieder auf die anderen. Der Tross löste sich auf und man verabschiedete sich. Im Dunkel der Nacht verloren sich die Gäste in alle Richtungen des schon sehr stillen Sankt Moritz.

Dem „Vierziger" war wohl schon lange vor mir bewusst gewesen, dass er nicht auf mich zu warten brauchte. Marcos und ich standen allein da und hielten noch immer die verknoteten Säcke in der Hand. Fast flüsternd fragte ich ihn: „Was sollen wir jetzt tun?" Mit seinen Fingerspitzen verschloss er meine bebenden Lippen und küsste mich für einen langen Augenblick auf die Stirn. Er legte behutsam seinen Arm um mich und zog mich noch näher an sich heran. Ich spürte, was mich erwartete. Wir waren fast Eins, als auch wir in der Dunkelheit vom Engadin verschwanden.

Am nächsten Nachmittag wartete mein Zug auf mich. Insgeheim hoffte ich, diesen Zug zu verpassen. Der „Vierziger" hatte mich zum Bahnhof gebracht. Mein Gepäck war schon im Abteil. Das Geschäftliche hatten wir schon am ersten Tag erledigt. Ich hatte nicht mehr viel gesprochen und war mit meinen Gedanken ganz woanders. Horst verstand mich lächelnd. Ich stieg in den Zug. Er gab mir zum Abschied die Hand. In ihr lag eine rote Rose. „Nicht von mir" sagte er schmunzelnd und blickte über seine Schulter. Ich folgte seinem Blick und gegenüber sah ich Marcos. Er stand auf dem anderen Bahnsteig und lächelte. Eine heiße Träne rann mir über die Wange. Krachend schlossen sich die Türen und der Zug fuhr langsam ab. Mir war, als ob mein Herz in meinem Trommelfell klopfte. Marcos folgte auf dem anderen Bahnsteig dem Zug noch einige Meter und winkte. Er wurde immer kleiner, bis ihn die Ferne verschluckte. Mein heftiger Atem beschlug die Fensterscheibe. Ich wischte und wischte. Ich konnte nichts mehr sehen.

Bis Basel nahm ich um mich herum fast nichts mehr wahr. Erst in dem Zug, der mich nach Berlin bringen sollte, als jemand meinen Namen rief, kam ich wieder zur Besinnung.

Ich traute meinen Augen nicht. So viele Zufälle konnte es doch gar nicht geben. War das nun Schicksal? Meine beiden Züricher Gönner schoben schon wieder in meinem Zug ihren Dienst. Irgendwie sahen sie mir gleich an, dass die letzten Tage für mich sehr ereignisreich gewesen waren. Sie beknieten mich, ihnen alles haarklein zu berichten. Also konnte ich meinen Schlafsessel wieder vergessen. Dieses Mal hatten sie sogar Appenzeller an Bord.

Es war ganz gut, dass die beiden, aparten Schnuckelchen mich bei Laune hielten und somit meine schwere Gedanken ein wenig beiseite schoben. Der Appenzeller hielt mich wach und am Ende wusste ich mehr von meinen recht impulsiven Schweizern, als sie von mir.

Ganz zum Anfang hatte ich gedacht, sie hätten ein Auge auf mich geworfen. Aber sie waren einfach nur freundlich zu mir. Beide waren ein Paar, das sich im Zug kennen und lieben gelernt hatte. Aus Liebe hatte der eine seinen Job aufgegeben und sich zum Zugbegleiter umschulen lassen. Und es war bestimmt kein Wunder – durch ihre überaus sympathische Art bekamen sie es hin, dass sie immer zusammen auf dem Zug sein konnten. Mir wurde warm ums Herz. Das musste Liebe sein.

Als wir in Berlin ankamen, war ich total gerädert. Ich hatte seit fast fünf Tagen vielleicht acht Stunden am Stück geschlafen und war hundemüde. Wir sagten uns Adieu und ich war froh, als ich endlich in mein eigenes Bett fiel.

Späte Wende

Mein Artistenleben und die Muggerei läpperten so vor sich hin. Als ob jemand einen Hebel umgelegt hatte, wurde plötzlich alles anders. Die Auftragslage änderte sich nun grundlegend. Die Leichtigkeit der ersten Wendejahre schmolz so schnell dahin, wie wir uns an die ersehnte D-Mark gewöhnt hatten.

Die Nachrichten vom Tode einiger Kollegen waren erschütternde Einschläge in meinem erfolgsgewohnten Leben. BENJAMIN und JESSICA waren kurz nacheinander gestorben. GORDY war auch schon tot. Marlene Dietrich, Tamara Danz und Helga Hahnemann. Es schien so, als ob sich dieses letzte Jahrzehnt vor der Jahrtausendwende das nehmen würde, was es uns viel zu schnell geschenkt hatte. Eine grenzenlose Freiheit. Plötzlich herrschte überall Arbeitslosigkeit. Jeder musste sein Päckchen tragen. Ich hatte immer noch Glück und lavierte mich so von Jahr zu Jahr, ohne je richtig sesshaft gewesen zu sein. Missen möchte ich diese Zeit nicht. Schließlich waren es ja meine aufregendsten Jahre. Die Jahre jetzt sind auch aufregend. Anders aufregend, mitunter auch regnerisch. Aber manche Tage möchte ich einfach aus dem Kalender streichen.

Raimund und ich hatten noch schöne Auftritte. Allerdings mit einem faden Beigeschmack, der mir nach und nach aufstieß. Wir hatten genügend zu tun, aber die Gagen wurden merklich geringer. Erst fiel es mir gar nicht so auf. Ich schob es auf meinen Lebensstil, da es mich nicht weiter kümmerte die Mark zweimal umzudrehen. Aber ich konnte es nicht nachvollziehen. Ich unterzeichnete kaum irgendwelche Rechnungen oder Verträge. Das taten andere für mich. Viel später kam mir die Erleuchtung, aber da war der Zug schon abgefahren.

Ich weiß, was Sie jetzt denken – Hätte, Könnte, Wenn und Aber. Es war nun mal so. Ich nagte ja nicht am Hungertuch, sah die halbe Welt und lernte die tollsten Leute kennen.

Ich saß mit Hildegard Knef zusammen in der Theaterpremiere von „MARLENE", schlemmerte gemeinsam mit Gitte Henning am Buffet bei einer Weihnachtsfernsehaufzeichnung. Mit zwei reizenden Tänzern vom Fernsehballett, Jeannett Pröfrock und Jens Dolecki – mit denen ich viele, wunderbare Auftritte hatte, konnte ich in Wandlitz bei Michael Hansen und mit dem Jürgen Erbe-Chor super Tonaufnahmen machen. Eine von den Produktionen schaffte es sogar bis in den Rundfunk. Mit Gloria Gaynor stand ich in Babelsberg auf der Bühne. Mit Ekki Göpelt und Michael Niekammer tourten wir bis nach Stuttgart. Es gab so viele wunderbare Kollegen, mit denen ich auf der Bühne stehen konnte.

Ich malte viele Bilder und machte Fernsehsendungen, für die ich heute keinen Finger mehr krumm machen würde. Gottlob werden die auch nicht mehr ausgestrahlt. Auf der Insel Rügen im „Cliff-Hotel" Sellin erlebten Raimund und ich ein Revival mit unserem kleinen Salonorchester und dadurch einen traumhaften Sommer. Mein Leben war eigentlich ausgefüllt.

Acht Jahre

Oder die verloren gegangene Scheibe Toast von Evi

Friedrichshain im September 1998. Das Wetter ist ein Abenteuer, natürlich nicht im Sinne des Erfinders. Ich hatte mal wieder eine Liebe verloren, was selten vorkam und Evi suchte ihre Scheibe Toast, was öfter vorkam.

Alles in allem ein ganz normaler Sommerausklang im großstädtischen Berlin. Mensch Berlin, wie haste Dir vaändert…

Dabei hatte das schon vor Jahren begonnen. Genau genommen damals vor acht Jahren. Damals war auch Sommer und ich das erste Mal in einem Solarium. Dieses Solarium gehörte Evelyn Hannig, aber damals hatte sie ihre Scheibe Toast noch nicht gesucht, das kam erst später. Ich war mit Tino Less in diesem Sonnentempel und lernte Evi und ihren Mann Detlef kennen.

Mein erstes Solarissimum war ein echter Reinfall. Ich hatte überall Sonnenbrand, auch da wo er nicht hingehörte. Aber wie blonde Menschenwesen nun mal so sind – sie wissen immer alles besser. Und von denen gibt es ja reichlich. Mein Gott, war ich damals eingebildet und kehrte mitunter eine leichte Arroganz nach außen, die ich mit langen, braunen Zigarillos rauchend unterstrich.

Der erste Eindruck von den Hannig´s war sehr prägend und ist es bis heute geblieben. Ich war beeindruckt von dieser so lockeren, aber auch ergreifenden Atmosphäre und habe mich sauwohl gefühlt. Wann immer es Zoff, Streit, Ärger und vielleicht auch Liebe zu berichten gab, immer war Evi da. Nicht um zu be- oder verurteilen, das taten genügend andere – sondern um zu beratschlagen, welche Handlung im Moment am geeignetsten wäre. Die gute Frau Hannig hatte sich im Laufe dieser Zeit mit ihrer mütterlichen Hingabe und der Sorge um andere, selber ein Vermächtnis geschaffen.

Wenn Träume sich in Scherben spiegeln, dann ist entweder Glasiges zerbrochen oder man erinnert sich an Erinnerungswürdiges.

Und was macht man eigentlich, wenn man das Rauschen des Herbstes im Leben wie den zweiten Frühling erlebt?

Dann nimmt man das Schicksal in die eigenen Hände, krempelt Ärmeliges hoch, entrümpelt Zugeschüttetes, tauscht zerbröckelten gegen einen neuen Fußboden aus, verteilt Farbiges an Wänden und Fensterrahmen, zerteilt sägbares Holziges zu Trennwänden, sucht die verloren gegangene Scheibe Toast, gibt neuester Solartechnik ein Zuhause, erwartet den 17.Juli 1990, richtet die Frisur zum Wohlgefallen und eröffnet eines der damaligen, so neuen Solarien.

So ist es geschehen. Evi und Detlef standen in ihrer neuen, wirtschaftlichen Existenz, in Hannig´s Relaxstudio.

Die Berliner Proskauer Straße wurde über Nacht modern. Angepasst an den rollenden und Staub aufwirbelnden Westen. Viele wurden überrollt. Evi und Detlef nicht. Beide kannten eine Umleitung, die nie zur Sackgasse wurde.

War es das ewig stimmende Gefühl von Evi, die westliche D-Mark oder die neue Zeit, die doch so schnell alterte? Keiner weiß es mehr so genau. Acht Jahre waren schnell vergangen. Acht Jahre, in denen sich viele aus dem Kiez die Chips und die Solariums-Klinke in die Hand gaben, kamen und gingen. Leute waren es, Leute mit Gesicht und Geschichte. Andere wieder braungebrannt und doch so farblos. Vergessene. Der harte Kern war geblieben und zeitweilige Neulinge hatten ihn gestärkt.

Wenn diese Räume hätten reden können, wenn dieses – auf dem Flur gelegene Außen-WC hätte erzählen können – Mama Mia! In diesem Solarium gab es nichts, was es auf dieser Welt nicht gibt. Dramen, Liebeleien, Brüche, Törichtigkeiten, Versöhnungen, Sich-kennen lernen-Momente, Psychostunden, wilde Sekt-Partys, Kaffee und Kuchen.

Sonnen konnte man sich natürlich auch, aber das war meist der zweitrangigste Grund für einen Besuch bei Evi. Ein willkürlich, buntes Berliner Allerlei, das ich in solch einer Konstellation nie wieder erleben durfte. Es war ein Ort, an dem selbst so berühmte Berliner Sänger wie Dirk Michaelis für ein paar Minuten ganz normale Menschen sein konnten. Selbst meinen Anwalt habe ich dort kennen gelernt.

Ich denke oft daran und es fehlt mir: das Geblubber der Kaffeemaschine, der liebliche Duft von immer frischen Blumen, das berühmte „Tach Post", das „eene roch ick noch, denn züsch ick ab", das anheimelnde Knistern der Korbbesesselung, das Klicken der Chips, der unterbrochene Pfeifton der letzten zwölf Sekunden jeder Bräunung, das Knarren und Ächzen des von Hand zu hebenden und zu senkenden Deckels der Bräunungsliege, das „ick jeh ne halbe Stunde schlafen", das „Kaffeemachenverbot" für einen gewissen, sehr gut aussehenden und ebenso schüchternen Martin – nur, weil er einmal mit dieser Technik unter Hundert Mark, ein Coffeinfeuerwerk veranstaltete, in der Kanne nur heißes Wasser war, aber der Kaffee sich im Solarium selbstständig gemacht hatte.

Die Proskauer war, wie man heute so schön sagt, der Mittelpunkt zum Chillen. Komisches Wort. Für uns war Evis Bräunungsbude eine Oase zum Quatschen, Kaffeeklatschen und Abhängen. Hoffnungsloses Hoffen, man sei ein Friedrichshainer VIP. Mit jedem/r flirten und sich freuen. Dann wieder frustriert, weil der/die Angebetete schon vergeben war oder nicht das geringste Interesse zeigte. Sich vorher zum Bäcker stehlen, um Evi ein Stück gedeckten und natürlich kalorienarmen Apfelkuchen mitzubringen. Unvergessen, die Kreuzworträtsel vergewaltigenden Zeittotschlägerinnen, die jedem private Anekdötchen kleinster Güte erzählten, der nur mal kurz nach der Zeit gefragt hatte. Schmunzelnd denke ich an die Damen und Mädchen, denen bei einigen Herren der Schöpfung, die Augen wie Diamanten funkelten und die prüde Röte ins Gesicht schoss und die sich vielleicht das eine oder andere Abenteuer im stillen Kämmerlein erhofften.

Acht Jahre können eine verdammt lange, aber auch eine recht kurze Zeit sein. Kinder waren groß geworden, einige fast erwachsen. Junge Frauen wurden, wie zunächst schien, grundlos dick – waren dann doch nur schwanger und gebaren kleine „Monster." Evi war nun nicht mehr nur die Mama von allen, sondern auch mehrfache Omama. Das Solarium wurde zur Kinderstube. Die jungen Mütter waren dankbar, den kleinen Wurm mal abzugeben, um der neuen, anstrengenden Alltagsbewegung zu entfliehen und endlich mal eine halbe Stunde für sich zu sein.

Evis „Wirtschaftswunder" erlebte Liebesgeschichten, die in keinem Dreigroschenroman stehen. Männerfreundschaften – so richtige mit Bruderkuss, Freundin teilen und „was kostet die Welt" – zerbrachen an winzigen, läppischen Gründen. Unzählige „Hi Evi" und „Tschüss Evi-Küsschen" wurden getauscht. Mitunter stand man danach an.

Die traumhaften Öffnungszeiten von weit vor Zehn am Morgen bis weit nach Zehn am Abend der ersten Jahre. Ganz Friedrichshain beneidete Evi. Nicht unbedingt wegen des kommerziellen Erfolges. Vielmehr darum, weil es immer voll war, man auf dem Fußboden saß, den Kaffeepott in der einen, die Zigarette in der anderen Hand und manchmal eine Stunde auf eine freie Liege wartend das Leben genoss. Kam man mit schlechter Laune, dann ging man wieder mit guter Laune und einem teuren Rat von Evi, der nichts gekostet hatte. Man kam vielleicht deshalb, weil man sowieso allein zu Hause war. Mädels wurden reifer und schöner, wurden Frauen. Lausbuben verloren ihren Babyspeck und wurden Staatsdiener.

Durch die Bank weg – fast alle die im Solarium verkehrten, nahmen am Friedrichshainer „Nationalsport" teil. Das Umziehen in eine neue

Wohnung. Evi kürte die Umzüge von Wohnlichem zur Spartakiadereife. Sie regte uns an, besprach, organisierte und unter ihrem Adlerauge wurden sie minutiös umgesetzt. Selbst einen zuverlässigen LKW-Fahrer hatte sie zur Hand, der schon mal zu einer weihnachtlichen Fete nach reichlichem Genuss der „ach so harmlosen Bowle", die Hosen runter ließ, um uns sein göttliches Patengeschenk zu zeigen. Warum auch nicht.

Auch ich profitierte einmal von diesen Umzugsmaßnahmen. Allerdings und leider ohne die private Stripteasevorführung des LKW-Fahrers. Denn während meines Gastspiels in München ließ Evi meine neue Behausung in eine Wohnung um renovieren und vollständig einrichten. Es fehlte an nichts. Vom kleinen Löffel bis zur Spitzengardine. Selbst der Kühlschrank war gefüllt, als ich wieder daheim war. Es war für Evi beinahe beängstigend, wenn man sich ein paar Tage nicht im Solarium sehen ließ. Dann wurde jemand dezent in die Spur geschickt, um heraus zu finden, ob mit dem/der Abtrünnigen auch alles in bester Ordnung war. Evi ging kein Schicksal an ihrem rundlichen Hintern vorbei und allzu oft hatte sie mit ihren Ahnungen recht, wenn irgendwo und irgendwas nicht stimmte. Keiner blieb mit seinen Problemen im Regen stehen.

Oft hätte man meinen können, die Kunden und Solariumsfreunde hätten wirklich kein Zuhause. Stunde um Stunde saßen sie in der Proskauer, im Rausch der Gerüchteküche. Kam einer und erzählte etwas Verschwiegenes, das niemand wissen sollte – konnte er sich sicher sein, noch bevor der nächste Morgen ergraute, wussten es alle. Es waren eben Kiezgeschichten über kleine Männer bis hin zur großen Dame, Lebenskünstler und Sänger, Bankiersleute, LKW-Kutscher, Ewigstudierende, Verlierer und Gewinner, Frischverliebte und Körbe bekommende, sich um Andere kümmernde und Sorgende, oberflächliche Lafayette-Besessene, im Einkaufsrausch Taumelnde, Arbeitslose und Geistreiche. So bunt und so voller Leben, es war kaum zum Aushalten.

Niemand kann es mehr nachvollziehen, wie viel Kaffee gebrüht, Sekt geflossen, Türen geschlossen, Stunden verbräunt, Korbsessel abgesessen, Datum gestempelt, Geld gewechselt, Chips in den Schlitz gedrückt, Folien erneuert, Handtücher gewaschen, getrocknet und gefaltet, liebevoll gelächelt, Ratschläge verteilt, Neukunden beäugt, sich mit Lotion eingecremt, Bräune bewundert und Blässe belächelt, Zeitung gelesen, Horoskope zerpflückt, Urlaubskartengrüße aus dem Briefkasten geangelt, Blumen gewässert, zum Geburtstag gratuliert, erotische Abenteuer verhohlen ausgetauscht, Teppiche gesaugt, Solargeräte gereinigt, Röhren neu eingepasst, Feierabende hinaus gezögert, Gratisbräunung in Anspruch genommen, die verloren gegangene Scheibe Toast von Evi gesucht und nach Ungarn gefahren in Urlaubszeiten.

Einmal kam ich auch in den Genuss, Ungarn kennenzulernen. Die vielen voran gegangenen Urlaubsberichte hatten mich doch sehr neugierig gemacht. Evi war natürlich wieder die Treibende. Wir beschlossen – also wir schlossen uns dem Entschluss von Evi an, zu dritt im August nach Ungarn zu reisen. Evi, das verschmitzte Braunauge Martin und ich. Wir fuhren mit dem Auto. Der arme Martin musste uns die ganze Zeit chauffieren, da wir keinen Führerschein besaßen. Aber Martin tat es mit einer außergewöhnlichen, bewundernswerten Gelassenheit und Ausdauer. Evi und ich saßen wie die Prinzessinnen im Auto und ließen halb Europa an uns vorbei düsen. Wir hatten uns ein Haus gemietet. Obwohl es nur ein paar Tage waren und vielleicht gerade deswegen, genossen wir diese Tage in vollen Zügen.

Eigentlich recht unprätentiös. Wir hatten keinen Plan, was wir wann und wo erleben wollten. Wir ließen uns treiben und das war Urlaub pur. Essen nach Herzenslust, schlafen wann es einem passte, im 38 Grad warmen Thermalbadwasser braxen, miteinander reden, zuhören, flachsen, grollen, flirten, nachdenken, nichts reden und nichts tun, Gedanken sammeln und vielleicht sogar das Gras wachsen hören.

Unsere Rückfahrt war etwas bedrückt, wortkarg und wir waren in Gedanken versunken, die vorher keinen Platz hatten. Jeder grübelte irgendwie vor sich hin, weil wir uns von anderen Seiten kennengelernt und deren Existenz nicht für möglich gehalten hatten. Wir waren uns einfach sehr, sehr nahe gekommen. Vielleicht mehr, als man sich unter Intimität vorzustellen vermag. Plötzlich waren da Ecken und

Kanten, die sonst unter dem Deckmantel des Alltags verborgen blieben. Es war eine Wahnsinnserfahrung. Kaum war ich in Berlin, saß ich auch schon wieder in meiner kleinen, bunten Küche und „malte mir een Ooge", weil ich am Abend einen Auftritt hatte – Rheinsberg, Rehaklinik, Rheumaliga. Vielleicht würde ich ja dort die verloren gegangene Scheibe Toast von Evi finden.

Sie fragen sich bestimmt die ganze Zeit, was es wohl damit auf sich hat. Der Hintergrund ist ein ganz einfacher.

Evi und ihr Göttergatte Detlef saßen eines Tages beim morgendlichen Frühstück. Kaffee, Tee, Belag und Aufstrich waren bereit gestellt. Eine Scheibe von dem Weißgebrotetem wurde sanft in den Toaster gedrückt. Evi wartete sehnsüchtig auf das gebräunte Ergebnis und wartete und wartete. Der Toaster machte „Klick", aber die Scheibe Brot war, wie vom Erdboden verschluckt, verschwunden. Einfach weg. Beide untersuchten die Küche, rückten die Schränke ab, erforschten detektivisch die ganze Wohnung. Die Scheibe Toast blieb weg. Ein jahrelanges Erstaunt sein folgte und selbst spätere Umzüge brachten kein Licht in das Dunkel dieser seltsamen Begebenheit. Und so ist die verloren gegangene Scheibe Toast von Evi wohl noch immer unterwegs.

Irgendwie ist es vergleichbar mit der ewigen Suche nach dem Sinn des Lebens. Dabei sollte doch der Sinn des Lebens ganz simpel sein – einfach leben.

Draußen wurde es so langsam Herbst und in so manch einem anderen auch. Ich habe wohl noch Zeit, bevor ich Blätter fallen sehe.

All die vergangenen Jahre, die vielen Erlebnisse, Geschichtchen und Amouröschen – es wäre genug Stoff für eine Seifenoper gewesen. Und ich hätte mich – ohne Frage – selber gespielt.

Evi schloss ihr Solarium im Dezember 1998 auf Grund ihrer weisen Vorahnungen.

Ich schrieb ihr dann als eine Erinnerung mein erstes, wirklich winziges, klitzekleines Minibüchlein. Daraus waren diese wenige Zeilen.

Rosige Zeiten

Und dann kam der 14. November 1998. Raimund und ich hatten einen Auftritt in einer kleinen Gaybar im Prenzlauer Berg, die es schon lange nicht mehr gibt – im „Jims." Es hatten schon einige andere Travestieformationen vor uns ihr Unwesen in dieser kleinen Kneipe getrieben. Einige von denen saßen nun bei uns im Publikum.
„THE FIRST LADIES." Wir hatten schon von ihnen gehört, konnten uns aber nichts so richtig darunter vorstellen. Sie saßen ausgerechnet in der ersten Reihe – Sven und Chicko.
Raimund war immer etwas aufgeregt, wenn die „Kollegen" im Publikum saßen. Ich war es ja von den Cabarets gewohnt und amüsierte mich mit ihnen und über sie von der Bühne aus. Chicko war die geborene Tunte und Sven saß im Lederhöschen da. Das war ein gefundenes Fressen für mich und ich schlachtete es nach allen Regeln der Kunst aus.
Sie können sich ja vorstellen, dass es ein sehr feuchter Abend wurde. Die „Ladies" ließen uns einen Drink nach dem anderen auf die Bühne bringen. Zur Pause sah ich schon etwas mitgenommen aus. Raimund dagegen war schon jenseits von Gut und Böse. Wir feierten, dass die Heide wackelte. Später zogen wir noch in die berühmte „Schoppenstube", gleich neben an. Ich trank und trank, obwohl schon gar nichts mehr in mich hinein passte und ich hatte ein Auge auf Sven geworfen. Im Laufe der Nacht kamen wir uns näher. In meinem Suff lallte ich ihm zu, dass er noch mit zu mir kommen könnte. Nein, war seine Antwort und er hielt es für angeraten, mir ein Taxi zu rufen. Er stopfte mich in das Auto – ich wehrte mich wohl etwas. Dem Fahrer bläute Sven ein, mich auch ja heil in meine Wohnung zu bringen.
Am nächsten Tag hatte ich einen Kopf, der durch keinen Türrahmen passte. Die letzte Nacht war nur noch in Fetzen in meiner Erinnerung. Am Abend musste ich wieder ins „Jims." Ich hatte noch meine Sachen dort zu stehen und wollte sie abholen. Ich schwor mir keinen Tropfen zu trinken. Das klappte zunächst auch ganz gut. Aber dann war die Truppe vom Abend zuvor wieder beisammen und die Drinks

machten wieder ihre Runde. Sven war auch dabei. Er lächelte mir nur kess und zweideutig zu. Hatten wir uns etwa in der letzten Nacht geküsst? Hatten wir – so richtig. Ach Du großer Gott. Es war mir peinlich, dass Sven mich ausgerechnet von dieser Seite kennengelernt hatte. Er winkte nur grinsend ab und bestellte noch einen.

Das Eis war gebrochen und wir quatschten die halbe Nacht. Da saß mir ein junger, gutaussehender Mann gegenüber, mit einem leicht femininen Touch, dunklen, wuscheligen Haaren und wachen Augen. Er war gertenschlank und hatte ein ansteckendes, glucksendes Lachen. Er bot mir an, mich und mein Gepäck nach Hause zu bringen. Ich nahm das Angebot an, aber dieses Mal fragte ich ihn nicht, ob er mit nach oben kommen möchte. Wir verabredeten uns für den nächsten Morgen und wollten frühstücken gehen.

Ach, so anständig – dachte ich mir und war froh, dass ich mich zurück gehalten hatte. Außerdem saß mir die letzte Nacht noch in den Knochen. Beim Einschlafen dachte ich noch an Sven und daran, dass er mir meinen feuchten Ausrutscher nicht übel genommen hatte und sich formvollendet als Gentlemen gegeben hatte. Was für ein Typ und eigentlich wollte ich doch keinen – dann holten mich die Schäfchen.

Ich stand noch im Bad, als es an der Tür läutete. Sven war viel zu früh da, um mich abzuholen. Er störte sich nicht im Geringsten daran, dass ich im Adamskostüm vor ihm stand, nahm ein Auge und geduldete sich, bis ich endlich fertig war zum Frühstücken.

Ich weiß, was Sie jetzt denken. Es kam wie es kommen musste. Sven wohnte noch bei seinem Ex, war aber jeden Abend bei mir. Drei Tage später zog er bei mir ein. So fix hatte sich das keiner von uns beiden gedacht.

Zu Weihnachten wollte Sven mich bei seiner Familie in Neubrandenburg vorstellen. Meine Güte, der Junge verlor wirklich keine Zeit. Ich war mächtig aufgeregt. Mit Familie hatte ich es nicht so. Aber ich wollte ihn nicht enttäuschen. Also nahm ich meinen ganzen Mut zusammen und betrat die kleine Neubauwohnung auf dem Lindenberg in Neubrandenburg. Ich wurde herzlich begrüßt und gleich in den Arm genommen. Die Mecklenburger fackeln da nicht lange. Entweder mögen sie Dich oder …, die andere Seite habe ich nicht kennen gelernt. Svens Vater Claus hätte mir fast den Hals zerquetscht. Er erinnerte mich an einen Seebären aus meinen Kindheitstagen. Weiße Haare, sonnengegerbte Haut, Schnäuzer und dieses Funkeln in seinen Augen. Die Mutti von Sven, Anke, zeigte mir gleich, dass man in der Küche rauchen durfte. Der jüngste Bruder Raik fiel mir um den Hals. Er drückte mir links und rechts einen Knutscher auf die Backe.

Mann, war das ein Tempo. Augenblicke später saß ich auf der Couch und war in die Familie aufgenommen. Dabei hatte ich noch nicht mal einen zusammenhängenden Satz hervor gebracht. Alles glich einer der legendären Silvestersendungen aus dem DDR-Fernsehen: „Tempo-Tempo." Und mit demselben Tempo fieberten wir unserer ersten großen, gemeinsamen Reise entgegen.

Amerika – ich komme

„Amerika, ich komme" hatte vor vielen Jahren Maria Riva, die Tochter von Marlene Dietrich ausgerufen, wenn sie mit dem riesigen Ozeandampfer „NORMANDIE" in New York am Hudson-River einlief.

Eigentlich hatte ich nie vor, in dieses Land des Pappmaché zu reisen. Im Italienischen heißt das „Cartapesta" – es ist dasselbe, hört sich aber schöner an. Ich sollte mich also an Fastfood, dicken Menschen und Plastik ergötzen. Sven hatte ein sehr günstiges Reiseangebot ergattert und überzeugte mich damit. Ich muss ehrlich gestehen, selbst mich als damaliger Vielreisender hatte das Reisefieber gepackt. Ich war zwar vorher noch nie so weit in die Welt gereist, aber die Neugierde siegte über meine Bedenken. Sven und ich, wir kannten uns ja noch nicht so lange und dann gleich eine so große Reise, das war schon sehr gewagt

Die Tage vor der Abreise waren angefüllt mit wohl überlegtem Einpacken und wieder Auspacken, wieder bügeln und wieder einpacken, später wieder auspacken. Endlich, am Tage der unserer Abreise standen wir bibbernd vor Kälte, in Berlin war tiefster Winter, am

Ostbahnhof und warteten auf unseren Zug nach Hamburg. Von dort aus ging unser Flug Richtung Atlanta. Wir waren eine kleine Reisetruppe von fünf zusammen gewürfelten Leuten, die verschiedener gar nicht sein konnten. Sven brauche ich Ihnen ja nicht weiter vorzustellen. Seine „Zweitbeste" Eggi war natürlich mit dabei. Eggi heißt eigentlich Egbert und ist der beste Freund von Sven. Die einzige, die Eggi Egbert nennt ist seine Mama. Aber Egbert, das hört sich so nach „über Achtzig" an. Eggi war zu der Zeit ein Englischlehrer, der kurz vor seiner Verbeamtung stand. Also eine gute Partie. Aber das war nicht die Grundlage dieser Freundschaft zwischen Sven und Eggi. Das lag viel tiefer und ich war da noch nicht aktuell.

Die „Egbert-sagende" Mama war die einzige weibliche Person in unserer Runde. Irmgard aus Neuen-Tempel – kurz vor der polnischen Grenze. Eine kleine, sehr kleine und rundliche Dame mit lustigen Knopfaugen. Sie besaß die seltene Fähigkeit, die Dinge immer von der richtigen Seite zu sehen. Sehr direkt und bestimmt, wie ein Kind in seiner weltumwerfenden Naivität.

Numero Quattro war unser Tanzbär Fred, eine gutmütige, aber immer etwas niedergeschlagen dreinschauende Person. Wir nannten ihn Mürbekeks. Aber nur, wenn er nicht in der Nähe war. Er war immer in der Nähe. Ich machte das Quintett komplett. Die Zeit bis zum Hamburger Flughafen ertränkten wir in halbtrockenem Rotkäppchen-Sekt. Dann war es endlich soweit und wir konnten unser Flugzeug betreten, das uns nach Amerika bringen würde.

Ich war nicht so Flugreiseerfahren wie die anderen – beim Einsteigen hatte ich kein sehr gutes Gefühl. In den plakativen Reisekatalogen sieht alles immer so „rosig" aus, da strahlen einen die hübschen Gesichter von jungen Stewardessen an. Aber bei unserer Fluggesellschaft lag der Fall ganz anders.

Ein kurzes und barsches „Guten Tag", begleitet von dem eingefrorenen Lächeln war die „herzliche" Begrüßung an Bord. Ich starrte die Besatzung entsetzt an und wurde das Gefühl nicht los, dass die schon bei der Gründung dieser Airline dabei gewesen sein mussten. Egal, die machten ja auch nur ihren Job. Und so teuer war der Flug nun auch wieder nicht gewesen. Da konnte ich ja schlecht Claudia Schiffer verlangen. Aber musste es gleich Inge Meisel sein? Ein kleiner Antonio Banderas hätte mir schon genügt.

Immerhin wurden wir dreimal gefüttert und flüchten konnten wir ja auch nicht. Wir waren denen ausgeliefert und neun Stunden bis Atlanta ohne Rauchen – da lieber nix zu Weihnachten.

Im letzten Fünftel unseres Atlantikfluges erhellten sich unsere Gemüter. Auf den kleinen Bildschirmen, die überall in der Kabine hingen, waren die Temperaturen zu lesen, die in Florida herrschten. Ich war etwas verlegen danach zu fragen, denn da stand etwas von 75 und 82. Freundlich, sehr freundlich erklärte mir Eggi – als Lehrer musste der das ja wissen – dass in Amerika die Temperatur in Fahrenheit gemessen wird. In Grad Celsius entsprach das unseren europäischen Hochsommertemperaturen – Aha. Aber hatte ich da etwa einen kleinen, schnippischen Unterton von Eggi heraus gehört?

Wir waren alle etwas mitgenommen von dem langen Flug und meine Lunge pfiff aus dem letzten Loch. Der Kapitän brachte den Vogel mit seiner wertvollen Fracht – also mit uns – gut in Atlanta runter. Meine erste Amtshandlung war raus aus dem Flieger und rein in eine „Smoking Area." Das war ein Glaskasten, in dem wir Abhängige uns innerhalb weniger Minuten eine Zigarette nach der anderen „reinschoben." Ich hätte die ganze Schachtel fressen können. Von außen muss das ein sehr bizarres Bild abgegeben haben – völlig verqualmt und keiner holte die Feuerwehr.

Wir hatten nicht sehr lange Aufenthalt und mussten uns beeilen, um unseren Anschlussflug nach Miami zu erreichen. Sven und Eggi waren diesen Flugstress schon gewohnt. Aber wir drei andere hatten ganz schön zu tun, um mitzuhalten. Der Flughafen von Atlanta war riesig. Ein eigenes Untergrundbahnnetz verband die unzähligen Gates miteinander. Wir hetzten und hetzten. Irmgard mit ihren kurzen Füßchen, war total außer Atem und meine Lunge war noch im Glaskasten. Wir hatten uns vergebens so sehr beeilt. Unser Flug hatte Verspätung. Wir warteten und warteten. Es schien, als ob der Kapitän verschlafen hatte. In der Zeit hätten wir uns auch in aller Seelenruhe die Stadt Atlanta angucken können. Eggi und der mürbige Fred knurrten mich nur kurz an. Ich hatte verstanden. Sven machte einen Witz und die Missstimmung war aus der Welt. Eine gute Stunde später landeten wir endlich in Miami.

Eine Furcht einflößende, dunkelhäutige, sehr korpulente, amerikanische Zollbeamtin mit einem Vorbau, der es mit jeder bayrischen Milchbäuerin hätte aufnehmen können, stoppte uns sehr energisch kurz vor unserem offiziellen Grenzübertritt zum Bundesstaat Florida. Man hatte mich vor diesem Augenblick gewarnt. Noch ehe die Beamtin fragen konnte, stammelte ich ehrerbietungsvoll: „Holliday, Holliday." Keiner hatte in der ganzen Zeit an das Gepäck gedacht. Aber es war mit uns gelandet.

Glücklich und erleichtert endlich da zu sein, zerrten wir unsere Koffer in Richtung Ausgang. Die Automatiktür öffnete sich und wir liefen gegen eine Wand aus heißer Luft. Daran hatten wir natürlich auch nicht gedacht. Das Flughafengebäude war vollklimatisiert und draußen vor der Tür war Florida mit seinen tropischen Temperaturen.

Es war mitten in der Nacht und wir zwiebelten uns. Ein Kleidungsstück nach dem anderen landete im Koffer, bis wir uns auf Sommer getrimmt hatten. Ein kleines Stück Weg hatten wir noch vor uns und den legten wir in einem geliehenen Van zurück. Endlich kamen wir in Fort Lauderdale an. Erschöpft bezogen wir unser Quartier, das aus einer kleinen Wohnung bestand. Eggi und seine Mama nahmen vom Schlafzimmer mit Whirlpool Besitz. Wir anderen richteten uns in dem großen Wohnzimmer ein. Ein sehr großzügiges Bad und eine vollausgestattete Küche komplettierten unsere floridianische Residenz. Nach einer ausgiebigen Mütze dringenden Schlafes, machten wir uns am nächsten Morgen auf, ein kleines Stück von Amerika zu erobern.

Unsere erste, allerdings wenig spektakuläre Station war ein typisch amerikanischer Supermarkt. Aber damit waren wir schon überfordert. Dieses riesige, nicht enden wollende Angebot von Waren des täglichen Bedarfs und allen anderen, möglichen Schnickschnack, den kein Schwein braucht, ließ uns die Augen mehr als übergehen. Meine Güte, was die Amis so alles kauften, als würde Nostradamus in den nächsten fünf Minuten die Himmelspforten schließen. Beschämt, angesichts unseres vor Leere gähnenden Einkaufswagens, schlichen wir durch die endlosen Regalreihen. Wir wollten nur stinknormales Schwarzbrot kaufen. Tonnen von Aspirinvorräten in allen Geschmacksrichtungen und Abgabemengen türmten sich vor uns auf, aber kein Schwarzbrot. Die erste und herbe Enttäuschung.

Wir bemühten uns redlich, wenigstens den Boden unseres Einkaufswagens zu bedecken, um nicht gleich als die doofen Touristen aufzufallen. Aber auch ohne große Mühen erkannte man uns als diese, da wir uns alle fünf gleichzeitig am Wagen festhielten – Gruppe „Neckermann" beim Einholen. Nach dem Verlassen der Kasse tappte ich auch schon in den nächsten Fettnapf. Extra abgestellte Mitarbeiter des Supermarktes waren nur dafür da, die Einkäufe in große Papiertüten zu verstauen und diese dann brav zum Auto des Kunden zu tragen. Natürlich wusste ich das nicht und setzte alles daran, unsere Tüte zu verteidigen. Es muss ein komisches Bild gewesen sein – ich zog an der einen Ecke der Tüte und der Einpacker an der anderen. Schließlich gab er kopfschüttelnd auf und ließ von unserer Tüte ab. Später musste ich mir von Sven und Eggi einen Vortrag anhören, wie man „amerikanisch" einkauft ohne größeres Aufsehen zu erregen.

Wir waren im Land der unbegrenzten Möglichkeiten. Und die wollten wir unbedingt ausschöpfen. Mit unserem Van waren wir sehr mobil und konnten uns viele tolle Eindrücke verschaffen. Das Autofahren an sich war schon ein Erlebnis. Die endlos langen Highways, oft mehr als dreispurig. Da musste man schon höllisch aufpassen, um die richtige Ausfahrt nicht zu verpassen und die Fahrtzeiten waren meist mehr als doppelt so lang, als wir es von Deutschland gewohnt waren. Die Entfernungen hatten immense Dimensionen. Wir nahmen alles Sehenswerte mit, was sich uns bot. Die Universalstudios in Orlando waren eines der Highlights.

Für Nichtwissende kann man es ungefähr so beschreiben: ein riesiger Unterhaltungspark mit unzähligen Attraktionen, eine Mischung aus Disneyworld für Erwachsene und einem Hauch der Babelsberger Filmstudios. Aber alles um eine Idee größer und bombastischer. Und natürlich alles aus Plastik und Pappmaché. Riesige Hallen mit diversen Requisiten und Filmkulissen der größten Kinohits. Alles war so täuschend echt gestaltet, dass man jeden Moment damit rechnete, im nächsten Augenblick käme ein „Oscar verdächtiger" Regisseur um die Ecke und die nächste Klappe würde fallen. Man fühlte sich derart hinein versetzt, als ob es richtige, vollfunktionstüchtige Film-Sets wären und alles schien zum Greifen nahe. Viele Animateure in den entsprechenden Kostümierungen spielten ihre Rollen so überzeugend und gaben diesem Hollywood-Schauspiel einen lebendigen Touch.

Bei der Nachstellung von Szenen aus dem Film „Twister" konnte man sich sicher, keines trockenen Fußes das Set wieder zu verlassen. Einfach nur sensationell.

Obwohl ich als Artist ja schon vieles aus der Film- und Fernsehwelt erleben durfte, war ich dennoch sehr beeindruckt. Was die Amis sich so einfallen ließen, um ihr Publikum zu faszinieren und ihnen die grünen Dollarscheinchen aus der Tasche zu ziehen…

Das Gelände der Universalstudios ist so groß, dass es unmöglich ist, alles an einem Tag zu bewältigen. Schließlich hatten wir keine drei Monate Urlaub und wollten noch so viele andere Sehenswürdigkeiten besuchen. Wir mussten also unser umfangreiches Erlebnisprogramm in Form von Tagesausflügen und Stippvisiten einkürzen. Und fünf verschiedene Geschmäcker unter einen Hut zu bringen, ist schon eine verdammt logistische und auch psychologische Herausforderung.

Auf den Spuren der „Golden Girls" machten wir Miami unsicher. Ich hoffte vergebens darauf, die so einmalige Betty White auf einer Parkbank sitzend und sich mal wieder um Kopf und Kragen schnatternd, zu finden. Dafür trieben wir uns auf dem Ocean Drive herum und mischten uns mang die „Schönsten" unter der Sonne von Florida. Ich kann Ihnen sagen, da waren ein paar „Sahneschnittchen" dabei. Keine Angst, ich habe nur geliebäugelt. Ich war ja versorgt. Nur gucken, nicht anfassen. Obwohl die Versuchung doch sehr verführerisch war.

Die Amerikaner haben eine sehr, sehr eigene Vorstellung von Schönheitswahn, den sie auch in allen Facetten ausgiebig ausleben. Blond ist nicht gleich Blond, da wird noch einer drauf gesetzt - Platinblond. Richtig sonnengebräunt ist man nur, wenn die Haut in allen bronzefarbenen Schattierungen einen Hauch von „1000 und einer Nacht" versprüht. Muskeln müssen stahlharte Kraftpakete sein.

Schwarzenegger ist ein Waisenknabe dagegen. Mit einem leichten Waschbrettbauch ernten Sie nur ein müdes Lächeln. Aufgespritzte Lippen müssen zwei knallige Schlauchboote kurz vorm Platzen sein. Und die Brüste – na das Wort ist viel zu kurz für das, was Sie anbieten müssen, um mitzuhalten. Das müssen ordentliche „Hupen" für acht Personen sein. Denn mit der Redewendung „Am Busen der Natur...", da könnten Sie sich leicht die Blöße geben, gerade aus dem Mittelalter entsprungen zu sein.

Zwei Champagnergläser müssen darauf Halt haben, ohne zu kippeln und Danny DeVito sollte spielend Schutz vor einem Regenschauer darunter finden.

In diesen Dingen sind wir Deutsche recht zurückhaltend. Klar, so ein allumfassendes Gesichtslifting – warum nicht?! Wenn man dafür das notwendige Kleingeld und die Zeit besitzt, um sich einen neuen Personalausweis ausstellen zu lassen. Aber wenn die Augenbrauen dann über dem Ohransatz sitzen, ist das nicht mehr so lustig. Liften hieße dann: turn Inside out – umkrempeln.

Auch wenn Sie jetzt voller Begierde darauf warten, ich könnte Ihnen auch noch verraten wie es bei den Amis im Höschen ausschaut, dann muss ich Sie schweren Herzens enttäuschen. Mein Quartett der Bewährungshelfer hatte wachsame Augen auf mich. Dabei kannten die mich doch gar nicht richtig...

Beim Thema Shopping waren wir uns alle einig – das kann man am besten in Amerika. Die Klamotten – irre und alle auch noch in meiner Größe. In Deutschland muss ich bei „H&M" in die Kinderabteilung marschieren, um eine passende Jeans zu finden. Mein Gott, ich habe nun mal so ein kleines Popöchen. In Amerika – freie Auswahl und topmodisch. In Deutschland ist das erst in zehn Jahren aktuell.

Vom Kaufrausch geschlagen, schlugen wir natürlich zu. Unter anderem entschied ich mich für eine Badehose minimalster Ausführung in strahlendem Weiß. Superelastisch und der Tragekomfort war ohne jegliche Widerworte. Der Sommersonnennachmittag lockte uns natürlich an den berühmten Beach von Miami. Was sich da an optischen Verlockungen bot, war der helle Wahnsinn. Ich probierte natürlich gleich mein neues Badehöschen aus, denn mit FKK haben es die von ihrer Doppelmoral gebeutelten Amerikaner nicht so. Stolz wie Oskar warf ich mich in die Fluten und wurde gleich wieder an Land gespült. Und wieder hinein. Es war ein herrliches Gefühl, sich von den Wellen tragen zu lassen. Die anderen dösten am Strand vor sich hin.

Irgendwann hatte ich genug vom salzigen Wasser geschluckt und wollte mich auch von der Sonne brutzeln lassen. Beim Betreten des Strandes verfolgten mich argwöhnisch musternde Blicke. Ich dachte mir nichts bei und ging weiter. Meine Reisegesellschaft erblickte mich und fing lauthals an zu lachen. Etwas verstört sah ich mich um und dann an mir herunter. Jetzt wusste ich auch den Grund für die Blicke und das Lachen. Meine schöne, neue Badehose war vom hinterlistigen Atlantikgewässer transparent geworden. Als hätte ich mir Klarsichtfolie um die Hüfte gewickelt – es war alles zu sehen. Wie ein Erdmännchen verschwand ich im Bruchteil einer Sekunde im rettenden Sand. Ich wendete mich wie ein Schnitzel. Wie frisch paniert, platzierte ich mich bei meiner Meute, die sich vor Lachen noch immer die Bäuche hielten. Schön, dass ich mal wieder unfreiwillig für etwas Heiterkeit sorgen konnte. Irmgard kullerten die Lachtränen über die kleinen, rosigen Wangen. Natürlich hatte sie ein „Auge" genommen. Je oller, desto doller…

Meine Badehose verschwand für den Rest der Reise tief unten im Koffer.

Die Tage verflogen nur so. Amerika liebte Gutscheine und die Gutscheine liebten Amerika. Diese kleinen, bunten Zettelchen konnten das Leben schon sehr erleichtern und unwillkürlich ließen wir uns auch auf die Jagd nach Schnäppchen ein. Ob Frühstück direkt am Meer oder andere Annehmlichkeiten – die Amis waren sehr erfinderisch und wir genossen es.

Im normalen Leben käme keiner von uns auf die Idee, sich mit Alligatoren einzulassen. Wir besuchten selbstverständlich die Everglades und wie selbstverständlich, sahen wir keines dieser Reptilien. Da man Land und Leute auch durch die jeweilige Küche kennenlernen konnte, probierten wir allerlei aus. Unter anderem Krokodil und nehmen Sie es mir nicht übel – auch Delphin. Beides schmeckt wie Hühnchen. Natürlich nicht zu vergleichen mit den legendären Spare

Ribs, die eigentlich das einzig wirklich Genießbare an den amerikanischen Speisen waren. Denn mit Ahornsirup auf feuchtem Weißbrot, damit konnte man nun wirklich niemand hinter dem Ofen vorlocken.

Der bewegendste Ausflug war für mich der Trip nach Key West. Wer noch nicht da gewesen ist – der müsste halt mal dort hin. Wer einmal da war – der würde am liebsten für immer dort bleiben.

Key West, der südlichste Zipfel von Florida und ein Mekka für Zeit- und Kunstreisende. Ein echtes Sammelsurium an Geschichte. Ob Sie nun ein/e Liebhaber/in von fast vergessener Architektur und seltenen Kunstschätzen sind, oder ein/e die kulinarische Freiheit suchende/r Gourmet/euse sind. Sie alle werden in höchstem Maße und mit einem außergewöhnlichen Anspruch auf Ihre Kosten kommen. Wir entschieden uns dafür, in einem explizit ausgewählten Restaurant die ausgesuchtesten Meeresfrüchte- und Getiere zu verkosten. Zu unserem Glück hatten wir eine ausgesprochen freundliche und noch dazu deutschsprachige Bedienung, die uns mit ihrem Wissen bei der Auswahl der Speisen enorm behilflich war. Die vielen Gerichte auf der Karte hörten sich ebenso exotisch an, wie sie aussahen. Wir hätten tagelang einige Lexika wälzen müssen, um heraus zu finden, was sich da auf unseren Tellern lümmelte.

Bei einigen Häppchen hoffte ich inständig, dass sie schon lange tot waren. Ich aß bedenkenlos Dinge, die ich heute so freiwillig nicht mehr in den Mund nehmen würde. Mitgehangen, mit gespeist.

Einer der größten und bedeutendsten Schöngeiste dieser Welt lebte ab 1928 für einige Jahre in Key West. Er war ein sehr enger Freund von Marlene Dietrich – bestimmt nicht nur, weil er sie an seinem so überragenden Gedankengut teilhaben ließ.

Ernest Hemingway war so etwas wie der Georg Clooney der zwanziger und dreißiger Jahre des vergangenen Jahrhunderts. Aus seinem prunkvollen Wohnhaus wurde später das Hemingway-Museum. Eine sehr schöne und bleibende Erinnerung, neben all den anderen, optischen und emotionalen Eindrücken, war der Besuch dieses Museums. Das war nicht nur ein Haus oder eine Villa mit ein bisschen Garten drum herum. Es war ein Anwesen, das in keine Stilepoche passen wollte. Als ob sich Einstein und Matisse gleichzeitig darin ausgetobt hätten und Picasso hätte dazu Kaffee gekocht. Der parkähnliche Garten war von einer so umfassenden Pflanzenvielfalt – Erika Krause wäre vor Neid zerplatzt. Ich rätselte, ob ich mich in einem tropischen Regenwald, in den satten Weiten von Australien oder mitten in Europa befand. Aus jeder kontinentalen Region der Erde waren prachtvolle Exemplare aus der Fauna zu finden. Besuchern mit einer Katzenhaarallergie sei allerdings von diesem Haus abzuraten. Denn überall im Garten und im Haus tummelte sich eine Vielzahl dieser possierlichen Tiere. Es waren keine gewöhnlichen Hauskatzen. Sie waren sehr zutraulich und doch recht eigenwillig. Als ob jede Katze aus der Feder des großen Schriftstellers stammte.

Hemingway war ein großer Liebhaber dieser kleinen Tigerchen. Seit seiner Zeit leben und vermehren sich diese Katzen in dem Haus, allerdings mit einer kleinen Eigenart. Einige von ihnen haben je eine Zehe mehr an den Pfoten.

Das I-Tüpfelchen eines Key West-Besuches ist der Sonnenuntergang. Jede/r, die/der das auch nur einmal erlebt hat, wird mir bestimmt Recht geben. Dieser Sonnenuntergang glich einem fast greifbaren Tor zum Paradies. Schlag Achtzehn Uhr versank der rote Feuerball im Meer. Die Schatten von vielen, kleinen Booten wurden am Horizont sichtbar. Sie waren hinaus gefahren, um diesem Naturschauspiel noch näher zu sein. Für noch immer zweifelnde Key West-Besucher sollte das der letzte und überzeugendste Grund sein, nie mehr nach Hause zu wollen.

Ein überwältigendes Spektakel, wie aus jedem dieser Abende ein riesiges Fest wurde. Massen von Menschen versammelten sich in den Strandbars, tanzten und tranken, als gäbe es kein Morgen mehr. Wie aus dem Nichts tauchten plötzlich Musiker aller Nationalitäten auf. Sie zupften, trommelten und geigten im Wettlauf mit den Sonnengezeiten. Dicke, schwarzhäutige Soulsängerinnen in den buntesten Gewändern röhrten in die wachsende Nacht. Zu den Klängen der stimmgewaltigen „Mums" gaben sich halbnackte Latinos den wildesten Fruchtbarkeitstänzen hin. Egal ob alt oder jung, dünn oder dick, von da oder anderswo – jede/r ließ sich von diesen, nach Leben schreienden Gefühlsausbrüchen mit- und hinreißen, ergab sich einfach dem eigenen Temperament und genoss das Ganze bis zur Neige oder bis zum nächsten Morgen. Dann tauchte die Sonne wieder auf. Vielleicht nur, um nach zuschauen, wer es von den Feierwütigen geschafft hatte, in ein wirkliches Paradies einzutauchen.

Wir waren leider am nächsten Morgen nicht mit dabei, sondern tauchten nach einem langen Heimflug wieder im immer noch vom Winter gebeutelten Berlin auf.

Wolke Sieben und Kleinmäxchen

Sven und ich beschlossen, uns gemeinsam eine größere Wohnung zu suchen. Denn zu zweit und auf Dauer – darin waren wir uns einig, würde es in meiner kleinen, aber gemütlichen Seitenflügel-drei Treppen hoch-Zweizimmerwohnung in der Libauer Straße zu eng werden.

In der Schönhauser Allee 102 bezogen wir unser neues, gemeinsames Domizil. Vorderhaus, erste Etage, knapp hundert Quadratmeter, drei Zimmer und Balkon. Im Parterre gab es eine kleine Eisdiele und ein italienisches Restaurant. Was wollten wir mehr?

Die Wohnung hatten wir dem glücklichen Umstand zu verdanken, dass eine ältere Dame umziehen wollte, dringend einen Nachmieter suchte, sich die Renovierung ersparen wollte und einen Teil der Einrichtung in der Wohnung belassen wollte.

Es klappte wie am Schnürchen und wir übernahmen ihren, schon fast mit Gold aufzuwiegenden Ostmietvertrag, verluden einen kleinen Teil meines Hausrates in einen VW-Bus und wurden Prenzelberger. Schöner konnte es gar nicht sein, obwohl mir Anfangs die große Wohnung etwas unheimlich war. Sven war den ganzen Tag arbeiten. Mein Zutritt zur Welt der normal arbeitenden Bevölkerung war etwas holprig. Zwar hatte ich bei Evi, in ihrer neuen Saunalandschaft ein Job bekommen – aber ich war in der großen Wohnung oft allein. Ab und an sinnierte ich so vor mich hin: „Ach, wenn so was kleines, weißes Wuschliges auf vier Pfoten in der Wohnung rumtollen würde…" Ich dachte mir nichts weiter dabei. Sven war immer für eine

Überraschung gut. Eines Nachmittags holte er mich von der Sauna ab und drängte mich zur Eile: „Na los, mach schon, wir haben Durst." Wie, wir haben Durst? Nachtigall, ick hör Dir trapsen.

Auf dem Weg zum Auto wusste ich immer noch nicht, was Sven genau meinte. Er grinste nur wie ein Honigkuchenpferd, öffnete die Autotür und ich traute meinen Augen nicht. Auf dem Rücksitz kuschelte ein kleiner, weißer Wuschel mit vier Pfoten und blinzelte mich verschlafen an. Er hob sein zerzaustes Köpfchen und es war um mich geschehen. Ich nahm dieses Häufchen Hund in den Arm und es war Liebe auf den ersten Blick. Einen Namen hatte ich auch schon. Der kleine Bologneser sollte Max heißen. Kleinmäxchen oder Maxelino, wie er später in Nürnberg von FRANCA SISSY getauft wurde. Max sollte für die nächsten dreizehn Jahre mein treuester Begleiter und wertvollster Freund werden. Ich war glücklich und gleichzeitig wusste ich nicht, was ich davon halten sollte. Sven hatte den Kleinen aus einem Tierheim bei Britz geholt. Mäxchen saß unter einer Tanne und wollte sich partout nicht einfangen lassen.

Mit jedem Jahr, das Kleinmäxchen bei uns lebte, wurde er immer mehr der Traumhund schlechthin. Jetzt waren wir eine richtige kleine Familie. Dieser drollige Zottel wich uns nicht mehr von der Seite. Er war immer und überall dabei und eroberte mit seinem großen Herz jeden, der ihn auch nur einmal sah. Selbst Hundenichtliebhaber schmolzen bei seinem Anblick dahin und vergaßen mitunter, dass sie an einer Tierhaarallergie litten.

Uns gab es nur noch im Trio. Selbst bei meinen Auftritten war Max dabei und hütete die Garderobe. Meistens. Einmal hatte er es irgendwie auf die Bühne geschafft. Die Bühne und die angrenzenden Tische der Gäste waren auf gleicher Höhe. Auf den Tischen türmten sich die schmackhaftesten Leckereien. Wahrscheinlich hatten ihn die betörenden Essensdüfte angezogen – denn plötzlich stand mein kleiner Hund schwanzwedelnd am Bühnenrand, legte seinen Kopf etwas schief und liebäugelte mit dem vor Wonne grunzenden Publikum. Frei nach dem Motto: „Wenn ich schon mal hier bin, dann könnt Ihr mir auch gleich ein kleines Würstchen rüberschieben." An meinen Auftritt war da erst einmal nicht mehr zu denken. Kleine Kinder und Hunde, da hat man als Artist verloren. Natürlich bekam Mäxchen sein Würstchen. Er sollte noch viele Würstchen in seinem schönen Hundeleben bekommen, aber auch genauso viele W... - das können Sie sich jetzt alleine ausmalen.

Von nun an war Leben in der Bude. Auch Jobmäßig hatte sich alles, zwar neu, aber stetig eingepegelt.

Auf der anderen Straßenseite, gegenüber unserer Wohnung, eröffnete alsbald eine neue Szenekneipe. Ich war einer der ersten Gäste und von nun an wurden wir gern gesehene Stammgäste in der von Sagen umwobenen „Bärenhöhle."

So wie der Name, so war auch das Lokal. An der Inneneinrichtung wurde kaum etwas verändert. Es sprühte noch der Charme der späten achtziger Jahre – viel dunkles Holz und große Spiegel an den Wänden. In der Mitte des Lokals war das Herzstück, der große und wuchtige Rundumtresen. An, auf, um und unter diesem Tresen spielte sich bald das sehr eigenwillige Kneipenleben ab. Mann, da ging die Post ab. Im Laufe der Jahre waren wir sehr oft in der „Bärenhöhle", auch mit den entsprechend hohen Rechnungen – locker hätten wir Aktien an dieser „Höhle" erwerben können. Es war so praktisch, wir mussten ja nur über die Straße und zurück fanden wir immer, egal wie angeschossen wir waren.

Unser Bühnenleben erlebte eine Renaissance. Sven mit seinen „FIRST LADIES" und auch ich mit Raimund – wir hatten viele Auftritte. Keine finanziellen Probleme und eine tolle Beziehung. Sven und ich hatten die schönsten, gemeinsamen Jahre. Wir schwebten auf Wolke Sieben und feierten jeden erdenklichen Anlass. Selbst unsere Wohnungseinweihung, die wir mit dem Geburtstag von Sven zusammen legten, war irre. Wir mieteten extra ein Lokal in der Nähe vom Friedrichshain, „Schlabbi´s Café", in dem ich später auch Auftritte hatte und eine Ausstellung meiner Bilder machte. An diesem speziellen Abend luden wir alle Bekannten und Freunde ein. Kleinmäxchen war natürlich auch mit von der Partie und betörte alle. Mein kleines Salonorchester spielte zum Tanz und selbst Georg Preuße tauchte im Laufe des Abends zum Erstaunen aller Gäste auf. Ich hatte ihn eingeladen. Eva Schröder-Branske, die Ulknudel aus dem Osten, riss diesen Abend mit ihrem Berliner Humor und ihren punktgenauen Pointen an sich. Es war einer unserer legendären Abende. Wenn Sven und ich feierten, dann richtig und mit viel Tam-Tam.

Ich glaube, Sven und ich – wir waren glücklich. Gleich um die Ecke, nahe der Schönhauser Allee trat ich oft und später auch mit Sven in der „Arnimklause" auf. Eine kleine Kneipe mit typischem Kiezpublikum, urig und gemütlich. Der allzeit feuchtfröhliche Chef Arthur und seine Leute mochten uns und wir hielten uns gegenseitig über viele Jahre die Treue. Unter anderem auch ein Fahrschullehrer mit einer sehr sonoren Stimme. Jeder nannte ihn „Schlabbi." Ich konnte ihm stundenlang zuhören, wenn er seine Geschichten erzählte. Irgendwann kam Sven auf die merkwürdige Idee, dass ich meinen Führerschein machen sollte. Eine wirklich merkwürdige Idee. Bis dahin war mein Leben doch ganz in Ordnung gewesen und außerdem hatte ich Angst vorm Fahren. Jedenfalls bildete ich mir das ein. Schlabbi hatte mir einmal angeboten, falls ich den Führerschein machen möchte, dann bei ihm. Er warb damit, dass jede/r bei ihm durchgekommen sei und außerdem absolvierte Ursula Staack gerade ihren Führerschein bei ihm. Also warum nicht auch ich!

Ich ließ mir ein wenig Bedenkzeit, da Raimund und ich zu diesem Zeitpunkt mit unserem neuen Programm mächtig viel um die Ohren hatten. Es sollte das beste Programm werden, was wir jemals zu Stande gebracht hatten – mit einer Ausstattung fast wie bei BENJAMIN & JESSICA. Es sollte aber auch das letzte Programm nach fast fünfzehnjähriger Zusammenarbeit sein. Das wusste aber noch keiner von uns.

In unserem Kiez tat sich viel. Das Alleecenter nahm Gestalt an. Leider verschwanden damit auch viele, kleine Geschäfte und Läden, in denen wir gerne eingekauft hatten. Die Kneipenlandschaft nahm multikulturelle Auswüchse an. Die Schönhauser Allee wurde immer lebendiger. Aus unserer Eisdiele wurde ein kleiner Blumenladen. Auch nicht schlecht, wir hatten viel übrig für frische Blumen. Zu den Geburtstagen schenkten wir uns immer riesige Rosensträuße, um die uns alle beneideten. Bezeichnender Weise hieß der kleine Laden dann auch BLÜMCHEN. Die Inhaberin war eine sehr nette und sehr rundliche Person mit einem äußerst ausgeprägten Familiensinn und einem Mitteilungsbedürfnis, dessen man sich kaum entziehen konnte. Eigentlich hieß sie Carina, aber wir nannten sie immer Eliza. Fragen Sie mich nicht warum. Sie hieß bei uns eben so. Wir freundeten uns auch schnell mit ihr an und saßen oft stundenlang in dem kleinen Laden. Wir ratschten und tratschten, was das Zeug hielt. Manchmal wurde mehr Kaffee getrunken als Blumen verkauft.

Inzwischen hatte ich mich auch dazu durchgerungen, endlich meinen Führerschein zu machen. Eliza bot mir an, mich dabei ein wenig zu unterstützen. Zumindest bei den Vorbereitungen auf die theoretische Prüfung. Ich saß tagelang bei ihr mit meinem Lehrbuch und sie fragte mich bedingungslos ab, bis auch die letzte Vorfahrtsregel in meinem kleinen Kopf war. Den theoretischen Unterricht belegte ich gemeinsam mit Uschi Staack in der Fahrschule. Uschi und ich waren der Alptraum der Lehrerin. Wir waren nur am rumalbern und gackerten ohne Unterlass. Unsere Lehrerin war sichtlich genervt und verhaspelte sich oft in ihren so wichtigen Unterrichtsausführungen. Das wiederum traf unseren komödiantischen Nerv und Uschi berichtigte die arme Frau im Hinblick auf die richtige und deutliche Aussprache. Uschi überspannte den Bogen oft. Aus Rache wollte uns die Lehrerin auflaufen lassen. Aber wir waren bestens vorbereitet. Ich durch Eliza und Uschi sowieso. Als eine gestandene Schauspielerin hatte sie das Fahrschullehrbuch kurzerhand einfach auswendig gelernt und war um keine richtige Antwort verlegen. Und als Krönung belegten wir beide die Theorieprüfung mit Bravur.

Meine erste praktische Fahrstunde war dagegen der blanke Horror. Keine Ahnung wie ich die überstanden hatte. Mit Sicherheit war ich in einer Trance, aber in erster Linie ging diese Stunde durch die Besonnenheit von Wolfgang Schlabach/Schlabbi an mir und dem Fahrzeug unbeschadet vorüber.

Schlabbi stand mit dem Schulauto vor meiner Tür. Wie selbstverständlich ging ich zur Beifahrerseite. Schlabbi knurrte nur kurz und wies mich zur Fahrerseite. Ich fragte ihn ganz leise, ob er irgendwas am Kopf habe. Es gab kein Zurück und ich musste hinter dem Steuer Platz nehmen. Von dieser Position sah alles so groß und unübersichtlich aus. Die vielen Tasten, Hebel und Pedale. Wie sollte ich da den Überblick finden und auch noch behalten? Ich sollte den Wagen starten. Schön und wo befand sich der Knopf dafür? Schlabbi behielt die Ruhe und erklärte mir, was ich wann zu tun hätte. Ich kam mir wie ein Fünfjähriger vor, dem man versuchte plausibel zu machen, dass er nicht mehr ins Töpfchen machen, sondern von nun an die Toilette benutzen sollte.

Ich schwitzte aus allen Poren und schaffte es irgendwie, dass ich beide Hände am Lenkrad behielt und der Wagen endlich Motorgeräusche von sich gab. Ich sollte ausparken. „Ach Schlabbi, sei doch froh, dass Du so einen schönen Parkplatz gefunden hast." Dachte ich mir nur. Ich hatte das Gefühl, total eingeparkt zu sein, obwohl nach vorn und nach hinten jeweils mindestens zehn Meter Platz waren. Der Wagen hüpfte kurz und setzte sich langsam, sehr langsam in Bewegung. Wie durch Zauberhand rollte ich aus der „engen" Parklücke ins Großstadtgewimmel von Berlin. Ich brauste mit sagenhaften 20 km/h über die Schönhauser Allee. Mir kam es vor, als ob ich an einem Autorennen in Monaco teilnehmen würde. Ich sah kein einziges Verkehrsschild und hatte einen Tunnelblick. Was ich alles beim Fahren machen sollte. Lenken, schalten, blinken, Schulterblick, Blick in den Spiegel, Gas geben und bremsen. Und alles am besten gleichzeitig. Ich verlor total die Koordination über meinen Körper. Wo war jetzt welches Bein und wo der zweite Gang? Schlabbi blieb bei alldem ruhig. Anfangs lenkten wir zu zweit, denn ich glaubte, überall anzuecken.

Allmählich gewöhnte ich mich an das was ich für Autofahren hielt. Mit seiner so beruhigenden Stimme erklärte mir Schlabbi, wie ich mich ohne große Mühe auf das Fahren konzentrieren konnte und balancierte mich sogar über den Großen Stern.

Mehr als mehrmals soff mir der Wagen ab. Es hupte hinter mir und ich winkte freundlich zurück. Ich winkte oft zurück. Nach einer Stunde, die für mich gefühlte acht Stunden waren, hielten wir wieder vor meiner Haustür und ich sollte nur einparken. Fünfzehn Minuten später stand ich in der Parklücke, in die locker ein Reisebus gepasst hätte. Sven stand auf dem Balkon und schaute belustigt meinen ersten

Fahrkünsten zu. Auch Eliza lehnte rauchend an ihrer Ladentür und verbiss sich das Lachen. Mit zitternden Knien und sehr feuchten Händen stieg ich aus dem Auto und grübelte nur, wie man am Autofahren Spaß haben kann.

Dank Schlabbis verständnisvollem Einfühlungsvermögen brauchte ich dann doch nur zwölf Fahrstunden. Ich gewann sogar Spaß an der Sache und meldete mich zur praktischen Fahrprüfung an.

In aller Herrgotts Frühe warteten wir am Prüfungstag auf den Prüfer. Mein erster Eindruck von ihm verriet mir, er konnte mich nicht leiden. Nach knapp fünf Minuten Fahrtzeit ließ er mich den Wagen stoppen und verkündete mir mit einem finsteren Grinsen, dass ich die Prüfung nicht bestanden hätte. Schlabbi und ich schauten uns verwundert und gleichzeitig verständnislos an. Er lenkte den Wagen zurück und erklärte mir später, dass ein kleiner Formfehler die Ursache für mein Scheitern gewesen war. Der Prüfer konnte durchaus nach gutem Dünken so entscheiden. Schlabbi meinte aber nur, es ginge ums Geld. Danach konnte ich den Prüfer auch nicht mehr leiden und wünschte ihm sonst was an den Hals. Am Abend lud mich dann Schlabbi in die „Arnimklause" ein und wir ertränkten mein Missglück. Wir waren uns einig, der Prüfer hatte null Ahnung vom Autofahren.

Wien – eine Handvoll Schillinge

Raimund und ich bastelten an der Endphase für unser neues Programm. Raimund hatte an seinem Computer – mit dem er erstaunlicher Weise tolle Sachen zu Wege brachte, Autogrammkarten und große Plakate entworfen, die dann auch in den Druck gingen.

Wir hatten ein tolles Gastspiel in Aussicht, auf das wir uns sehr freuten und dennoch mit gemischten Gefühlen entgegen fieberten. Denn die Österreicher, insbesondere das Wiener Publikum, sind bekannt für eine verhaltene aber doch endgültige Kritik. Sie konnte entweder ganz neue Türen öffnen oder auch sehr vernichtend sein.

Wir sollten in dem kleinen, aber feinen Theater-Center Forum in der Wiener Porzellangasse auftreten. Dieses Theater stand und steht noch heute unter der Leitung von Stefan Mras, einem sehr geschäftigen Direktor. Raimund hatte schon einmal ein Engagement mit BENJAMIN zusammen in Wien erleben dürfen und war begeistert gewesen. Aber für mich sollte es das erste Mal Wien und Österreich bedeuten. Raimunds Lebensgefährte Dirk fuhr mit unserem umfassenden Gepäck mit dem Auto voraus und wir nahmen das Flugzeug. Kleinmäxchen ging natürlich mit auf die Reise.

Am Flughafen hatte man mir eine Kleintierbox aus Pappe gegeben. In diese sollte ich nun meinen kleinen Max hinein stopfen. Das war kein leichtes Unterfangen. Denn hatte ich ihn endlich in der Box, schaffte er es irgendwie auf der anderen Seite wieder raus. Dieses Spielchen zog sich eine ganze Weile hin – nicht dass wir irgendwie auffielen, Nee. Endlich hatte ich den hechelnden Wollknäuel in der Box. In der Flugzeugkabine rumpelte es mächtig im Karton. Ich ließ den Kleinen wieder raus. Mäxchen lugte aus dem Karton, schüttelte sich kurz und hatte auch schon die inzwischen herbei geeilte und mahnend drein schauende Stewardess mit seinem unwiderstehlichen Hundeblick verzaubert. Er konnte den Rest der Reise zum Vergnügen der anderen Passagiere auf meinem Schoß verbringen.

In Wien holte uns Dirk vom Flughafen ab. Raimund erwies sich als ein guter Stadtführer und erklärte mir jede Sehenswürdigkeit an der wir vorbei fuhren. Unsere Unterkunft war recht passabel. Jeder hatte ein kleines Appartement mit Küche und Bad. Dirk hatte sogar einen eigenen Parkplatz auf dem Hof der Pension, in der wir wohnten. Er kostete ein Vermögen. Und das war das erste Mal, dass ich stutzig wurde, weil auch ich einen großen finanziellen Anteil dazu legen musste. Mein Stutzig sein sollte sich häufen.

Von außen sah das Forum Theater eher unscheinbar aus, aber in seinem Inneren wurde ich enorm entschädigt. Es wirkte wie ein Puppenstübchen mit allem nur erdenklichen Tuntenbarock.

Da rannten die Wiener offene Türen bei uns ein. Raimund war ja sowieso ein Antik-Nostalgiker und ich hatte im Laufe unserer gemeinsamen Jahre gleichfalls Gefallen daran gefunden. So wie man sich ein Theater vorstellte, so erwartete uns auch die Porzellangasse. Eine kleine, niedliche Bühne, eine noch kleinere Garderobe, rote Samtbestuhlung und ein zauberhaft zuvorkommendes Personal.

Zehn Tage sollten wir dort spielen. Dirk hatte unsere Kostüme zum Teil schon ausgepackt. Überall türmten sich Federkragen und Kappen, Paillettenkleider und Perücken. Die Bühne war über und über damit bedeckt. Aber als Ex-DDRler wussten wir zu packen, zu stapeln und zu präparieren. Am Abend hatte alles seine beste Ordnung und jedes Ding seinen Platz. Die Reservierungen und der Kartenvorverkauf stimmten uns recht hoffnungsvoll, dass es ein gutes Gastspiel werden würde. Die Premiere war ein guter Erfolg. Dafür, dass uns in Wien eigentlich niemand kannte, waren wir mit dem Verlauf der Spieltage einigermaßen zufrieden.

Unsere farbenfrohe, federprächtige und vor Straßsteinen nur so funkelnde Revue fand Gefallen beim Wiener Publikum. Man rannte uns nun nicht gerade die Bude ein, aber alle Kosten ließen sich durch die Einnahmen decken. Ein finanzieller Erfolg war es für mich auf keinen Fall. Im Gegenteil – ich fuhr genauso wieder nach Hause, wie ich nach Wien gekommen war, mit einer Handvoll Schillinge.

Ich war mir auch nicht sicher, wie ich den so berühmten Wiener Schmäh einzuordnen hatte. Mochte man uns nun, oder ließ man uns gewähren? Ein Lichtblick war, als Sven überraschender Weise auf einen Kurztrip im wahrsten Sinne des Wortes nach Wien kam. Er fuhr die gante Nacht durch und kam morgens in Wien an. Ein Anruf aus Berlin und er musste wegen des Jobs am Abend nach der Show zurück nach Berlin.

Kleinmäxchen hatte den Flug gut überstanden. Nur mit dem Gassigehen war das so eine Sache. In dem Bezirk wo wir wohnten, wollte es partout keinen Baum für ihn geben. Hatten wir einen gefunden, dann war der auch noch eingezäunt. Nur zufällig, nach langem Suchen, fanden wir gleich um die Ecke den Donaukanal mit seinen ausgedehnten Wiesen. Na, das war was für meinen kleinen Racker und soooviele andere vierbeinige Freunde. Ob Hunde sich auch auf Wienerisch anbellen? Er verstand sich jedenfalls prima mit seinen neuen Kumpels und mir taten die frische Luft und die paar Momente des menschlichen Alleinseins auch ganz gut. Denn permanent mit Dirk und Raimund zusammen zu hängen – es gab Aufregenderes im Leben. Allerdings muss ich zugeben, dass ich ja ohne die beiden nicht nach Wien gelangt wäre und auch nicht einen der aufregendsten Läden von Wien kennengelernt hätte. In Mitten von Wien, auf einer der imposantesten Einkaufsmeilen, in der Mariahilfer Straße befand sich ein Geschäft, dass meine kühnsten Erwartungen nicht enttäuschte – der, die, das berühmte KOMOLKA. Raimund hatte schon vor unserer Abreise in den höchsten Tönen davon geschwärmt. Ich wusste ja, dass Raimund immer etwas übertrieb, aber dieses Mal gab ich ihm uneingeschränkt Recht.

Dieser Stoff-Laden war der Hammer. Von außen nur eine kleine Schaufensterzeile, aber innen – viele, weit verwinkelt kleine Räume auf mehreren Ebenen. Ein schier endloses Überangebot an den verschiedensten Stoffen und Stöffchen feinster Webtechnik ließen nicht nur mir die Augen übergehen.

Um 1920 wurde dieses Familienunternehmen von Jakob KOMOLKA gegründet und hatte sich auf Wolle und Seide aus dem fernen Asien spezialisiert. Wer in Wien etwas auf sich hielt, ging bei KOMOLKA einkaufen. Ob nun feines Linnen für die Tischwäsche oder Kariertes für das Nachtlager, erlesene Wolle für Selbstgestricktes oder das beste Tuch für die in Wien ansässigen und schon damals sehr berühmten Modemacher und Maßschneider wie zum Beispiel MOOSHAMMER. Alle legten großen Wert auf Feingewebtes und Handgeklöppeltes. Ich stand in diesem Laden und wusste nicht wo ich meinen Blick zuerst ruhen lassen sollte.

Das ganze Tun und Treiben glich einem riesigen Basar – natürlich mit der wienerischen Gemütlichkeit und der sehr bedachtsamen Verkaufseile der angestellten Damen. Die Paillettenstoffabteilung war unser vorrangiges Ziel. Selbst in Amerika, dem Land der unbegrenzten Möglichkeiten, hatte ich solch eine Pracht nicht gesehen. Die kleinen Glitzerplättchen, die in unzähligen Farben und Varianten kunstvoll auf so unterschiedliche Stoffgründe gestickt waren. Mal so fein gearbeitet, als hielte man ein Soufflé in der Hand, andere wieder stretchig für die etwas korpulentere Wienerin und auch derberes für

Theaterdekorationen. Kein Stoff war der andere. Dementsprechend hatten die Preise astronomische Dimensionen. Ich musste mich mit meiner Handvoll Schillinge auf das Gucken beschränken. Komisch nur, dass Raimund die Verkaufszahlen von KOMOLKA in die Höhe schnellen lassen konnte. Naja, den Parkplatz hatte ich ja bezahlt. Es tat mir nur kurze Zeit leid, dass ich mir nichts kaufen konnte. Später sollten Sven und ich die schönsten Paillettenstickereien selber machen und sogar Ballettensemble damit ausstatten.

Ein wirklich besonderes Erlebnis war der Besuch des berühmten Café HAWELKA. Für Freunde echter Kaffeehauskultur ist es ein Muss, einmal in der Wiener Dorotheergasse 6 einen verlängerten Braunen und die legendären, hausgemachten Buchteln zu genießen. 1939 wurde das Kaffeehaus von Leopold und seiner Ehefrau Josefine HAWELKA eröffnet und ist bis heute einer der beliebtesten Treffpunkte für Intellektuelle und ihre Bewunderer. In den letzten siebzig Jahren wurde in diesem Kaffeehaus so gut wie nichts verändert. Das Interieur, die Thonetsessel und die kleinen Marmortische erzählen längst Zeitgeschichte. In den 50er und 60er Jahren etablierte sich im HAWELKA die frische und energiegeladene Künstlerszene von Wien, vorwiegend Maler und Journalisten – um zu sehen und gesehen werden. Bis heute geben sich Prominente und Politiker neben den vielen Touristen die Klinke in diesem längst zur Institution gewordenen Dreigenerationenhaus von HAWELKAs in die Hand. Friedensreich Hundertwasser, Senta Berger, Andy Warhol. Klaus Maria Brandauer, Peter Ustinov und Hans Moser sind nur einige, die dieses Haus so berühmt gemacht haben (Quelle: Wikipedia).

An dem Tag, als ich im HAWELKA saß, war Hans Moser leider verhindert. Aber ich konnte den leisen Atem vergangener Wiener Zeiten spüren. So etwas müsste es auch in Berlin geben und ich wäre ein täglicher Stammgast. Vielleicht sollte ich selber so ein Kaffeehaus eröffnen. Genug Promis und Halbprominente kenne ich ja. Meinen Nerv würde es auf jeden Fall treffen. Und ein Freund vom kleinen Espresso war ich schon immer. Was mir noch dazu fehlt, ist die nötige Penunze und der Wiener Schmäh. Aber noch ist nicht aller Tage Abend. Die Abende im kleinen Forum-Theater allerdings waren bald

Geschichte. Ein junger Mann blieb allerdings sehr in meiner Erinnerung und daraus entstand eine bis heute währende, schwärmerische Freundschaft mit Flirtverlangen.

Unsere kleine Revue erregte sogar bei den Wiener Kollegen Interesse und so saßen sie dann auch eines Abends in den roten Polstern und amüsierten sich, ohne dass wir eine Ahnung davon hatten.

Ich hatte eine Gesangsnummer in einem wunderschönen, handgestickten Paillettenfummel. Dies Lied aus dem gleichnamigen Film mit Marlene Dietrich „Schöner Gigolo, armer Gigolo." Dazu holte ich mir jedes Mal ein männliches Exemplar aus dem Publikum. In dem gesangsfreien Teil sollte der junge Mann mit einem weiteren, natürlich freiwilligen und weiblichen Pendant gemeinsam auf der Bühne tanzen. Meist sehr zur Belustigung aller, denn die tänzerischen Fertigkeiten der Auserwählten hielt sich in Grenzen.

Wie der Zufall und mein geschultes Auge für hübsche, junge Männer es wollten, erwischte ich ausgerechnet ein Ensemblemitglied der Wiener Travestieformation „Les Manne-Quins." Ein drahtiger, überaus ansehnlicher, junger Mann mit gegelten Haaren und einem Blick, der Marmor zu Butter hätte schmelzen lassen können. Er versuchte, mit der ihm zu geteilten Partnerin, seine Beine im Takt der Musik zu bewegen, ohne dabei auf sein schönes Antlitz zu fallen. Ein Tiroler Schuhplattler war ein Sch…dreck dagegen.

So lernte ich Marcus Aschauer kennen. Er flirtete mich mit seinem Wiener Charme fast um den Verstand. Vielleicht fand er ja Gefallen daran, mich einigermaßen aus dem Konzept zu bringen oder ich war einfach nur überrascht über so viel amouröse Dreistigkeit.

Er ging mir nicht mehr aus dem Kopf. Wir gingen an diesem Abend auseinander, wie wir uns kennen gelernt hatten – mit einem viel sagendem Lächeln. Passiert ist nichts und ich kann es nicht verleugnen, das Knistern ist bis heute geblieben. Selbstverständlich würde ich das nie zugeben. Aber das wissen ja jetzt nur Sie und ich.

Nach diesem einmaligen Intermezzo in der Josefstadt machte ich in Berlin endlich meinen Führerschein. Ein älterer Fahrprüfer mit teilnahmsloser Miene nahm wortlos auf dem Rücksitz Platz, legte seine abgewetzte Aktentasche auf den Schoß und wies mir brummend den

Weg. Nach gut fünfzehn Minuten ließ er mich halten. Mit versteinertem Gesicht überreichte er mir meinen „Lappen" und wünschte mir viel Glück. Die Welt hatte einen fahrenden Besserwisser mehr.

Ein Nein mit Hochzeitsglocken

Es war höchste Eisenbahn gewesen, mit meinem Führerschein. Denn das dazu gehörige Auto hatte ich mir schon gekauft, mit Zulassung für sage und schreibe 500 DM. Ein Schnäppchen. Das Teuerste an dem Auto war die Tankfüllung. Aber ich liebte es, schon wegen des riesigen Aschenbechers. Er glich einer großen Schublade. Ein alter Golf ohne Servolenkung. Mein Bienchen. Es ließ mich nicht im Stich und brachte mir die Fahrpraxis. Eines Nachmittags wurde es auf bestialische Weise von einem bösen BMW-Fahrer ermordet.

Ich wollte gerade mit Kleinmäxchen eine Runde drehen und nur nebenbei nahm ich die Polizei und die Feuerwehr war. Auf dem Rückweg sah ich dann das ganze Ausmaß des Fiaskos. Ein heroischer BMW-Fahrer, der anscheinend seiner Freundin etwas beweisen wollte, hatte an der Kreuzung Schönhauser Allee/Bornholmer Straße die Kurve nicht gekriegt und sieben Autos ineinander geschoben. Mein Bienchen, das an vorderster Stelle stand, hatte es durch die Wucht des Aufpralls zur Hälfte in den Hauseingang gedrückt und war nur noch Schrott. Völlig verständnislos folgte ich den Aussagen des „Automörders", dass es doch gar nicht so schlimm sei, niemand zu Schaden gekommen und nur ein bisschen Blechschaden wäre. Mein Auto war tot. Irgendwann kam ein Neues.

Und irgendwann ging ich auch wieder auf Tournee. Ich war ja nun wieder total mobilisiert.

An einem unserer gemeinsamen Abende saßen Sven und ich in unserer Stammkneipe, in der „Bärenhöhle." Schon leicht benebelt, fragte ich ihn, ob er mich heiraten würde. Zugegeben, kein passendes Ambiente für so eine wichtige Frage. Aber wann passt es genau? Ein promptes und sicheres „Nein" war seine Antwort. Ein paar Monate später saßen wir wieder an selber Stelle. Dieses Mal fragte Sven mich, leicht benebelt, ob wir heiraten können. Ein promptes „Ja" war meine Antwort. Wir einigten uns auf den 14.Februar 2003. Valentinstag, damit wir diesen Tag später nicht vergessen würden. Die Formalitäten auf dem Standesamt in der Fröbelstraße waren schnell gehandelt, trotzdem sich diese Art der Lebensverbindung gerade erst im gesellschaftlich anerkannten Aufbruch befand.

Der „BERLINER KURIER" wollte es als eine große Story herausbringen, was er auch tat. Uns fehlte nur noch die passende Lokalität für diesen außergewöhnlichen Anlass. Schließlich sollte es eine Fete werden, von der man Jahre später noch reden würde.

Über Umwege kamen wir an und in das Vereinshaus in der Kleingartenanlage „BORNHOLM II", es lag etwas versteckt in der Nähe der Esplanade. Schon beim Betreten des Vereinshauses waren wir uns einig, das sollte es sein. Es war fast wie in „Geschichten übern Gartenzaun." Begrüßt wurden wir sehr herzlich von der/m Hausherr/in Sabine und Bernd Grützbach. In nicht mal einer Minute hatten wir unser Anliegen vorgebracht und kaum eine Minute später waren wir Vier uns einig – das machen wir.

Es war die erste Hochzeit dieser Art in „BORNHOLM II" und in der Größenordnung ebenfalls die erste im Ostteil der Stadt. Ein klein bisschen Größenwahn schrieb ich uns zu Gute, sonst hätten wir das so nicht geplant und den bis dahin aufregendsten Tag in unserem Leben nicht erleben können. Die Vorbereitungen waren nicht sehr mühsam. Viele freiwillige Hände halfen uns dabei. Die Gästeliste wurde immer länger, dann wieder korrigiert und dann wieder länger als vorher. Aber es machte Spaß. Wir wollten das ja nur einmal in unserem Leben machen – das sagt wohl jedes angehende Ehepaar. Ein Freund von uns, Jens Wiemer, erstellte eine wundervolle Einladungskarte mit unseren beiden Portraits und einem Bild von Kleinmäxchen mit dem Slogan: „Endlich komme ich in geordnete Familienverhältnisse." Den Grützbachs ließen wir freie Hand bei der Zusammenstellung des opulenten Buffets für immerhin über hundert geladene Gäste. Schließlich galten die beiden als sehr professionelle Gastronomen im Norden von Berlin. Eliza vom „BLÜMCHEN" kümmerte sich um die florale Dekoration und den Blumenschmuck für das englische Taxi, das uns zum Standesamt bringen sollte. Eliza brachte ihre ganze Familie dazu, viele Kuchen und Torten zu backen für das nachstandesamtliche Kaffeetrinken in „BORNHOLM II." Ein Freund von Sven verdingte sich als Feuerwerker. Ihm überließen wir das explosive Highlight des Hochzeitsabends mit musischer Klassik.

Es stand nur noch die Frage im Raum, was wir an diesem Tag anziehen sollten. Verschwenden Sie jetzt nur keinen Gedanken an ein weißes Hochzeitskleid. Wer von uns beiden hätte es tragen sollen?

Wir entschieden uns für zwei handgearbeitete, klassische, schwarze Fräcke. Es gab nur eine, die das nicht ganz so einfache Unterfangen zu Wege bringen konnte – unsere damalige und treue Schneiderin Gerti Westphal. Sie war eine wahrhaftige Meisterin ihres Faches. Hatte sie doch schon in der DDR für das Fernsehen und den Friedrichstadtpalast gearbeitet und galt als eine Spezialistin für die kniffeligsten Handarbeiten der Schneiderkunst. Über jede noch so verzwickte Herausforderung war sie erst einmal leicht brüskiert, das wussten wir. Aber wenn sie einmal „Blut geleckt" hatte, dann gab es kein Halten mehr für sie. Das wussten wir auch und lockten ihr dieses Ass aus dem Ärmel. Wir konnten uns sicher sein, jedes Knopfloch war von Hand gemacht und jede Naht für die Ewigkeit gestichelt. Mit einer Akkuratesse, die bedingungslos war. Natürlich kamen nur die feinsten Stoffe und Garne in Frage, denn diese Fräcke und Piqué-Westen sollten die Zeit überdauern. Noch heute, nach elf Jahren sind sie in tadelloser Form.

Liebe/r Leser/in, Sie rechnen schon wieder – ja, ich habe mit Achtzehn geheiratet.

Gerti nähte Tag und Nacht und wir erschienen an unserem großen Tag in voller Pracht. Der Berliner Himmel machte Platz für einen außergewöhnlichen Sonnentag mitten im Februar. Es schien, als wollte der Frühling schon mal „Hallo" sagen.

Der „BERLINER KURIER" hatte einen tollen Artikel geschrieben, jeder wusste Bescheid. Auf der Fahrt zum Standesamt winkten uns wildfremde Leute freudig lächelnd zu und es hatte fast den Anschein, als wollte uns halb Berlin zu unserem besonderen Tag beglückwünschen. Und da wurde mir auf einmal wirklich bewusst: Mensch – jetzt fährst Du zum Heiraten. Ich linste zu Sven hinüber, ihm ging es wohl nicht anders. Es gab kein Zurück mehr. Vor dem Standesamt hatte sich eine riesige Menschentraube versammelt. Es sah fast wie eine Maidemonstration aus. Alle hatten Blümchen in der Hand und grinsten süffisant. Fehlte nur noch Margot mit lilafarbenem Schopf im Amtszimmer. Gott sei Dank hatte sie an diesem Tag keine Zeit.

Freunde, Familie, Bekannte und Kollegen hatten sich versammelt und wollten bei dem denkwürdigen Augenblick dabei sein. Svens Familie stürmte zuerst in das Trauzimmer. Vater Granzin reparierte noch schnell – so nebenbei – die aus den Angeln geratene Amtszimmertür, aber die Standesbeamtin war die Ruhe selbst. Sie vollzog den Akt mit Gelassenheit, achtete darauf, dass Sven und ich auch brav „Ja" sagten und wurde erst etwas nervös, als unsere Trauzeugen Eggi und David Vilches das „Urteil" unterschrieben. Davids vollständiger Name war so lang, dass er kaum auf das Papier passte.

Als wir aus dem Standesamt traten, erwartete uns Beifall und eine Kanonade von Konfetti und glitzernden Papierschlangen.

Ein Jahr später hingen die immer noch in den Bäumen. Ein kleines, bezauberndes Blumenmädchen, dem ich ein wunderschönes Brautjungfernkleid aus champagnerfarbener Atlasseide genäht hatte, streute uns unzählige Rosenblätter vor die Füße. Wir waren nun verheiratet – in guten wie in schlechten Zeiten. Diese sechs unscheinbaren Worte sollten sehr häufig unseren Weg kreuzen.

Unsere Hochzeitsfeier erstreckte sich von Drei Uhr Nachmittags bis Drei Uhr in den frühen Morgenstunden des nächsten Tages.

So viele liebe Menschen um uns herum, die unzähligen Glückwünsche und wohlgemeinten Ratschläge, die einfallsreichen und mit Geld gespickten Geschenke, ein Meer von Blumen mitten im Winter und kein Strauß war wie der andere, die vielen „Tanzöle" und der Hochzeitstanz mit Sven, das Super-Buffet – von dem ich kein einziges Häppchen abbekam, das so romantische Feuerwerk – das mir lange in Erinnerung blieb, das sensationelle Showprogramm – das „BORNHOLM II" zum Bersten brachte und die Rechnung einen Tag später. Das Showprogramm hatte es wirklich in sich. Über zwanzig befreundete Artisten, Sänger, Tänzer und Musikanten ließen das Vereinshaus wirklich aus allen Nähten platzen. Durch den Abend führte eine der FIRST LADIES – Chiko. Er machte seine Sache hervorragend. Wenn er immer so auf der Bühne gewesen wäre, wie an diesem Abend – er hätte ein Star werden können.

Angelika Ullrich, eine befreundete Künstleragentin aus Templin, war mit ihrer Band angereist und heizte den Gästen ordentlich ein. Die propere, 1,50 Meter große Sängerin röhrte wie die Turner und rockte wie die Taylor. Es war ein Genuss.

Fred, unser langjähriger und treuer Techniker setzte alles und alle ins richtige Licht und gab mit seiner Disco-Mugge sprichwörtlich den Ton an.

Meine kleene BABSI VON STREUSAND gab sich die Ehre und brillierte als IRMGARD KNEF so täuschend echt, dass die andere Irmgard aus Neuen Tempel sich wunderte, warum man so eine alte Dame noch auf die Bühne scheuchte. BABSI nahm es als Kompliment und amüsierte sich mit ihrer transsexuellen Begleitung, die als ANASTASIA den Jungs im Publikum nicht nur die Hände feucht werden ließ.

DAVID VILCHES war – wir hatten es nicht anders erwartet, der Grandseigneur, der moderne Johannes Heesters mit langen, schwarzen Haaren und spanischem Temperament. Er verzauberte alle Damen mit seinen Musical-Hits und katalanischen Volksweisen und flirtete mit jedem, egal ob Mann oder Frau. Er war der Torero und wir waren die kleinen Stiere, um die er warb. Er lockte uns mit seinem unverbesserlichen Charme und lancierte uns ins Nirwana der Berliner Nacht.

„BORNHOLM II" verfügte über eine eigene Sanitärfachkraft, die wir liebevoll „Madame de la Toilette" nannten. Sie hatte schon viel gesehen, aber dieser Abend... Sie gab es irgendwann auf, von jedem Pullergeld zu nehmen. Kopfschüttelnd sortierte sie die offerierten Gläser Sekt und vertiefte sich in ihre Kreuzworträtsel. Ihr war es irgendwann egal, wer mit wem auf welche Toilette ging und zu welchem „Geschäft" auch immer. Mitunter war auf Klo mehr los als am Tresen. Die Hauptsache war, dass alles schön sauber war. Ein wunderschönes Geschenk machte uns John Wildbrett. Ich kannte ihn noch vom „LACHSACK." Ein kleines, mobiles Varieté, in dem er sich vor Jahren die Füße wund getanzt hatte. Inzwischen hatte er sein eigenes Showballett, die ENERGY DANCERS, mit dem er sich im deutschen Showgeschäft an vorderster Stelle getanzt hatte. Er hatte sein Ensemble zusammen getrommelt und präsentierte uns ein rauschendes Potpourri seiner Tanzkunst mit den extravagantesten Federkostümen. Ein Rätsel, wie die Mädels sich auf dieser kleinen Tanzfläche bewegen konnten. Und der Knüller war – John tanzte sogar selber, das ließ er sich nicht nehmen. Ich war hingerissen.

Noch heute frage ich mich, wo und wie sich die vielen Artisten in dem kleinen Vereinshaus umgezogen haben.

Ein besonderes Geschenk machten wir uns selbst. Es war wirklich ein Herzenswunsch, den wir uns erfüllten und der einschlug wie eine Bombe. In Begleitung eines äußerst attraktiven, jungen Mannes – der, wie sich später herausstellte ein Arzt war – erhellte JOY PETERS unsere schon sehr ausgelassene Gesellschaft mit seiner Anwesenheit. Ihn hatten wir als einzigen Artisten fest engagiert und Chiko präsentierte JOY als den Stargast des Abends.

Ramona Bonini und Sylvia Pütterich, die mit ihrem Lingl-Clan aus Nürnberg angereist waren, Gisela Bachmann aus Hannover, meine Schwester Ina aus dem Harz, Tante Monika und Onkel Gerd aus Halle, die Lübstorfs und die Granzins – halb Mecklenburg also, meine Schulfreundin Andrea mit Mario aus Magdeburg, die MOLLY-SISTERS aus Berlin, das Berliner Original KALLE KUGELBLITZ, Tante Regina und Katrin und die vielen, vielen anderen warteten gespannt auf den Höhepunkt des Abends. Auftrittsapplaus wie im Olympia-Stadion.

JOY sang sich in die Herzen aller, plauderte sich nicht um Kopf und Kragen – aber so, als ob man ein Ventil geöffnet hätte. Eigentlich waren für den Auftritt von JOY nur fünfzehn Minuten vorgesehen, aber daran war gar nicht zu denken. Selbst ich hatte JOY noch nicht so erlebt. In den Cabarets waren wir zeitlich immer sehr beschnitten. Aber was JOY in „BORNHOLM II" auf der Bühne zelebrierte war der absolute Wahnsinnshammer. Es war ein musikalisches Feuerwerk ohne Gleichen, seine Conferencen waren eine Ode an Herrn Langenscheidt und eine Wohltat für meine Ohren.

Endlich mal einer, der dem Wort „Wort" eine wahrhaft wörtliche Bedeutung gab – mit Sinn und einer gehörigen Portion Verstand. Über eine Stunde zog JOY uns alle in seinen Bann. Wir klebten förmlich an seinen Lippen und ließen uns von seinem unverwechselbaren Intellekt verzaubern.

Bis heute wundert es mich, warum JOY PETERS noch keine Weltkarriere gemacht hat oder zumindest ein ausverkauftes Haus in den „WÜHLMÄUSEN" erleben konnte – es steckt doch soviel ehrliche Kunst in ihm.

Ein paar Monate später schenkten wir ihm ein ausverkauftes „BORNHOLM II."

Spät in dieser Nacht wollte es sich ein anderer, befreundeter Kollege nicht nehmen lassen, uns noch mit einem Erotik-Cocktail zu überraschen. MARC DIAVOLO, mit dem ich schon viele LADIES NIGHTs erlebt hatte, präsentierte den ohnehin schon sehr aufgewühlten und von so vielen künstlerischen Darbietungen fast überforderten Gästen seine Glanznummer als strippender Kosake. MARC war der Typ „Verführerischer Italiener", mit langen blonden Haaren und einem verträumten Lächeln. Er träumte und lebte sein Artistendasein, das leider nie über ein Stripperimage hinaus ging.

Sie haben richtig getippt, natürlich legte mich MARC an diesem Abend während seines Auftrittes „flach." Mir war es anfangs etwas peinlich, aber ich hatte schon genug Alkohol intus, so dass ich auch diesen „Höhepunkt" unbeschadet überstand.

Das schönste Highlight auf unserer Hochzeitsfeier war das Feuerwerk, das wir uns gewünscht hatten. Das Wetter spielte mit und beschenkte uns mit klarer Sicht zum nächtlichen Himmel über Berlin. Es waren nicht wenige, die eng umschlungen oder Händchen haltend, mit verliebten Blicken, die Feuerfontänen und Raketenexplosionen, die sich wie riesige Blumensträuße am Firmament ausbreiteten, sehnsüchtig verfolgten. Schöner konnte die Krönung eines Valentinstages nicht sein. Sven hielt lange meine Hand und zwei Gedanken gingen mir durch den Kopf: „Schade, dass meine Mama das nicht miterleben konnte" und „So, nun biste unter der Haube." Es war ein langer und wertvoller Augenblick. So etwas Schönes würde ich wohl nie wieder erleben – ich sollte Recht behalten.

Der Sensenmann hat mitgefeiert!

Wenn es dunkel wird

Die Hochzeitsglocken hallten uns noch lange nach, aber der Alltag machte sich breit.

Sven ging, seine vermaledeiten Gören zu erziehen und ich mit meinem Hochzeitsgeschenk, einem neuen Auto, wieder auf Tournee. Seit einiger Zeit fühlte Sven sich nicht wohl und kränkelte vor sich hin. Er war keiner, der bei jedem Pup gleich zum Arzt rannte. Da musste schon die Welt untergehen.

Das Schicksal tat ihm diesen schmerzlichen Gefallen. Als es gar nicht mehr ging, stellte sich Sven den Ärzten. Anfangs wussten die auch nicht, was ihm fehlte und behandelten ihn auf irgendwas mit irgendwelchen Medikamenten. Es wurde von Tag zu Tag schlimmer. Lange hatten wir kein konkretes Ergebnis.

Dann die niederschmetternde Diagnose – Darmkrebs. Die Welt ging nicht unter, aber sie stand still. Das war viel schlimmer. Schrecken, Ratlosigkeit, Betroffenheit, Wut, grenzenlose Angst, Hilflosigkeit, den Boden unter den Füßen verlieren. Niemand ist auf so etwas vorbereitet. Niemand rechnet mit so etwas. Niemand kann einem sagen, wie man damit umgeht. Eine Ohnmächtigkeit auf Raten.

Sven erhielt das volle Programm an medizinischer Versorgung. Unzählige Untersuchungen und Tests, Operationen und die unumgängliche Chemotherapie. Sven verbrachte mehr Zeit in Krankenhäusern als zu Hause. Die Chancen standen Fünfzig zu Fünfzig, ob er das überhaupt überleben würde. Ich pendelte mehrmals in der Woche zwischen Hamburg, Nürnberg und Berlin. Sven hatte erschreckend viel abgenommen und die Haare fielen ihm aus. Die letzten Haarinselchen rasierte ich ihm auch noch ab. Von nun an trug Sven modische Kopftücher. Ich nähte ihm sogar welche, denn sein erstes Kopftuch hatte als Design Totenköpfe und das wollte so gar nicht zu seinem Optimismus passen.

Es schien ein Wink des Schicksals gewesen zu sein, dass wir kurz vorher geheiratet hatten. Somit konnte ich wenigstens einen kleinen Teil meiner mit geheirateten Rechte wahrnehmen. Nach ersten Informationsschwierigkeiten über Svens Zustand von Seiten der Ärzte, hatte ich bald uneingeschränkte Einsicht in die Patientenakte und konnte mich per Telefon täglich informieren.

In dieser Scheißsituation war das wenigstens ein kleiner, hoffnungsgebender Umstand. Es musste ja irgendwie weiter gehen. Über Wochen und Monate erhielt Sven mehrere Chemotherapien. Sein ganzer Organismus wurde runter gefahren. Ich hatte keine Ahnung, was alles mit ihm passierte. Er funktionierte irgendwie und blieb am Leben, das war das Wichtigste. Sven verlor die Feinmotorik in den Händen und an den Füßen. Als Folge dessen stürzte er mehrmals. Jedes Mal, wenn ich ihn besuchte, hatte er wieder eine neue Blessur mehr. Gott Lob, blieb ihm ein künstlicher Darmausgang und der Rollstuhl erspart. Er tapperte wie ein alter Mann vor sich hin und fing auch schon wieder an zu meckern. Das waren dann die guten Tage und er schleppte sich irgendwie ins Freie, um eine zu qualmen. Die schlechten Tage, die überwogen, waren nach den Chemotherapien. Ich hoffte im Stillen, dass ihn der Lebensmut nicht verlassen würde. Die vielen, vitalen Rückschläge machten es Sven gehörig schwer, nicht in Depressionen zu verfallen.

Die Schmerztherapien mit dem vielen Kortison ließen ihn aufquellen wie einen Hefekuchen. Über Monate dokterten die Ärzte an ihm herum. Sein Krebs war ein sehr außergewöhnlicher seiner Art. Einer der behandelnden Ärzte schrieb sogar seine Doktorarbeit darüber.

Es zerriss mir jedes Mal das Herz, wenn ich zum Ende jeder Besuchszeit leise die Krankenzimmertür schloss – Sven war auf Grund der vielen Medikamente wieder in einen tiefen Schlaf gefallen. Ich kümmerte mich um alles Mögliche, was getan werden musste. Aber immer beschlich mich das Gefühl, nicht genug zu tun und Sven auf irgendeine Weise im Stich zu lassen. In dieser schweren Zeit kristallisierte sich heraus, wer wirklich ein Freund war und eine helfende Hand hatte. Denn das brauchte ich. Ich hatte das alles schon einmal erlebt und wusste, dass ich das allein nicht bewältigen würde.

Ein ehemals dickes Telefonbuch verdünnte sich auf wenige Telefonnummern, die wirklich für mich und in aller erster Linie für Sven erreichbar waren.

Ich pendelte weiter zwischen Krankenbett und Auftrittsorte. Finanziell waren diese Monate ein Desaster. Es fehlte an allen Ecken. Kranksein kostet richtig Geld. Einige der dringend benötigten Medikamente mussten wir selber bezahlen, dann noch die Zusatznahrung und, und, und... Das bisschen Geld schoben wir hin und her. Irgendwie ging es. Kein schöner Sommer 2003. Sehr heiß und doch so kalt. An den trüben Tagen schien uns immer ein Satz zu begleiten: „Manchmal verliert man und manchmal gewinnen die anderen."

Aber Sven kämpfte mit seinen inzwischen sehr dünnen Ärmchen, seinem kahlen Kopf, ohne Feinmotorik, die vielen Schmerzen und Medikamente und seinem, Gott sei Dank, unverbesserlichen Sturkopp gegen den Krebs an. Er hielt an dem „seidenen Faden" fest und ließ ihn nicht aus den zittrigen Händen gleiten.

Wenn ich Sven besuchte, dann lächelte er die schlimme Krankheit für ein paar Momente einfach weg. Er hatte sich arrangiert und ich hoffte, dass das nicht ins Ungewisse fiel.

Ich glaube, dass mir Sven einen großen Teil seines Leidensweg einfach verschwiegen hat. Vielleicht um mich zu schützen. Vielleicht um niemanden Vorwürfe zu machen. Vielleicht, weil er es einfach vergessen wollte.

Im September 2003 hatten wir uns schon fast an diesen miesen „Begleiter" gewöhnt. Anders kann ich es nicht beschreiben. Ich selbst verdrängte viel in dieser Zeit, um nicht den Boden unter den Füßen zu verlieren. Endlich hatte ich einen Monat frei und holte Sven nach Hause. Sein Zuhause, das ihm so sehr fehlte. Der Campus Virchow Klinik Berlin war kein Zuhause, obwohl er dort in den besten Händen war. Die Schwestern und die Ärzte waren sehr rührig und äußerst fürsorglich. Es herrschte schon fast ein freundschaftliches Verhältnis zwischen uns allen. Ein ganz besonderer Dank gilt dem wunderbaren

Herrn Hans Wesselmann. Er nahm sich soviel Zeit für uns und gab uns die schon fast verlorene Hoffnung zurück.

Lebensretter aus Neukölln

Sven hatte es sich auf dem Balkon gemütlich gemacht, blinzelte in die spätsommerliche Sonne und blätterte im „BERLINER KURIER:" Er hielt mir eine Annonce unter die Nase, in der ein kleiner Malteser zum Kauf angeboten wurde.

Mit Engelszungen malte er mir aus, wie schön es doch wäre, wenn Kleinmäxchen einen Freund bekäme. Ich konnte einfach nicht anders und fuhr nach Neukölln. Obwohl ich nicht einen Cent übrig hatte, wusste ich schon auf dem Hinweg, dass ich ohne diesen kleinen Hund nicht zurück kommen konnte.

Immer wieder schoben sich diese düsteren Gedanken in meinen Kopf – vielleicht wäre es das Letzte, was ich für Sven tun könnte. Meine Augen wurden wässrig. Vor Sven durfte ich mir diese Schwäche nicht erlauben. Ich musste den Kopf oben behalten – koste es was es wolle. Und der kleine Wuff kostete auch.

Egal, es musste gehen. Ich klingelte an der Tür. Lautes Gebell, Klappern. Eine Frau in den mittleren Jahren ließ mich ein. Sie fragte erst gar nicht, ob ich wegen der Annonce gekomen war und führte mich durch die verwinkelte Wohnung. In einem schäbigen Zimmer bot sie mir einen Platz an. In der Ecke stand ein riesiger Käfig, aus dem mich zwei Äffchen beäugten und mächtig Rabatz machten. In einem anderen Käfig waren mehrere Kakadus damit beschäftigt, sich gegenseitig das Gefieder zu putzen. Wo war ich bloß gelandet?

Plötzlich, wie aus dem Nichts, standen zwei riesige Windhunde, fast auf Augenhöhe vor mir und knurrten. Für einige Sekunden hielt ich den Atem an. Die Hunde rochen meinen Schweiß und kamen immer näher. Ein kurzer, schriller Pfiff aus dem Flur und die beiden Ungetüme machten augenblicklich „Platz." Ich atmete wieder. Die Frau kam ins Zimmer und drückte mir einen kleinen Hund in den

Arm. Tiefschwarze Augen blickten mich ängstlich an. Das Würmchen zitterte am ganzen Leibe und tröpfelte mir auch gleich auf den Schoß. Ich konnte ihn nicht mehr hergeben. Die Frau verlangte ihr Geld und schon war ich auch wieder im Treppenhaus, im Arm den kleinen Malteser, der freudig mit seinem kleinen Schwänzchen wedelte. Keine fünf Minuten hatte das gedauert und keine fünf Worte wurden dabei gewechselt.

Was hatte ich nur getan? Einen kleinen Hund gekauft? Ich war mir sicher, dass ich ihn befreit hatte und war stolz.

Auf dem Heimweg saß mein kleiner, neuer Freund auf meiner Schulter und beobachtete neugierig den vorüberziehenden Straßenverkehr.

Sven wartete schon auf dem Balkon und hielt nach „uns" Ausschau. Ich glaube, Sven war sehr glücklich in dem Augenblick, als er den kleinen Hund in seinem Arm hielt. Verstohlen wendete ich mich ab und wischte mir die Augen trocken.

Sven hatte schon einen Namen für den Neuzugang – Krümel. Der Name passte wie die Faust aufs Auge. Kleinkrümel mischte in den folgenden Wochen unseren Alltag mächtig auf. Zusehens ging es Sven besser. Er nahm wieder etwas zu und hatte neuen Lebensmut. Er hatte eine Aufgabe – musste sich um den kleinen Krümel kümmern und mit ihm spazieren gehen. Der kleine Hund tat ihm gut. Krümel und Mäxchen wurden gute Freunde und waren unzertrennlich. Wackelte der eine in eine Richtung, wackelte der andere natürlich hinterher. Markierte der eine, tat der andere das auch. Leider auch in der Wohnung. Sie fraßen sogar gemeinsam aus einer Schüssel. Drollig, die beiden.

Überall waren sie sofort die Lieblinge vom Kiez. Leider musste ich wieder auf Tournee gehen. Das Geld war alle. Nun hatte ich zwei Hunde im Gepäck. Ich konnte sie nicht trennen und Sven brauchte seine Kraft für sich.

Im Oktober war ich wieder in Nürnberg engagiert und zu meinem Geburtstag stand Sven plötzlich vor mir. Die ganze Welt war eingeweiht gewesen, nur ich guckte wie bedeppert aus der Wäsche. Sven war gegen den Rat seiner Ärzte nach Nürnberg gereist. Er hatte sogar eine der so wichtigen Bluttransfusionen sausen lassen und reiste in Begleitung seiner Tante Sabine.

Ich weiß nicht, wie die beiden das zu Stande gebracht haben – aber sie waren mehr oder minder heil in Nürnberg angekommen. Zwei Halbtote auf Reisen. Sven mit seinem Krebs und Tante Sabine mit ihrer Multiplen Sklerose. Eine tolle Mischung – frei nach dem Motto: „Ein trübes Schicksal stütze das andere." Um sich das Reisegeld zu verdienen, war Sven heimlich in Berlin aufgetreten. Freunde hatten ihn angezogen und gestützt. Eine Glanzleistung war das gewiss nicht gewesen. Aber alle hatten Verständnis für seine Entscheidung gehabt und dicht gehalten.

Ich versuchte erst gar nicht, mich darüber aufzuregen. Ich hatte mich viel zu sehr über die gelungene Überraschung gefreut, als darüber auch noch böse zu sein. Ich stellte mir nur dieses abstruse Bild vor, wie „Krebs und MS" in Persona, sich gegenseitig ihre Medikation verabreichten und ihre Pillen zählten.

Vielleicht hatten sie untereinander getauscht, um dieses beschwerliche Wagnis zu meistern. Ihre Trolleys waren ja zur Hälfte mit diesen überlebenswichtigen Medikamenten gefüllt.

Da saßen die beiden Kranken nun im „SAVOY" und freuten sich wie die Schneekönige über mein verdutztes Gesicht, als ich das Lokal betrat. Alle sangen „Happy Birthday", Sven prostete mir beschwingt zu und strahlte. Da kam mir wieder der Satz in den Sinn: „In guten, wie in schlechten Zeiten." Einen riesen Strauß roter Rosen, die ich so liebte, hatte mir Sven mitgebracht. Selbst die Vase hatte er aus Berlin mitgeschleppt.

Am nächsten Tag konnte sich Sven kaum noch aus dem Bett bewegen. Aber er beklagte sich nicht und ich war froh, dass er da war. Krümel und Mäxchen kriegten sich überhaupt nicht mehr ein - endlich war ihr „Papi" wieder da. Kuscheln ohne Ende.

Sven, wie er leibt und lebt. Gegen jeden Funken Verstand hatte er seinen Dickkopf wieder einmal durchgesetzt. Gegen Weihnachten verschlechterte sich sein Zustand und er musste wieder ins Krankenhaus. Chemotherapie und Schmerztherapien verlangten ihren Tribut. Sven zollte ihn mit schwindendem Lebensmut. Es schien, als wollte er sich aufgeben. Er hatte das, was man einen Krankenhauskoller nannte. Ich war gerade in Hannover im ALCAZAR. Ich überlegte nicht lange, ließ mich von meinem Engagement freistellen und holte Sven aus dem Krankenhaus. Es brauchte einige Tage, aber Sven erholte sich. Er war zu Hause, seine Hunde um sich herum und die bunten Weihnachtslichter, die er so mochte, taten ihr Übriges.

Er hatte seinen „seidenen Faden" nicht losgelassen. Das Leben ging weiter. Sven gesundete allmählich und die Haare wuchsen ihm auch schon wieder.

In Lonstrup wird es wieder hell

Zu unserem ersten Hochzeitstag, am 14.Februar 2004, brachte der „BERLINER KURIER" wieder einen großen Artikel über uns. Diesmal mit der ganzen Krebsgeschichte.

Skurril – das Fotomotiv war das gleiche. Der gleiche Ort, dieselben Personen. Sven und ich mit einem Hund mehr, aber die schmerzvollen und schweren Monate die hinter uns lagen, konnte man deutlich erkennen.

Der Alltag kehrte zurück, aber nichts war mehr wie vorher. Er war wieder da, der graue Schleier, den ich aus meiner Kindheit kannte. Die Krankheit hatte alles verändert. Sven hatte sich verändert und ich mich auch. Das sorgenfreie, unbeschwerte Glücklich sein hatte einen derben Riss bekommen.

Wir waren froh, dass wir alles überstanden hatten, aber wir sahen die Welt nun mit skeptischeren Augen. Ich betrachtete jeden Tag als ein Geschenk. Aber die Fähigkeit, mich fallen zu lassen, mal keinen Gedanken an nichts zu verschwenden, hatte ich verloren. In mir war eine Unruhe, die vor sich hin grummelte und mich immer irgendwie trieb. Ich fuhr wieder in die Cabarets und Sven bereitete sich mit langsamen Schritten wieder auf seine Arbeit als Heimerzieher vor. Wir lebten unser Leben weiter. Aber ich hatte immer das Gefühl, als ob ich auf irgendetwas wartete. Ich wusste nur nicht, auf was ich da wartete. Manchmal kam es mir vor, als ob mich das Leben überholte und all zu oft kam es vor, dass ich viel zu viel Alkohol trank.

Mit zwei guten Freundinnen – Ute und Manon, hatten wir einen gemeinsamen Urlaub in Dänemark geplant. Ute und Manon hatten sich schon mehrmals in Lonstrup ein Haus gemietet und uns immer von der Schönheit Dänemarks erzählt. Sven und ich hatten uns wahrlich einen Urlaub verdient und Lonstrup schien genau das Richtige für uns zu sein.

Wir packten das Auto voll mit Lebensmitteln und Kanister weise Rotwein, mittenmang die beiden Hunde und ab nach Dänemark. Ute und Manon waren schon ein paar Tage vor uns gefahren und hatten alle Formalitäten für uns erledigt.

Ein wenig überrascht waren wir schon, als wir nach der ewig langen Autofahrt endlich an unserem Urlaubsort ankamen. Die Landschaft war flach und karg. Unser Haus stand neben einigen anderen Ferienhäusern auf einem Plateau direkt am Meer. Was war das nur, das diesen Ort so einmalig machte? Es dauerte eine Weile, ehe ich dahinter kam. Es war die absolute Ruhe, die dort herrschte. Keine Autogeräusche, kein Industrielärm, kein Straßengewimmel, kein Stimmengewirr. Ohne Mühe konnte man in sich selbst hinein hören. Es war eine seltsame Erfahrung, die ich da machte. Neu und fast ein bisschen beängstigend, aber unendlich schön. Schon nach wenigen Stunden war mir klar, dass ich mich in Lonstrup sehr wohlfühlen würde.

Es kam mir vor, als ob ich jeden Grashalm riechen und hören konnte. Unser Haus war ein Traum. Genauso wie ich es mir immer vorgestellt hatte. Selbst heute würde ich sofort mit dieser „Einöde" tauschen. Das Haus war typisch dänisch. Ganz aus Holz. Ein riesiges Wohnzimmer mit Kamin und amerikanischer Küche, ein Bad und zwei weitere, kleine Zimmer. Wie die meisten anderen Häuser auch, war unser Haus von einem dichten Holzzaun umgeben. Ideal für den Urlaub mit Hunden. Sie konnten draußen herumtollen und kamen niemandem in die Quere. Ute und Manon hatten uns vorab eine Liste gegeben, was wir unbedingt dabei haben müssen. Unter anderem eine Taschenlampe. Als es dunkel wurde, wussten wir auch warum. Es gab keine Straßenbeleuchtung, weil es auch keine richtigen Straßen gab. Es war stockdunkel. Den Hunden war es egal, die besitzen ja eh ein Restsehvermögen, auch bei absoluter Dunkelheit.

Wir hatten uns brav an die Liste gehalten und im Laufe des Urlaubs waren wir mehr als einmal dankbar dafür. Ab und an muss man auch mal auf die Mädels hören – auch wenn es schwer fällt. Aber man darf es ihnen nie zeigen, sonst hat man auf ganzer Linie verloren.

Fast die gesamte Zeit verbrachten wir zu viert. Fernsehen brauchten wir nicht. Tagsüber hielten uns die Hunde bei ausgedehnten Strandwanderungen auf Trapp. Ute und Manon hatten ja ihre Greta dabei. Alle drei Hunde verstanden sich prima. Abends wurde gekocht, „UNO" gespielt und Rotwein gesüffelt. Schöner konnte es gar nicht sein. Sven und ich hatten Zeit für Zweisamkeit und wir genossen sie. Ich hatte den Eindruck, dass Sven in Dänemark nach genügend Lebensluft schnappte, um sein Leben nach dem Krebs in Gang zu bringen. Und auch ich wusste nach diesem Urlaub, auf was ich innerlich ängstlich gewartet hatte. Es war ein schreckliches Gefühl der Angst, dass nach all den Monaten immer noch irgendwo eine Bananenschale liegen und man darauf ausrutschen könnte.

Dieses Gefühl ist bis heute geblieben.

Sand im Getriebe – CHEZ NOUS im Abgesang

Durch Berlin floss immer noch die Spree und ich war immer noch in den Cabarets unterwegs. Unser Alltag hatte sich wieder normalisiert und das Leben klärte sich anscheinend wieder auf.

Das weltberühmte Cabaret CHEZ NOUS in der Berliner Marburger Straße wollte mich als Gesangsnummer für seine Show in Berlin engagieren. Ich zögerte anfangs mit meiner Zusage. Aber die Aussicht, für fast dieselbe Gage und weniger Arbeitszeit jeden Tag zu Hause zu sein, siegte. Meine Neugierde auf den alten Cabaretkasten wuchs. Ich hatte dieses Theater als normaler Zuschauer kennen gelernt und wusste in etwa, was da auf mich zu kam. Vom Hören und Sagen befreundeter Artisten wusste ich den Rest. Die goldenen Zeiten vom CHEZ

NOUS waren längst vergangen und kaum ein Glanz spiegelte sich noch in den alten Kronleuchtern. Die Besucherzahlen waren um einiges zurück gegangen – aber die Show lief noch jeden Tag in der Woche, minutiös im selben Takt ab.

Am Interieur hatte sich in den fast fünfzig Jahren nichts geändert, außer, dass der Zahn der Zeit daran nagte. Punkt halb Acht öffnete sich der Vorhang. Wenn wir nur eine Vorstellung hatten, war ich gegen Mitternacht schon wieder zu Hause.

Das Theater erschien mir wie ein Museum und wir Artisten waren lebende Artefakte. Die Technik war nicht mehr die allerneueste, aber sie wurde den Ansprüchen gerecht. Die Sessel und Sitzgruppen waren schon lange durchgesessen und gaben einen leicht muffigen Geruch von sich. Ich hoffte inständig, dass die Zuschauer nicht dachten, dieser unangenehme Duft käme von den Artisten. Die Falten der Wandbespannung verglich ich mit denen der vielen Artisten, die vor mir im Laufe der vielen Jahre im CHEZ NOUS aufgetreten waren. Es waren viele Falten und ebenso viele Artisten haben auf der kleinen Bühne gestanden und die damalige Berliner High Society und andere Nachtschwärmer fasziniert. Die paar fransigen Troddeln an den Vorhängen waren wie die letzten verbliebenen, trotteligen Freier, die sich immer seltener bei DAISY an der Bar rumtrieben.

Bis in die 90er Jahre hinein galt das CHEZ NOUS als der Amüsiertempel schlechthin – aber auch als nobler Animierschuppen für betuchte Freier und Strohwitwer von außerhalb.

Geblieben war nur DAISY. Sie war die Königin vom Tauentzien. Mit knapp siebzig Jahren war DAISY – wenn sie geschminkt war – immer noch eine sehr attraktive Erscheinung. Kein Gramm Fett, schlank und doch sehr kräftig. Sie besaß einen außergewöhnlich festen Händedruck, der bei ihrer Arbeit an der Bar sehr überzeugend sein konnte – wenn ein Freier mal wieder mit einem Piccolo knauserte. Ihrem Alter entsprechend war sie sehr adrett gekleidet, trug wunderbare Echthaarperücken und hatte ein so breites Lächeln, das es ihr von Ohr zu Ohr reichte. Der kleine Truthahn unterm Kinn stand ihr dabei gut. DAISY legte großen Wert auf ihr Make-up und ihre immer noch bezaubernd langen Beine, die sie bei jeder Gelegenheit unter ihren kurzen Röcken in Szene setzte. Das Geheimnis waren die Stützstrümpfe. Ich mochte DAISY vom ersten Tag an und konnte ihr stundenlag zu hören, wenn sie die alten Geschichten von früher erzählte. Es gab viele Geschichten. Manche erzählte DAISY mir mehrmals – aber ich tat immer so, als hörte ich sie zum ersten Mal.

Viele behaupten, dass ältere Menschen immer vergesslicher werden. Aber das stimmt so nicht. Ältere Menschen haben so viele Gedanken, so viele Erfahrungen, so viele Erlebnisse und Geschichten im Kopf – die Festplatte ist schlichtweg voll. Da kommen sie schon mal durcheinander oder suchen nach dem richtigen Wort.

Ein junger Mensch von zwanzig Jahren kann viel schneller auf sein Gedankengut zurückgreifen, weil er noch nicht so viel davon besitzt, er ist sortierter. Aber nach sechzig, siebzig Jahren Leben hat man soviel erlebt, da braucht man schon mal das eine oder andere Minütchen, um die Gedanken in die richtige Reihenfolge zu setzen. Und dieser Prozess fängt schon ab dem vierzigsten Lebensjahr an. Übrigens wurde diese These wissenschaftlich erwiesen und ist nicht mit Alzheimer oder Altersdemenz zu vergleichen oder gar zu verwechseln.

DAISY war nun mal so und so war sie in Ordnung. Sie war immer gut gelaunt, auch wenn sie das nicht gleich jedem zeigte. Sie begrüßte die Gäste, nahm ihnen die Garderobe ab und platzierte sie. DAISY duzte jeden, egal ob Oberstaatsanwalt oder Jungschwuler. Ich amüsierte mich herzhaft darüber, wenn sie jeden mit ihrer tiefen und männlichen Stimme vollquatschte: „Na, mein Häschen – weißte Bescheid…" Sie schob die Gäste, wie eine Glucke ihre Küken, vor sich her, nur um den jungen Kerlen auf den Arsch zu gucken. Raffiniert. DAISY war in einem früheren Leben ein richtiger Artist in einem Zirkus gewesen. Daher rührte auch ihre kräftige und straffe Statur. Irgendwann hatte sie ein Auge verloren und trug seitdem ein Glasauge, das man beim bloßen Hinsehen aber nicht bemerkte.

Wenn sie äußerst gut gelaunt war und vielleicht auch noch einen Piccolo mehr intus hatte, vollbrachte sie zur Belustigung der Gäste, ihren immer noch bemerkenswerten Kopfstand auf dem Tresen. Den meisten Gästen stockte der Atem dabei. Aber mit Bravur vollzog sie ihr Kunststück und konnte sich des Beifalls sicher sein. Natürlich hatte sie damit gerechnet, dass ihr dabei der Rock verrutschen würde, sie trug ein schwarzes Miederhöschen – ganz Dame eben.

Es gibt Geschichten darüber, dass ihr einmal bei diesem Kunststück das Glasauge rausgefallen und in eine Ecke gekullert war. DAISY konterte damals ganz kess: „Na, hier unten könnte ja auch mal wieder richtig sauber gemacht werden." Meist brachten ihr diese artistischen Einlagen noch mehr Piccolos, mehr Trinkprozente und dem Freier ein tieferes Loch im Portemonnaie.

Sie war ein herzensguter Mensch. Wenn sie jemanden mochte, dann zeigte sie das in ihrer gewohnt burschikosen Art. Wer aber nicht in ihr Weltbild passte, bekam das auch zu spüren. Ich hatte das große Glück und rutschte in ihre burschikose Lobhudelei.

Nach der Arbeit zeigte sie mir „ihr" Berlin. Meist ging sie dann als Mann. Aber auch so kannte man sie nur als DAISY. Sie zeigte mir Kneipen – im Leben wäre ich da nie allein reingegangen. Es war eine schöne Zeit – fast ein Jahr war ich im CHEZ NOUS. Wenig später schloss das weltberühmte CHEZ NOUS nach fünfzig spektakulären, wilden, aufräumenden, interessanten, verteufelt feuchtfröhlichen, manchmal wehmütigen aber nie vergessenen Jahren für immer seine Pforten. Das lag aber nicht an mir, auch wenn ich in einigen Etablissements das Licht ausgeknipst habe.

Vielleicht bin ich ja für das würdige Ende einer Ära die beste Besetzung – wir lassen es einfach mal im Raum stehen.

Meine sieben Sünden – mehr oder weniger?

Verehrte Leserschaft, bis jetzt haben Sie die eine oder auch andere Minute mit oder auch in diesem Buch verbracht und sicherlich schon heimliche Bedenken gehabt, wann denn nun endlich die pikanten Histörchen kommen. Was soll ich Ihnen sagen – ich weiß gar nicht wo ich zuerst anfangen soll. Nein, mal ehrlich. Würden Sie freiwillig zugeben, welche Ihre größten Sünden waren? Sehen Sie, Sie wissen es nicht. Nicht einmal Ihrer besten Freundin würden Sie diese Sünden anvertrauen, aus Angst sie könnte sie Ihnen wegschnappen.

Aber weil Sie bisher mit soviel Fleiß und Ehrgeiz in den Seiten geblättert und vielleicht ein gesundes Maß an Verständnis für mich entwickelt haben, möchte ich mich revanchieren. Außerdem können Sie sich jetzt einen „Bonbon" ans Revers heften – denn vor Ihnen habe ich es noch niemanden erzählt.

Was ist aber nun wirklich eine Sünde? In wissenschaftlichen Publikationen werden verschiedene Deutungen für den Begriff „Sünde" angeführt. Sünde ist ein Begriff insbesondere im Judentum, Christentum und im Islam. Er bezeichnet vor allem im christlichen Verhältnis den unvollkommenen Zustand des von Gott getrennten Menschen und seine falsche Lebensweise. Die Sünde besteht danach in einer willentlichen Abkehr von Gottes gutem Willen, im Misstrauen Gott gegenüber, im Zulassen des Bösen oder im „sich verführen lassen." Eng verbunden mit der Sünde sind das Bekennen und Bereuen derselben sowie die Buße als Abkehr von Fehlhaltungen und Fehlverhalten. Umgangssprachlich wird unter Sünde oft eine falsch angesehene Handlung verstanden, ohne dass damit eine theologische Aussage impliziert wäre. In trivialisierter Form begegnet der Begriff im Verstoß gegen Diätvorschriften oder gegen Verkehrsregeln.

Wenn Sie es nicht glauben – schlagen Sie es nach bei Wikipedia. Soweit das theoretische Verständnis für Sünde. Für mich bedeutet Sünde nichts Verwerfliches oder gar noch Schlimmeres. Eher ist die Sünde für mich der Wunsch nach etwas Verborgenem, etwas Unerreichbarem. Eine Befreiung von Zwängen und das Stillen von Sehnsüchten. Ein Ausbrechen aus gesetzten Normen und die freiwillige Auskehr des Innersten.

Meine erste Sünde, die ich leider nie in einer sinnlichen oder leidenschaftlichen Vollendung erlebte, begegnete mir 1985. Ich war mir meiner Geschlechterrolle noch lange nicht bewusst. Wie jeder andere Mensch hatte ich zwar eins und wusste auch um die physiologischen Unterschiede. Aber vom wirklichen Begreifen meiner Rolle war ich noch Lichtjahre entfernt. Circa einen Meter und achtzig maskuline Zentimeter groß gewachsen, breitschultrig mit schlanker Taille. So stand sie vor mir, meine erste Sünde. Für sechzehn Lenze erstaunlich durchtrainiert. Mein zweiter Blick fiel auf seinen kleinen, knackigen Hintern, der sich durch den leichten Hosenstoff abzeichnete. Jeder Muskelbewegung konnte ich folgen. Sekundenlang starrte ich auf diese gelungene Schöpfung. Gott muss wohl oder übel ein bisschen bisexuell sein – sonst hätten im Laufe der vielen Jahrhunderte seine göttlichen Hände nie so wunderschöne, weibliche und männliche Erdlinge geschaffen.

Und bei diesem Exemplar muss der liebe Herrgott einen sehr sonnigen Tag gehabt haben. Ich möchte meinen, es war der Valentinstag 1969. Oder auch nicht.

Dieser stramme Bursche hatte schwedenblondes Haar, das sich immer gegen die sture Geradlinigkeit eines Kammes sträubte. Es sah meistens, sehr anreizend, verwuschelt aus – als ob gerade jemand liebevoll darin gewühlt oder er sich soeben aus seinen Laken geräkelt hätte. Sah man ihn nur für den Bruchteil einer Sekunde von der Seite an, konnte man meinen, er sei eine Reinkarnation von James Dean. Als er mir zum ersten Mal einen Blick zu warf, da war mir klar, dass er mir gefährlich werden könnte – und ich verfiel ihm. Aber auch das begriff ich erst viel später.

Sein noch jungenhaftes, unschuldiges, oft sehr spontanes und glucksendes Lachen, hatte schon einen leicht männlichen Unterton. Fast dreißig Jahre später sollte es mir genauso wieder in den Ohren klingen. Seine Augenpartie ähnelte der von Michelangelos David. Tief sitzend, sehr schmal, forschend, immer auf der Suche, wach und achtsam. Seine Stimme war damals im Stimmbruch, wie bei den meisten seines Alters, aber sehr ruhig und gleichmäßig. Er sprach ohne Hast und Eile. Er vergeudete nie unnötige Worte und sprach nur das, was von ihm erwartet wurde.

Er war für mich eine Art Leitwolf und ich heftete mich an seine Fährte, folgte ihm in seinem Schatten auf eine respektvolle Distanz, ohne meine Fahne in den Wind zu hängen. Manchmal konnte ich ihn blind an seinem Geruch erkennen. In seiner Nähe fühlte ich mich sicher. Vielleicht erinnern Sie sich an den legendär romantischen, französischen Film „La Boum, die Fete" von 1980. Eine wunderschöne

Geschichte von der ersten, zarten Liebe. Im Stillen wünschte ich mir oft, dass er und ich an der Stelle der Hauptakteure sein konnten und dieses Abenteuer erleben würden. Ich wäre natürlich die Sophie Marceau und er der Pierre Cosso gewesen. Das war damals ein lange währender Traum gewesen. Meine erste Sünde ahnte nichts davon und ich verlief mich in meinem Hirngespinst.

Ich habe ihn nie berührt – allein mit meinen Augen genoss ich meine Empfindungen. Gott sei Dank, habe ich mir diese Fähigkeit bis heute erhalten, auch wenn meine Sehkraft leider etwas nachgelassen hat. Meine idealisierte Sünde ging ihren Weg und mein Weg führte mich, wie schon erwähnt, in eine fast einjährige, psychologische Betreuung. Dort lernte ich meine zweite, schon größere Sünde kennen – Kai. Ich hatte mit knapp achtzehn Jahren noch kein differenziertes Schönheitsempfinden. Woher auch. Mein Bauch und meine Sinne waren mein Empfindungsbarometer. Mein Verstand hat sich nie an Normen gehalten. Oft hat mich allein dieser Umstand überleben lassen. Manchmal hat es mir auch die Füße weggerissen.

Mit Kai erwachte – wie man so schön sagt – meine real existierende Sexualität. Da war etwas, das ich anfassen und berühren konnte. Aber „Klick" hatte es immer noch nicht gemacht.

Kai war für mich wie der Frühling, der langsam aus seinem Winterschlaf erwacht. Kein Frühblüher, eher wie die zarten Knospen eines jungen Rosenstrauchs, der sich dornig, aber mit Hingabe nach den ersten, lebenserweckenden Sonnenstrahlen reckte.

Kai erschien mir wie eine kostbare Porzellanfigur, die irgendjemand vergessen hatte. Zerbrechlich. Sein Gesicht war wie handgemalt. Als ob Renoir über das Antlitz eines jungen Knaben mit den maskulinen Zügen eines Mannes gewischt hätte. Noch unfertig, aber man konnte schon erahnen, was daraus einmal werden könnte.

Ich kann es mir vorstellen, dass der Übergang vom Knaben zum Mann die spannendste Zeit für einen jungen Burschen ist. Aber auch die Schwierigste. Plötzlich wächst da ein kleiner Flaum im Gesicht und anderswo. Und im „anderswo" regen sich auch plötzlich ganz viele, kleine Blutgefäße – mit nur einem Ziel. Mann ist verstört, aber die Neugier ist größer. Der Verstand ist auf ganz anderen Pfaden unterwegs. Was hat sich Mutter Natur da nur einfallen lassen? Oder war es doch der liebe Gott?

Es ist meistens auch der Augenblick – oder mehrere – in dem/denen der junge Mann das erste Mal seinen Solar Plexus fühlt. Es ist die Erfahrung, wenn er von seinen Gefühlen überwältigt wird, dass ihm die Luft weg bleibt.

Ein Junge redet nicht über seine Gefühle, er will sie ausleben. Da ist in ihm noch ein großer Teil Jäger und Sammler. Mädchen sind zurückhaltender – zwar genauso neugierig, aber das offenbaren sie Dir nur, in dem sie meistens das Gegenteil behaupten, darüber noch Recht haben wollen und sich diebisch amüsieren, wenn der Auserkorene total die Orientierung in der Mädchen-Märchenwelt verliert.

Als ich Kai kennen lernte, hatte er sich etwas in seiner kleinen Welt verlaufen. Ich war sicher kein Meilenstein auf seinem Weg. Bestimmt nur ein Blümelein, das er sich am Wegesrand gepflückt hatte. Das weiß ich heute – damals war ich glücklich über meine wirklich ersten und echten Gefühle.

Wir beide hatten nur eine kurze Liaison. Im Ganzen dauerte sie auch nur eine Nacht. Aber diese Nacht war entscheidend über meine sexuelle Präferenz. Zum ersten Mal spürte ich Leidenschaft und das, was sie mit einem anstellen kann. Das Gefühl, innig und mit allen Begierden geküsst zu werden, war überwältigend. Kai war der Prinz, der mich aus meinem Märchenschlaf wachgeküsst hatte. Ich ließ mich fallen und er legte mir – mit aller Hingabe – das Verlangen nach unendlicher Harmonie in meinen Schoß. Dieses Verlangen bewahre ich mir noch heute wie eine Kostbarkeit, die einem das Leben nur einmal schenkt.

Ich wäre gern dabei gewesen, um zu erfahren, wie aus ihm ein erwachsener Mann geworden ist. Zu spüren, wie aus seinem leichten Flaum ein Bart wurde. Zu wissen, wie er seinen Lebensängsten trotzen würde. Zu ahnen: „Wenn der Tag beginnt, der uns die Stille nimmt, dass sein warmes Lächeln auf mir ruht…" (Hildegard Knef). Aber unser beider Schicksal hatte andere Pläne. Seit dieser Nacht ist Kai immer in meinem Kopf und in meinem Herzen lodert eine kleine Flamme für ihn. Schließlich war er der erste, der mich „geknackt" und dieses Flämmchen entfacht hatte. Ich habe mir oft die Frage gestellt, was aus ihm geworden ist. Aber die Antwort darauf bin ich mir noch immer schuldig. Ob ich sie je finden werde? Es ist ein Wunsch auf meiner langen Liste, die ich bis zu dem Tag, an dem ich vor irgendjemand treten muss, erledigen möchte. Die Neugierde ist mein Lebenselixier.

Einer meiner sehnlichsten Wünsche ist es, einmal alle meine Liebhaber und Sünden an einen schönen Ort einzuladen. Natürlich unter einem ganz fadenscheinigen Vorwand. Keiner weiß vom anderen wer er ist. Monaco wäre der ideale Ort dafür – dort ist ja sowieso alles möglich. Ein nobles Hotel sollte es sein, mit einer traumhaften Terrasse, einer fein gedeckten Tafel, ein umwerfendes Mehrgängemenü und ausgesuchtem, verschwiegenen Personal.

Der Tag sollte sich mit einem atemberaubenden Sonnenuntergang der Nacht neigen.

Ich wäre natürlich auch da – aber unsichtbar. Ich würde mich aus dem Hintergrund an diesem bestimmt sehr merkwürdigen und doch amüsanten Schauspiel erfreuen. Und der liebe Gott müsste wirklich einen guten Tag haben, um mich dazu zubewegen, mich vielleicht auch noch zuerkennen zu geben.

Jetzt rätseln Sie bestimmt, ob denn nur ein Hotel und nur ein Sonnenuntergang für dieses Vorhaben ausreichen würden. Was denken Sie von mir? Ich – ein scheues Reh im Weltgetriebe, zurückhaltend und wenig redselig. Das Rätsel werde ich nicht lösen. Und wenn, dann wäre es mein letzter Tag in dieser spröden, schnoddrigen, verkommenen, traumhaften, verklemmten, sonnigen, armseligen und märchenhaft schönen Welt. Dann hätte ich etwas erreicht, das eigentlich überhaupt nicht geht – ein ganzes Leben in nur einem Augenblick festzuhalten.

Träum schön weiter, kleines Menschenkind. Aber solange man sich seine Träume bewahren kann, fließt auch noch Blut durch die Adern und man ist lebendig. Wenn das aufhören sollte, dann braucht man sich auch keine Gedanken mehr machen und das letzte Hemd ist schnell zerschlissen. Allein der Gedanke – all die schönen, so grundverschiedenen, interessanten, hetero-, homo- und metrosexuellen, mehr oder weniger männlichen Eroberungen, so wunderbare Krönungen der Schöpfung an einem Ort zu wissen – lässt mich süffisant schmunzeln. Wahrscheinlich wäre ich sehr über meine eigene Geschmacksvielfalt verwundert und würde mich bestimmt ernsthaft fragen, warum ich den einen oder anderen damals gehen ließ. Das Non plus Ultra wäre natürlich, alle an meiner Seite zu wissen. Nein, ich bin nicht größenwahnsinnig und noch voll im Besitz meiner Sinne.

Aber stellen Sie sich doch mal vor, dass jeder – aus welchen Gründen er auch an mich geraten war – nun ständig in meiner Nähe wäre. Jeder mit seinen Eigenschaften und Vorzügen, die ihn so besonders für mich gemacht haben. Das müsste dann das Paradies sein. Es wäre nicht auszuhalten.

Was mir von Allen blieb, sind unendlich schöne Erinnerungen, die mich bis zu meinem letzten Atemzug begleiten werden. Mit keinem, der sich mein Herz oder auch nur dessen Nähe erobert hatte, bin ich im Bösen auseinander gegangen. Aber irgendwann entschieden wir uns alle für unseren eigenen Lebensweg.

Als die Welt sich deutsch-deutsch wendete, lernte ich meine Schweriner Sünde kennen. Inzwischen wusste meine Sexualität mit mir umzugehen und ich auch mit ihr. Sie ist die einzige Beziehung, die mich nie verlassen hat. Ich war neugierig und lebenshungrig. Lebenshungrig bin ich nach wie vor. Aber mein gourmethaftes Empfinden hat sich radikal verfeinert – was die Sache auch nicht leichter macht.

1989 stand mir der Sinn nach nordischem Draufgänger. Ich suchte nicht danach. Er stolperte fast über mich drüber, als ich eines späten Abends nach einer Veranstaltung in der Bahnhofsgaststätte von Schwerin beinahe vergeblich auf den Kellner wartete. Er war der Kellner. Im Durcheinander der Bahnhofsgästeschar war er mir gar nicht aufgefallen. Zu DDR-Zeiten war das üblich.

Die Kellner hielten sich nicht gerne in den Galträumen auf. Eine schlimme Berufskrankheit: Gästeallergie. Im Office bei den Kollegen war es sowieso viel lustiger und die Gäste liefen ihnen garantiert nicht weg. Die hatten schließlich Hunger und Durst. Und um die späte Uhrzeit war die Bahnhofsgaststätte meistens das einzig offene Lokal in der Stadt. Irgendwie hatte ich die Neugierde des Kellners geweckt und er kam öfters an meinen Tisch als nötig. Er blinzelte mir vielsagend zu und arschwackelnd verschwand er wieder, um meine Bestellung zu ordern.

Eigentlich war ich viel zu müde, um darauf einzugehen. Aber es schmeichelte mir ungemein und weckte mein Flirtfieber. Hemmungslos baggerten wir uns gegenseitig an, ohne dass die anderen Gäste eine Notiz davon nahmen.

Strohblondes Haar und ein sehr fein geschnittenes Gesicht ließen mich dahin schmelzen. Mit seinem liebreizenden Gesäusel wickelte er mich um seinen kleinen Finger.

Er bekam was er haben wollte. Nicht an diesem Abend. Es dauerte aber nicht lange, denn irgendwann musste ich ja nach Berlin zurück. Dass er mich eigentlich nur benutzte, merkte ich erst später. Regelmäßig besuchte er mich in Berlin. Ich genoss es in vollen Zügen, ihn um mich zu haben, obwohl ich kaum etwas von ihm wusste.

Er versetzte mich. Und jedes Mal verführte er mich wieder und wieder. Seine kleinen Geschichten und Ausreden habe ich vergessen. Er war der Don Juan von Mecklenburg. Ich war wie Butter in seinen Händen und verzieh ihm alles. Hauptsache er war da und ich konnte ihn spüren und mich von seinem knabenhaften Körper verführen lassen. Der große und rebellische Liebhaber war er nicht. Aber die Feinheiten, die sein Liebespiel ausmachten, ließen ihn bei mir gewinnen. Ich konnte nicht anders, als mich für lange Momente an seinem schlafenden Gesicht zu ergötzen.

Obwohl er aus dieser kleinen Stadt Schwerin kam, war er ein Abbild von Exklusivität und hatte etwas Großstädtisches an sich. Etwas, das mich reizte, begeisterte und meine Bedenken in den Wind schrieb. Etwas, das ihn seinen Weg gehen ließ, den er gehen musste. Eines Tages war er weg. Flügge geworden im großen Berlin über alle Grenzen hinaus. Dass ich ihn nicht halten konnte, war mir klar geworden – die Hoffnung stirbt zuletzt. Mir blieb nur sein Geruch in der Bettwäsche. Ja, ich habe mir die Augen ausgeweint. Und heute 2014, nach so vielen Jahren – er sieht immer noch so betörend aus und ist bestimmt dieselbe Sünde wert. Ein richtiger Mann ist aus ihm geworden. Das macht die Sache nur noch interessanter. Sünde bleibt eben Sünde, ob bittersüß und blutjung oder zuckerscharf und reif, wie die verbotenen Früchte von „Eva."

Wir sind alle keine Achtzehn mehr, da sind die Prioritäten anders gesetzt und es geht nicht mehr ausschließlich um Sex. Obwohl der immer noch eine große Rolle spielt, aber man empfindet ihn anders, intensiver und authentischer. Schließlich hat man lange genug Zeit gehabt, um seinen Körper kennenzulernen und die Vorlieben zu ergründen. Man weiß nur zu gut, wo es zwickt und kitzelt, wo es prickelt und einem die Gänsehaut gedeihen lässt, wo die Macken hängen, ob im Gesicht oder an den Backen.

Vielleicht ist man prüder geworden und löscht das Licht beim gewissen Akt. Oder man ist sich seiner Vorzüge dermaßen bewusst, dass man sein Geburtsdatum vergisst und unendlich genießen kann.

Na, zu welchem Typ zählen Sie sich? Mir verschwiegenem Individuum können Sie es beruhigt erzählen. Ich sage es auch nicht weiter. Aber mit Sex allein kann man die Neunundzwanzig nicht überwinden. Die Neugierde auf alle Lebenssehnsüchte wird größer. Aber man wird auch empfindlicher, wo und vor allem bei wem man seine intensiv begründete Neugierde einsetzt und auslebt. Und – wem man dann auch noch davon berichtet. Machen Sie es wie ich und schreiben Sie ein Buch. Jedem können Sie dann alles erzählen und müssen niemandem in die Augen schauen.

Vielleicht bekommt man dann ja auch noch ein nicht zu spätes Feedback für seine offene Ehrlichkeit, die man doch so lange versteckt hat. Wäre ich mit dem hier Geschriebenen schon vor etlichen Jahren rausgerückt – wer weiß, ob ich dann all die vielen Leute kennengelernt hätte.

Philosophieren wir nicht weiter rum. Bis jetzt habe ich in meinem Leben keinen sündigen Tag bereut.

Die Mitte der 90er Jahre des vergangenen Jahrhunderts war eine sehr umtriebige und kreative Zeit für mich. Ich habe viel gemalt. In meinen Bildern – so glaube ich heute, drückte ich meine Gefühle aus, ohne es genau zu wissen. Wenn ich so zurück schaue, kann es sein, dass ich den einen oder anderen, der an mir genascht hat, in einem

Bild festgehalten habe. Natürlich rein zufällig. Bei einem kann ich es mit Gewissheit sagen – als ich ihn malte, um ihn so für mich und für immer festzuhalten.

Er war keiner wie Du und ich. Er war eine Erscheinung. Elfengleich, fast unwirklich. Er kam nicht so einfach in einen Raum herein. Er war plötzlich da und nahm mir die Luft zum Atmen. Ich fühlte mich ihm unterlegen und wich seinem kühlen Blick aus. Ich war mir nicht sicher, ob er mich überhaupt wahrnahm. Ich glich einem Eichhörnchen, das eine kostbare Frucht entdeckt hat und sich doch nicht traut zuzugreifen. Er war in einer festen Beziehung und das war eigentlich ein Tabu für mich. Die wenigen und für mich doch sehr bedeutenden, gemeinsamen Begegnungen hellten sich von Mal zu Mal auf. Seine Blicke für mich erwärmten sich. Dass ich schon lange glühte, versuchte ich zu verbergen.

Er ging mir nicht mehr aus dem Kopf. Hatte ich mich da in etwas verguckt, dass für mich und für immer unerreichbar sein würde? Sollte dieser edle Kelch seine Tropfen nicht auch an mich verschwenden? Es wäre ja keine Verschwendung gewesen, sondern die tiefe Erfüllung meiner Sehnsüchte.

Der einzige Umstand, der mich noch irgendwie normal handeln ließ, war die Tatsache, dass er in Hamburg lebte und ich in Berlin. Somit war von vornherein ausgeschlossen, dass wir uns vielleicht „zufällig" über den Weg laufen könnten.

Warum man immer alles so komplizieren muss, wenn man sich verliebt. Aus Angst den anderen oder sich selbst zu verletzen? Dabei wäre doch der direkte Weg der einfachste. Das wäre zu einfach. Ich malte mir aus, wie es mit ihm sein würde. Bei unseren, an einer Hand abzählbaren Treffen, schlichen wir umeinander herum und wetzten unsere Gedanken.

Es entging mir nicht, wie intensiv er mich für Sekunden ansah. Es war kein abschätzender Blick – ein Suchen in mir, im Schein einer Versuchung. Seine Augen funkelten und verloren sich in meinen. Ein leichtes Lächeln ließ seine Lippen beben. Sein Mund war etwas geöffnet und ich glaubte seinen warmen Atem auf mir zu spüren. Ich sehnte mich nach einer Berührung von ihm. Ein Kuss würde mir genügen. Aber das wäre gelogen. Ich wollte mehr. Ich wollte ihn. Ich wollte alles mit ihm.

In kleinen Stücken verzehrte ich mich nach ihm – mit unstillbarem Durst nach gemeinsamer Innigkeit.

In Berlin hatte ich gerade eine Ausstellung mit meinen Bildern eröffnet. Es war eine willkommene Abwechslung während der Sintflut meiner Gefühle. Insgeheim hoffte ich natürlich, dass mich mein Hamburger Emotionsapostel besuchen würde. Sein Bild hing nicht in der Ausstellung. Das wäre mir dann doch zu öffentlich gewesen. Es war schon schlimm genug, dass ich ihn mit dem Rest der Welt unfreiwillig teilen musste. Und was noch schlimmer war – er wusste ja nichts von meinem Gefühlssalat. Na, vielleicht war es ja damals auch besser so.

Aber Fortuna öffnete für einige Stunden ihr Glückshorn über uns und wir waren dem Himmel ein kleines Stückchen näher.

Seine Familie wohnte in der Nähe von Berlin und ein warmer Abstecher galt mir und der Ausstellung. Wir quatschten die halbe Nacht. Er sah sich meine Bilder an und wir redeten darüber. Nur nicht über uns. Obwohl das schönste Bild ja direkt vor mir saß. Wir tranken und flirteten. Meine Ohren glühten und mein kleines Herz schlug Kabolz. Es wurde immer später – Zeit nach Hause zugehen.

Augenzwinkernd stimmte er mir zu und brachte mich heim. Meine Knie zitterten und nicht nur meine Hände waren feucht. Eigentlich hatte ich diesen Augenblick herbei gesehnt, aber mein zuversichtlicher Mut machte sich aus dem Staub. Meine Güte, ich hatte Lampenfieber, wie beim ersten Mal.

Mit jedem Schritt, dem wir meiner Wohnung näher kamen, rutschte mir mehr und mehr der Boden unter den Füßen weg. Endlich, die Tür klickte hinter uns ins Schloss und wir standen im Flur. Ich bat ihn kein Licht zu machen. Eine Spur von Mondenschein warf einen kleinen Lichtkegel durch das Fenster der angrenzenden Küche. Ich konnte seine Augen erkennen, die sich versuchten im Halbdunkel zu orientieren.

Er zog mich ganz nah an sich heran. Ich konnte seinen Atem riechen, der an den zuletzt getrunkenen Wein erinnerte. Seine Lippen suchten meine. Sanft aber fest küsste er mich für lange Sekunden. Ich erwiderte seinen Kuss und schmiegte mich immer dichter an ihn. Ich spürte seine Wärme und wie ihm das Leben in die Lenden schoss. Mir ging es nicht anders. Er wurde immer wilder und drängte mich auf den Teppich. Ich wand mich unter seinen Händen, die überall auf mir waren. Er zog mir die Kleider vom Leibe. Ich war etwas erstaunt, wie geschickt er darin war. Ich wehrte mich nicht und ließ es geschehen. Ich war nackt. Mit seinem Mund verwöhnte er mich. Er war gierig und ließ keine Stelle an meinem Körper aus. Ich ergab mich ihm völlig. Unter ihm war ich wie ein Blatt im Wind, mit dem er sein Liebesspiel säuselte.

Er nahm mich, wie es nur ein Mann tun kann. Sanft, aber treibend wie ein Husar, der seinem Sieg entgegen ritt. Während er mich nahm, hatte er nur sein Hemd und seine Hose geöffnet. Es gefiel mir sogar, schließlich wollte er ja nur auf einen Sprung mit kommen.

Es fehlte mir nichts. Meine Nacktheit störte uns beide nicht. Er war in dieser Nacht ein Reisender, der auf seiner romantischen Safari mit großer Empathie zum außerordentlichen Halali geblasen und mich zu seiner Trophäe gemacht hatte.

Ich wollte besiegt werden und unterlag in den größten Wonnen. Ich wusste, dass er nicht bleiben konnte. Er gab mir einen letzten innigen Kuss und ich schloss lautlos die Tür hinter ihm. Er verschwand in die Nacht, aber nicht aus meinem Herzen.

Was wäre, wenn man die Zeit anhalten könnte? Heute wünsche ich mir manchmal, die Zeit ein wenig zurück zu drehen, um vielleicht schon Erlebtes noch einmal zu genießen. Vergangene Augenblicke für immer festzuhalten, weil sie so einmalig waren.

Ich bin ein hoffnungsvoller Romantiker, dem der Wunsch nach Harmonie näher liegt, als das eigene Hemd. Mit jedem Tag wächst dieses Begehren nach harmonischer Geborgenheit, einfühlsamer Zweisamkeit und leidenschaftlicher Zufriedenheit. Sie ist mit etwas abhanden gekommen – Angst frisst die Seele auf. Die Angst vor dem Tag, an dem man gegen die Zeit verliert. Die Angst, dass man irgendwann allein ist und nur noch Erinnerungen geblieben sind. Ich weiß heute, dass ich allzu oft den Fehler gemacht habe, nicht los zulassen. Deswegen habe ich mich auch entschieden, alles was in mir ist aufzuschreiben. Aber das haben Sie ja längst bemerkt.

Ich bin froh, dass Sie bei mir geblieben sind und sich mein kleines Leben antun. Mit jeder Zeile, die Sie gelesen haben, habe ich ein kleines Stückchen losgelassen. Na, hoffentlich bin ich – wenn ich die letzte Seite geschrieben habe, nicht leer. Aber wer weiß schon, wann es wirklich die letzte Seite ist.

Auf meinen vielen Reisen sind mir so viele interessante und grundverschiedene Menschen begegnet. Einige nur für Minuten und andere wieder haben sich für Jahre, sogar Jahrzehnte in mein Gedächtnis vergraben. Ganz Spezielle sind in meinem Herzen hängen geblieben. Ich glaube nicht daran, dass man nur einem bestimmten Menschen einen Platz im Herzen reservieren kann. In meinem Herz haben viele Menschen einen Platz gefunden und jeder ist genau das Gegenteil vom anderen. Bitte verschwenden Sie jetzt keinen Gedanken an „Vielweiberei" oder ähnliches.

Obwohl die Welt einem oft mehr als ungerecht und düster vorkommt – das Leben zu atmen sehr schwer fällt – kann fast jeder Tag wie ein neuer Frühling sein. Ob es nun Winter oder Sommer ist. Ich habe sehr lange dafür gebraucht, um zu erkennen, dass – wenn man nur ein klein wenig mit offenen Augen durch die Welt geht – einem die tollsten Sachen passieren können und man die verrücktesten Begegnungen machen kann.

Ein Lächeln – auch wenn es nur ein kleines ist – bewirkt wahre Wunder und kann Berge versetzen. Allein dieses kleine Lächeln hat mich über fünfundzwanzig Jahre auf der Bühne bestehen lassen. Gut, ein bisschen singen und hübsch sein musste ich auch. Manchmal wurde aus reiner Neugierde ein Lächeln. Aus diesem Lächeln wurde ein zwangloser Flirt und aus dem Flirt vielleicht ein Abenteuer. Und einige Abenteuer dauern immer noch an.

Aber, psst – erzählen Sie es bloß niemanden, sonst käme noch jemand auf den Gedanken, ich sei nicht ganz richtig im Kopf. Der ist schon richtig, nur innen drin ist „Halleluja." Ein solches „Halleluja" begegnete mir zweimal mit ein und derselben Person. Eine rassige Schönheit mit rabenschwarzem Haar. Ein Gesicht zum Verlieben und

Augen, die wie schwarze Diamanten funkelten. Da konnte ich nicht einfach wegsehen. Bei beiden Begegnungen stand ich auf der Bühne und er war im Publikum. Einmal in Wien und einmal in Nürnberg. Das Schicksal schlägt nie zufällig zu. Es ist wie ein großes Bahnhofsgleis und wenn der Zeiger auf der Bahnhofsuhr an die richtige Stelle rückt, dann ist man dran.

Der Schönling stand als Wink des Schicksals vor mir und forderte mich heraus. Sein Blick durchdrang mich bis in die hinterste Ecke meiner Seele und fesselte mich. Ich werde selten rot. Aber bei diesem Anblick trieb es mir die Schamesröte ins Gesicht. Er schien mir sagen zu wollen: „Jetzt oder Jetzt."

Obwohl ich geschminkt war, hätte es eigentlich jeder mitbekommen müssen, wie erregt ich war. Meine Hände waren schweißnass. Mein Mund war trocken und im Hals saß mir ein Kloß. Kurzum, ich war leicht durcheinander. Dann sagte er endlich einen Ton. Ich hatte mit allen Sprachen gerechnet, wie Hebräisch oder Arabisch. Aber nein, im feinsten Wiener Dialekt mit Schmäh erbrachte er mir seine Avancen. Ich war geplättet. Ein Wiener Schmankerl verdrehte mir den Kopf. Die Wiener haben es einfach drauf. Mitten in der finsteren Nacht können sie Dir das Blaue vom Himmel erzählen und Du glaubst ihnen jedes Wort.

Ich mag diesen Schlag Menschen sehr. Obwohl sie in einem sehr kleinen Land leben, sind sie über alle Maßen weltoffen und vor allem weltgewandt, das imponiert mir. Sie tragen so eine herrliche, natürliche Naivität mit sich herum, dass man sie fast darum beneiden möchte. Die Wiener/innen nehmen es halt von der leichten Seite, auch wenn die ein paar scharfe Kanten hat.

Mein „Wiener Beau" umgarnte mich mit seinen Worten. Fast so präzise wie ein Falke, der einen Hühnerstall mit erfolgsverwöhnten Argusaugen auskundschaftete. Zum Gackern kam ich allerdings nicht. Und gerissen wurde ich auch nicht. Nur hingerissen war ich von seinem Charme, der wie ein aphrodisierendes Parfüm in der Luft lag. Ich sog es in mich auf und kann es heute noch riechen, wenn ich an ihn denke. Er nannte mich: „Meine Schönheit" – bestimmt deshalb, weil er mich geschminkt auf der Bühne kennengelernt hatte. Es war zum verrückt werden. Da setzte mir der liebe Gott solch ein Prachtexemplar vor die Nase und ich griff nicht zu. Er wäre die Sünde wert gewesen. Aber was wäre danach gewesen?

Ich beließ es bei meinen sündigen Gedanken. Ich machte es mir selber zum Geschenk, ihn als eine märchenhafte Orchidee zu betrachten, die ab und an nur für mich erblüht. Markus Aschauer – das Eau de Parfüm in meinem kleinen Berliner Geiste. Ich sagte doch, ich bin ein Romantiker.

Als mein Weg etwas holpriger wurde, verschlug es mich nach Frankfurt am Main. Ich war im GERMANIAPALAST engagiert, ein kleines aber feines Cabaret. Zwei Monate sollte ich dort verbringen. Der Umstand, dass RICKY RENEE – der schillerndste, amerikanische Travestiestar in Deutschland mit engagiert war – versüßte mir die Sache ungemein.

Meine kleinen Hunde Krümel und Mäxchen hatte ich natürlich auch dabei. In der Nähe der Bergstraße, wo sich das Cabaret befand und wo wir auch wohnten, hatte ich einen idealen Platz für unsere Gassirunden gefunden.

Es war kalt und ungemütlich in diesem November. Ungeduscht, die Haare auf „halb Acht" und eingemummelt wie „Pelle Niedlich" drehte ich mit den Hunden meine Runde. Nur aus dem Augenwinkel heraus bemerkte ich den Typ, der mir da mit seinem Goldie entgegenkam. Eine prächtige Golden Retriever-Hündin animierte meine beiden Wuschel zum Spielen. Die waren wie aus dem Häuschen. Der Typ kam näher und mit einem sehr feinen Benehmen wünschte er mir „Guten Tag." Er schob dabei seine Kapuze zurück und ich konnte sein Gesicht erkennen. Er lächelte mich an und seine Augen strahlten ungewöhnlich dabei. Nein, was für ein zartes, fast unschuldiges und anmutiges Antlitz.

Ich schämte mich meiner fast schäbigen Aufmachung. Aber die übersah er wohl. Ich erwiderte seinen Gruß und stand da wie ein Ölgötze. Im nächsten Augenblick rief er seine Hündin und ging weiter. „Hm" dachte ich mir so – nette Begegnung und ging auch weiter. Ein paar Mal drehten wir uns noch gleichzeitig um, ich musste lachen. Ich verschwendete keinen Gedanken daran, ihn noch einmal wieder zusehen. Unverhofft kommt oft. Zwei Tage später traf ich ihn wieder. Dieses Mal sprach ich ihn an, denn so häufig läuft einem der Zufall nicht über den Weg.

Er hieß Richard und war um einiges jünger als ich. Er sprach mit einem Hauch hessischen Akzentes und schien mir sehr feinfühlig und gebildet zu sein. Wir redeten über dies und das, seine Art gefiel mir. Richard war sehr zuvorkommend und hörte mir aufmerksam zu. Er war nicht der Typ, in dem man sich Hals über Kopf verliebt – kein Aufreißer-Typ. Er war etwas Besseres. Seit langem hatte ich wieder das Gefühl, dass ich mit jemandem über so vieles reden konnte. Er tat mir gut und wir sahen uns fast jeden Tag. Und tatsächlich, mit ihm konnte ich wirklich über alles Mögliche reden.

Obwohl er jünger war als ich, fühlte ich mich in seiner Nähe sehr geborgen. Er war sehr klug, lebte sehr geordnet und schien mich sehr zu mögen. Wir kamen uns näher. Aber nicht auf eine sexuelle Art. Es war etwas anderes, weit aus mehr. Für wenige Tage war das wie eine Flucht aus meinem normalen Leben. Obwohl unsere so verschiedenen Welten aufeinander trafen, hatten wir keine Berührungsängste.

Richard arbeitete in der Palliativmedizin und ich eben auf der Bühne. Na ja, als Artist hatte ich gelegentlich schon das Gefühl, therapeutische Maßnahmen am und im Publikum vorzunehmen. Aber das waren wenige Ausnahmen.

Richard war so umsichtig und aufmerksam – es hatte schon fast einen heiligen Anschein. Am verblüffendsten für mich war, er hatte nie schlechte Laune. Wenn er einen Raum betrat, dann verbreitete sich Ruhe und eine merkwürdige Art von Sanftheit. Er tat alles mit Bestimmtheit und einer großen Gelassenheit. Er war wie ein Engel. Ich hätte mich in ihn verlieben können. Aber er war vergeben. Ich hätte mich gewundert, wenn da nicht schon jemand zugegriffen hätte. Und ich war verheiratet. Was sollten wir aufs Spiel setzen?

Richard schenkte mir dennoch eine sehr schöne Zeit und ich werde nie die wenigen, sehr zärtlichen Berührungen vergessen. Es überkam ihn einfach und er küsste mich zärtlich im Nacken. Gott, wie lange hatte ich mich danach gesehnt. Es ging mir durch den ganzen Körper und ich genoss jeden seiner Zungenschläge. Wir taten nichts Unrechtes und ich bereue es nicht. Im Gegenteil – einen so besonderen Menschen kennenzulernen, der mehr gab als er nahm – das war schon ein recht außergewöhnliches Geschenk. Ein Geschenk, das ich für immer aus den Augen verlor.

Ich war wieder in Berlin und habe nie wieder etwas von ihm gehört. Richard Weber – kein Frankfurter Würstchen, denn sein Geist, sein Gemüt und seine Seele waren so bunt wie das Gefieder eines Paradisaea.

Bis Ende der 90er Jahre war ich ein Single, der die Welt so nahm, wie sie war. Ich ließ mich von keinem schweren Gedanken hinreißen und liebte das Leben, wie es mir vor die Füße fiel. Hin und wieder war auch eine Bananenschale dabei. Ich rutschte drauf aus und stand auch wieder auf. Und Typen habe ich dabei kennengelernt, die ich nicht unbedingt in das besagte Hotel nach Monaco einladen würde.

Aber einer steht ganz oben auf meiner Gästeliste. Ich bin mir nicht mal sicher, ob er je etwas davon geahnt hat, dass ich recht große Stücke auf ihn hielt. Vielleicht hatte ich mich sogar ein wenig in ihn verliebt. Zumindest in ihn verguckt. Also eine Schwärmerei war es schon. Er hatte so herrlich braune Augen, die mich an meinen ersten Plüschteddybär erinnerten. Aber alles andere an ihm war echt. Und er war so herrlich schüchtern. Zumindest machte er den Eindruck mit seinem „Hundeblick." Ein Blick, der zu sagen schien: „Bitte hab mich lieb" – der aber auch wieder sehr unterkühlt wirken konnte. Eine undurchschaubare Mischung. Deshalb erweckte er mein besonderes Interesse.

Er war groß gewachsen, nicht übermäßig kräftig, aber doch sehr männlich. Einer der wenigen Männer, die auch schöne Hände haben und einen nicht mit ihren Pranken fast erschlagen.

Sein Kopf war kugelrund, keine Unebenheit, keine Beule. Kurze Haare – na, auf die paar Haare hätte er auch verzichten können. Kleine Ohren, solche Knabberöhrchen – die Mädels unter Euch wissen jetzt, was ich meine. Die berühmten, braunen Augen, die ebenso vielsagend wie verschwiegen und so tief waren, dass man darin versinken wollte. Sein Gesicht war sehr ebenmäßig und fein geschnitten. Kein Fältchen und sehr maskulin. Er schien immer ein wenig zu lächeln.

Um seine Mundwinkel zuckte dieses leichte und freche Jungengrinsen. Es wirkte herausfordernd, einladend, anmachend und keck. Oft hatte ich mir vorgestellt, wie diese Lippen wohl küssen würden. Ob er wohl dabei stürmisch wäre, fordernd und besitzergreifend wie ein Torero? Oder eher der smarte Romeo, der seine Julia auf die romantischste Art und Weise flach legen würde. Vielleicht auch der coole Macho, der wie hingeworfen da läge und sich sein Menü schmecken ließe.

Manchmal erwischte ich mich dabei, wie ich ihn ewig anstarrte und mir die verrücktesten Dinge ausmalte. Ich hoffe nur, dass er das nie bemerkt hat. Und wenn, dann war er so verschwiegen gewesen, dass er Gentil like darüber hinweg gegangen ist.

Dafür, dass wir beide so grundverschieden waren, haben wir sehr viel Zeit miteinander verbracht. Zu zweit standen wir nachts in seiner Wohnung, renovierten und malten blaue Wolken an die Decke. Mit einer Anstandsdame fuhren wir sehr abenteuerlich an den Balaton nach Ungarn. Von ihm bekam ich meinen ersten Laptop und begann zu schreiben.

Ab und an begleitete er mich zu meinen Auftritten. Stolz wie Bolle saß ich in seinem schicken Mercedes und ließ mich durch die halbe Republik chauffieren. Wenn ich ihm Geld dafür geben wollte, weigerte er sich, es anzunehmen. Ich musste es ihm direkt aufzwängen. Es war für mich immer ein besonderes Erlebnis, mich mit so einem Mann zu zeigen. Aber er war ja nicht meiner. Ich fragte auch nie danach, ob er eine Freundin hatte. Ich wollte es auch gar nicht wissen. Mir reichte unsere gemeinsame Zeit.

Meine Fantasie war zwar nahezu grenzenlos, aber hätte sich einmal die Gelegenheit ergeben, diese auszuleben – ich hätte mit großer Wahrscheinlichkeit einen Rückzieher gemacht

Ich habe immer eine große Klappe gehabt, aber wenn es darauf ankam, dann war ich doch das scheue Bambi, das so malhonett an seiner Rührseligkeit knabberte. Leider. Und so reihte sich dieser geheimnisvolle Martin – der sich wie ein junger, stolzer Hirsch in mein Revier verirrt hatte – ein, in die überschaubare Mehrzahl meiner geistigen und fast unberührten Trophäen. Was für ein Schatz, den ich da hütete.

Jetzt denken Sie bestimmt, ich habe nicht mehr alle Latten am Zaun. Ich habe alle nachgezählt, es fehlt keine. Aber haben Sie sich schon mal die lustvolle Mühe gemacht, sich an all Ihre Eroberungen zu erinnern? Tun Sie, es wird Ihnen eine große Genugtuung bereiten, zu erfahren, was Sie so alles im Leben nicht verpasst haben. Sie müssen es ja niemanden erzählen. Es reicht, wenn Sie es mir berichten. Wir könnten dann gemeinsam ein neues, modernes Kamasutra zusammen stellen. Damit gehen wir dann auf Lesetournee nach Monte Carlo, mieten das schon besagte Hotel und werden als die erotischste Versuchung Deutschlands berühmt. Wir machen unsere erste Million und verkloppen die auch gleich wieder an der französischen Riviera für neue Eroberungen.

Ja, Sie haben recht. Ich habe doch nicht mehr alle Latten am Zaun. Aber der Gedanke daran bringt mein Blut in wohlige Wallungen. Keine Angst, ich gehe es langsam an.

Die bisher lebendigste und sündigste Temptatio in meinem ach so braven Leben, lief zunächst einige Male – über Jahre – an mir vorüber. Ohne dass ich davon eine Ahnung hatte. Vielleicht unbewusst, da ich mir ja im Klaren darüber war, bei so einem Typen keine Chancen zu haben.

Ein schnuckeliges Kerlchen, sportlich und modisch immer auf dem neuesten Stand. Er war Friseur. Alle nannten ihn „Fritöse." Fragen Sie mich nicht warum.

Als ich ihm dann zum ersten Mal so richtig in die Augen geschaut habe, war es plötzlich da, dieses Kribbeln im Bauch. Richtig, genau dieses Kribbeln, als wenn man zu viele Brausestäbchen genascht hat. Es ließ mich nicht mehr los.

Und vielleicht bin ich auch ihm – wahrscheinlich um einige Jahre zu spät – endlich etwas näher gekommen. Aber was wollte ich eigentlich von ihm? Schließlich hatte ich ihn ja auch auf einen imaginären Thron gehoben. Manchmal könnte ich mich selber ohrfeigen. Aber das tut weh.

Bestimmt hat der liebe Gott sich etwas dabei gedacht, dass ich mich nicht unbedingt in den Falschen, sondern grundsätzlich falsch verliebe. Wahrscheinlich weil ich nicht nur ein bisschen will – nein, ich will alles. Er hatte alles. Und von allem zu viel. Äußerlich schien er mir wie ein Chamäleon zu sein. Jeden Tag sah er anders aus, neue Frisur und neue Klamotten. Er war kein Harald Glööckler, hatte aber den denselben Anspruch – ausgesprochene Exklusivität. Eine Augenweide. Ein gelungenes Rezept von menschlicher Schönheit und harter, weltlicher Realität. Ein bisschen Wolfgang Joop, ein Hauch von Armani, eine Spur von Chanel und ganz viel Selbstvertrauen.

Sie meinen vielleicht – alles nur Fassade. Ich habe an der Fassade gekratzt. Und tatsächlich, dahinter war ein Mensch – wie Du und ich. Verletzlich, manchmal sehr spröde, besitzergreifend, liebevoll, divenhaft, narzisstisch, spendabel, verlockend, weltvergessen, verflucht gutgebaut, das breiteste Lächeln und die dreckigste Lache – kein Junge von nebenan.

Na, da hatte ich mir die Latte mal wieder ziemlich hochgesteckt. Bitte verstehen Sie mich nicht falsch. Vielleicht kann ich gar nicht lieben, ohne mir selber dabei weh zu tun. Als ich mir darüber im Klaren war – glauben Sie mir, ich habe Monate gebraucht, um das zu kapieren – ließ ich die Finger davon. Verbrannt hatte ich sie mir ja schon. Es war besser für ihn und für mich. Er flog auf einer ganz anderen Wolke als ich. Es tat ein bisschen weh.

Sie fragen sich vielleicht, wie man damit fertig wird. Werde ich nicht. Allein die Genugtuung, dass ich solche besonderen Menschen kennenlernen und ein Stück des Weges gemeinsam mit ihnen gehen durfte, rückt die ganze Sache in eine dankbar anzusehende Angelegenheit, die für immer mein Schicksal bleiben wird.

Jeder hat ein Hobby.

Leute, Leute – von A bis Z

Vielen Dank, dass Ihr mein Leben so bereichert habt!

Anderas Brambor Berlin *Nachbar* – das Haushandwerkwunder von Blankenburg – brummig wie eine Brombeere, aber ohne Dein Gemüt hätten wir manchmal alt ausgesehen…
Andrea Jung & Mario Magdeburg *Zeitzeugen* – meine „älteste" Schulfreundin und noch immer die schönste Frau von Magdeburg – Dein Mario hatte schon den richtigen „Riecher"…
Andreas M. K. Berlin *Beziehungsepos* – meine erste, wirkliche Liebesbeziehung und große Herausforderung – wenn wir Rentner sind, dann haben wir endlich Zeit für uns…
08/16 Berlin *Agentur* – Mario und Bachi, echte Eventmaker und dufte Kumpels in guten wie in schlechten Zeiten – Mann, was hatten wir für einen Spaß…
Angelika Ullrich Templin *Agentin* – mit Deiner großen Stimme und unseren Kontakten, wir hätten in Berlin ein eigenes Theater aufmachen sollen – aber mit zwei Garderoben…
ALCAZAR Hannover *Cabaret* – die noble Seite der deutschen Cabarets – Schade, ein fast schon vergessenes Relikt der guten, alten Zeit, die Erinnerung bleibt…
Andy Wolfsteller Wittenberg *Zeitzeuge* – der hübscheste Ex-Azubi von Lutherstadt-Wittenberg – ich hoffe, dass Dir unsere gemeinsame und aufregende Zeit genauso viel bedeutet wie mir, Grins…
Babelsberg *Filmstudios* – auf den Spuren von Marlene Dietrich – ich habe in ihrer Garderobe gesessen, wie immer hatte sie keine Zeit für mich – wenn sie das „Heute" noch erlebt hätte…
Bärenhöhle Berlin *Stammkneipe* – das Tor zur Hölle, eigentlich müsstet Ihr Millionäre sein – bei dem Geld, was wir Euch angeschleppt haben – aber lustig war es allemal…
Blauer Engel Berlin *Destille* – der Name war Programm – Leute haben wir da kennengelernt – endlich wusste ich, wie viel Alkohol in mich hinein passte und alles ohne Geld…

BARRIK Wittenberg *Kleinkunstbühne* – Hollywood und Hexentempel – fast zehn Jahre durfte ich meine Kunst bei Euch ausleben – Danke diesem treuen Publikum, Adieu…

Bornholm II Berlin *Vereinshaus* – Geschichten übern Gartenzaun – da haben wir gelacht, geweint, gesoffen, gesungen, die schönsten Abende verbracht und geheiratet und nun…

Benjamin Himmel *Artist* – einer der schillerndsten Travestiekünstler von Berlin – die Straß besetzte „Schlüter" aus dem Osten – machs jut da oben, alter Freund…

Barbara von Streusand Himmel *Artist* – die letzte, echte Ulknudel – ohne Dich hätte mich das Cabaret verschluckt und ohne Dich gibt es kein Cabaret mehr…

Brigitte Klinkert Berlin *Hobbyschneiderin* – der Stepptanz war unsere Leidenschaft und Deine Hände zauberten mir mein erstes, richtiges Bühnenkostüm – redest Du immer noch soviel…

Cio la Cabana Berlin *Artist* – die Königin der „kleinen" Kostüme und die Kaiserin des trockenen Humors – wenn es eine/r auf den Punkt bringt, dann Du…

Cristina Hamburg *Artist* – was für eine Frau, äh – was für ein Mann, äh – was für eine Stimme, AHA – die erhabenste und vornehmste Erscheinung, seit es Travestie gibt…

CAZAL Uli Puchstein Hamburg *Artist/Stylist* – alles was Glööckler und Co. als neu erfinden, hast Du schon vor Jahrzehnten in einer Perfektion gemeistert, die heute noch ihres gleichen sucht – Du bist einer der schönsten Männer, die mir je begegnet sind…

Claudia Berlin *Nachbarin* – wenn es einen „Oscar" für Hundeliebhaber geben würde, dann hättest Du ihn längst er halten – Danke für Deine Fürsorge und Menschlichkeit…

Conchita Wurst Österreich *ESC-Gewinnerin* – ich gebe es ja zu, ich war skeptisch, aber mit jedem Wort, das dieses Traumwesen sagte, entwickelte ich Sympathie, sogar Empathie – ich finde sie glatt weg erotisch – lasst die Leute erzählen, was sie wollen…

Dr. Hartmut Breuer Berlin *Rechtsanwalt* – ein Anwalt für alle Fälle – aus allen meinen Fällen hast Du mich relativ unbeschadet raus geboxt – mit leisen Tönen und augenzwinkernder Diskretion…

Daphne de Luxe Überall *Artist* – als ich Dich kennenlernte, ahnte ich noch nichts davon – aber Du bist so viele – und das in so einem zierlichen Körper – ich bewundere Dich für Deine Klugheit und Deine sagenhafte Multilingualität...
David Vilches Berlin *Artist* – Deutschland hat es Dir nicht leicht gemacht – aber Du hast gelacht und weitergesungen – ich bin froh darüber, dass wir ein Stück des Weges gemeinsam gehen konnten – Viel Glück für Dich...
Dany Niedrich Berlin *Stylist* – würde es Dich nicht geben, man müsste Dich erfinden – ohne Dich wäre diese Welt so trist und grau – ich könnte mir heute noch in den Hintern beißen, dass ich Dir nicht schon früher in die Augen geschaut habe – aber ich komme nicht ran, an meinen...
Donato Plögert Berlin *Sänger* – Deine Liebe zur Musik ist bestimmt die größte in Deinem Leben – aber denk daran, nicht die einzige...
Donna la Belle Hannover *Artist* – so wie Du es in Deinen Liedern singst, so bist Du auch – ein Stehaufmännchen, Respekt davor und Hut ab...
Eva Schröder-Branzke JWD *Komödiantin* – die berlinerischste aller Berliner – ein Artist durch und durch – dass ich das noch erleben durfte...
Energy Dancers Berlin *Ballettensemble* – welche Anmut, welche Schönheit und Klasse – vom LACHSACK auf die internationalen Bühnen und globalen Fernsehsender, Irre...
Ekki Göpelt Berlin *Sänger/Radiomann* – der Schlagerpapst von Ostdeutschland – einmal Ossi, immer Ossi – Einer für alle und alle für Einen – Gott sei Dank und auch Dir, für die unvergesslichen Stunden am Radio...
Evi Hannig Berlin *Geschäftsfrau/Archeia* – unser aller Mutti, Deine Güte, Deine Weisheit und Deine Umsicht – einige von uns wären ohne Dich jämmerlich gestrandet – Danke für alles...
Eggi Berlin *Lehrer/Lebemann* – die Zweitbeste – Schön, dass Du mir den „Alten" mal abnimmst – aber leider viel zu wenig, Doppelgrins...

Fred Falkensee *Kurier* – der heilige Technikus aller Travestiekünstler – wenn einer die bunten Vögel versteht, dann Du – und immer eine Handbreit Seifenblasen unterm Kleidersaum…
Familie Granzin Mecklenburg – man muss sie einfach liebhaben – mach Dich auf was gefasst – Du kriegst nie nur den Einen, immer das volle Paket…
Fernsehballett Bildschirm – das Juwel einer ganzen Nation – wie viele habe ich schon kommen und gehen gesehen – auch wenn ich das Unrythmischste auf Erden bin, bleibst Du mein größter Traum…
Gisela Bachmann Hannover *Arbeitnehmerin* – die „Hillary" vom ALCAZAR – Mensch, was musstest Du so alles mit uns ertragen und hast doch immer den Überblick behalten – Taff, kess und „dufte" obendrein…
Gerti Westphal Berlin *Schneiderin a.D.* – Handwerk hat goldenen Boden – Dein Geschick, Deine Raffinesse und Deine Kreativität – Deine Kostüme waren jeden Pfennig wert – Du und Karl Lagerfeld, das wäre der Oberhammer, aber wer von Euch ist dann die Diva…
Gabi Decker Berlin *Kabarettistin* – die Meisterin des Wortgefechts, die unerreichte Stimmbandartistin mit dem messerscharfen Verstand vom ganzen „Brockhaus" – nur manchmal wusste ich nicht, verarschst Du mich gerade oder ist es echt…
Grossi *Lebenskünstler* – der mit einer Schallplatte auf dem Kopf Bürgermeister von Halle werden wollte und dann doch „nur" nackend auf der Rosenthaler Straße die BVG zum Erliegen brachte…
Georg Preuße MARY & Jack Amsler Schweiz – zwei wunderbare Menschen – großartig in ihrer Bescheidenheit, Wegbereiter für neue Visionen und meisterliche Künstler in dem, was sie erreicht haben – ohne Euch wären wir dümmer und sehr weit weg von einer neuen und frischeren Theaterwelt
– Ihr habt grenzüberschreitend, Träume wahr werden lassen, auch über die Grenzen in den Köpfen hinweg – Euer Mut und Eure Weltzuversicht – Danke, dass ich als ein kleines Pflänzchen in Eurem warmen, schützenden und herzlichen Schatten gedeihen durfte…

Hasi & Mausi Berlin *Zeitzeugen* – das hat die Welt noch nicht gesehen – ein bisschen homosexuell ist ja ganz niedlich, aber Ihr seid wie zwei wunderbunte Kanarienvögel im düsteren Dickicht des kalten Berlins – Ihr habt mich oft zum Lachen gebracht, auch wenn mir nicht danach zu Mute war – ihr habt den Himmel von Berlin ein klein wenig greller werden lassen…
Heiko Gladis Berlin *Kamerad* – über Dich zu schreiben, ist nicht einfach – mir fällt da nur die Fabelwelt ein – dann wärest Du mein Satyr, kraftvoll und männlich, obenauf und den Blick nach vorn gerichtet, das Ziel im Auge und im Bewusstsein Deiner aphrodisierenden Wirkung auf andere – ein nimmersatter Thesaurus – um den zu ergründen, man wohl mehrere Leben braucht…
Hans Tilo Krug / Kit Carter Berlin *Tänzer* – schon vor fünfundzwanzig Jahren habe ich Dich angehimmelt und Du hast mich nicht gesehen – Du warst die männlichste Amazone, die der Osten je hervor gebracht hat – grazil, begabt, verführerisch und doch so unerreichbar – vom Apfel aus dem Paradies bist Du die rote Seite...
Hannelore Breiten Berlin *Sängerin* – die Klasse hast Du für Dich gepachtet, die Klasse zu singen, die Klasse auf der Bühne zu stehen und die große Klasse der Bescheidenheit, Chapeau…
Heino & Tina Berlin *Nachbarn* – Ihr seid das Relais in unserer Straße, bei Euch hat es schon „Klick" gemacht – eine Wonne an Gelassenheit und glücklicher Zufriedenheit, was nehmt ihr nur für Pillen…
Hans Wesselmann Berlin *Arzt* – Mensch, wat hätten wir bloß ohne Dir jemacht – einer der wenigen Ärzte, die mein vollstes Vertrauen besitzen – Danke für die Hilfe in den schweren Stunden…
Ina Thierfelder Harz *Schwester* – ein Teil von mir bist Du – aber unsere Leben sind so verschieden – man könnte meinen, wir leben auf verschiedenen Planeten…
Ingrid Seifert Berlin *Nachbarin* – die Vorsitzende unserer kleinen Großstadt-LPG in Blankenburg – verschwiegen wie ein offenes Grab – hilfsbereit und immer einen coolen Spruch auf den Lippen…
Irmgard Rettig Neuen Tempel *Reisebegleiterin* – wenn Bodenständigkeit und gesunder Menschenverstand einen Namen trägt, dann Deinen – im Reinen mit Dir und Deiner Welt…

Jens Dolecki Westen *Tänzer* – wenn Hupfdohlen nicht mehr hupfen, dann hat sie der Westen verschluckt – Schade, ich hätte gern noch mal mit Dir geredet…
Jessica Himmel *Artist* – Du warst zu jung, zu schön und zu begabt für diese Welt – vielleicht bist Du ja jetzt Frau Luna und singst dem Mann im Mond Deine schönsten Lieder – in liebevollem Gedenken…
Jens Wiemer Berlin *Spezialist* – Du bist der Pragmatismus in Persona, geradeaus und doch nicht einfach – das Besondere an Dir steckt tief in Deinem Herzen – wer das entdeckt, der darf sich glücklich schätzen…
Joy Peters Las Wurzen / Vegas *Artist* – dass Robbie Williams noch kein Duett mit Dir gesungen hat, verwundert mich immer noch - Naja, die Frederic war dann doch schneller – Du bist ein scharfsinniger Komödiant und ein grandioser Sänger, dem die Familie über alles geht – einen Wunsch habe ich an Dich, dass Du einmal in meiner Poetenschmiede im Garten sitzt…
John Goldenbaum Insel *Weltenbummler* – wer wenn nicht Du – Du bist der Romeo des einundzwanzigsten Jahrhunderts – die Reinkarnation von Lebenslust und guter Laune – unbändig wie ein arabischer Hengst – wer Dich zum Halten bringt, der hat auch Deine Liebe verdient…
Juliano de la Paz Berlin *Lebenskünstler* – als Junge mit Flausen im Kopf habe ich Dich kennengelernt und als angehenden jungen Mann wiedergesehen – wo das wohl noch hin führt…
Jochen Kronier Berlin *Artist/Designer* – ein außergewöhnlicher Künstler und ein außergewöhnlicher, liebenswerter Mensch mit einem außergewöhnlichen Sexappeal – kein außergewöhnliches „Appeal" zu viel…
Kutscherstube Matzlow – unsere künstlerische Heimstatt im rauen Mecklenburg, jedes Jahr im Januar zum Eisbeinessen mit den bunten Tanten – besser kann das Jahr nicht beginnen…
Kati & Pedro Berlin *Kulinarios* – der Kellner und die Küchenfee – sollte es mal einen Film über die französische Küche der „Goldenen Zwanziger Jahre" geben, Ihr wäret die ideale Besetzung und ich würde mich von Euch verwöhnen lassen…

Karlheinz Lindemann Berlin *Agent* – das liebenswürdigste Schlitzohr unter den Künstlermanagern – dass sie Dich noch nicht verhaftet haben – Na, ich würde Dir einen Kuchen backen…
Kay Ray Bühne *Artist* – der bunte Kasper, der sich vermännlicht hat – eine Stimme, zu der im Vergleich ein Reibeisen wie eine Harfe klingt – ein Revolutionär der Travestie…
Kai Zimmermann Irgendwo *Erinnerung* – Du hast mich vor vielen Jahren wach geküsst – wo immer Du auch jetzt küsst, ich wünsche Dir alles Liebe dieser Welt…
Marc Diavolo Berlin *Artist* – wenn ich ein Lied von Roland Kaiser höre, muss ich an Dich denken – was immer auch das Leben noch von Dir verlangt, lass es mal in Deine Seele schauen…
Martin Heintsch Randberlin *Geschäftsmann* – das verschmitzte Braunauge, der ewig Nachdenkliche, der Bedächtige, der Wachsame – der, den man den ganzen Tag nur knuddeln könnte…
Micky Tanaka Hamburg *Haute Couturier* – Du warst die echteste Diva von allen – Deine Kostüme und Kreationen, sensationell und phänomenal…
Michael Hansen Wandlitz *Sänger/Komponist/Musikschaffender* – große Hochachtung vor Dir und Deiner Kunst, Deiner Gabe, Deinem himmelhohen, musikalischen Verständnis und Gespür – ich hätte damals Dein Angebot annehmen sollen, ein Schlagerfuzzi zu werden – Danke für das Selbstvertrauen, dass Du uns kleinen, bunten Tanten gegeben hast…
Susanne Hansen Himmel der langen Beine *Nancy Girl / Ballett-Lehrerin* – Dein Lächeln und Deine gütige Umsicht, wenn wir am Mikrofon mal wieder versagt hatten – für uns alle warst Du der Fels in der Brandung – eines der schönsten und weiblichsten Geschöpfe, die der liebe Gott hat Mensch werden lassen…
Manfredo bei Reichelt an der Kasse *Entertainer* – was wäre Berlin ohne Deine „Travestieauslese" – wen Du so alles in eine Garderobe gestopft hast und wie viele Wodka Du in mich hinein gestopft hast – ohne Dich wären wir kulturell um einiges ärmer – Danke für die vielen, vielen Stunden bis zum Finale…

MOLLY Sisters Berlin *Sängerinnen* – Ihr seid immer so bescheiden und zurückhaltend, aber lieb ohne Ende…

MONIKA Ursula Meiffert Berlin *Kostümbildnerin* – mit den einfachsten Mitteln und den teuersten Materialien hast Du uns Roben für die Ewigkeit gezaubert – Berge von Pailletten, Strass und Federn – ohne Dich hätten wir im Adamskostüm auf die Bühne gemusst…

Manel Dalgo Monte Carlo *Artist* – der professionellste, wendigste, lustigste und einer der schönsten Travestiestars, seit es bunte Tanten gibt…

Marcel Bijou Braunschweig *Artist* – ein Almanach der vielen, vielen Worte – aber ein Künstler durch und durch mit allen Facetten…

Marc Sommer Nürnberg *Model* – Du bist das Schärfste, was jemals nackend auf meiner Bettkante gesessen hat – mit Dir auf der Bühne zu stehen, gehörte zu den absoluten High Lights in den letzten Jahren, dieser Körper, dieser grenzenlose Optimismus und die „Kleinen" Geheimnisse…

Markus Aschauer Wien *Beau* – Österreich beweist es immer wieder, dass es die besondersten Menschen auf uns los lässt – einer der schönsten und verführerischsten Männer – lass mich Dein „Schlagobers" sein…

Mario Siggelkow Storkow *Beau/Damenmaßschneider* – meine Güte, was für ein Mann aus Dir geworden ist – Du hast meine kleine Welt ganz schön durcheinander gewirbelt…

Frank Wieland Himmel *Damenmaßschneider* – ein Meister seines Handwerks – dass das Schicksal Dich so weggerissen hat – ich behalte Dich in meiner Erinnerung…

Matthias Sievert Norden *Moderator* – wenn ich den Leuten erzählen würde, dass Du mal gestrippt hast, keiner würde es glauben – aber dass Du künstlerisch was bewegen kannst, das schätzen wir an Dir…

Morten Schulz Hamburg *Beau/Model/Steuerphilosoph* – die zarteste und süßeste Versuchung, seit es Woltersdorf gibt – so schön kann doch kein Mann sein – bestimmt bist Du ein verzauberter Prinz – ach lass mich Deine Rapunzel sein…

Onkel Josef Jossy del Monte Frankfurt am Main *Ulknudel* – als ich Dich das erste Mal sah, dachte ich: „Was für eine Krawalltüte" – als ich Dich näher kennenlernen durfte, da wusste ich, dass Du einer der ehrlichsten und aufrichtigsten Menschen unter der Sonne bist – Danke für die Zeit mit Dir…
Pension Bartelt Eggesin *Veranstaltungsort* – und immer wieder Frauentag – die vielen Jahre, Fraun, Fraun, Fraun…
PARADIES Nürnberg *Cabaret* – eines der schönsten und altehrwürdigsten Kleinkunsttheater in Deutschland – mit soviel Liebe und Hingabe – tief in meiner Seele ist da ein Stück Zuhause…
PULVERFASS Hamburg *Cabaret* – die Knochenmühle unter den deutschen Cabarets – wer Dich überlebt, der braucht vorm Leben keine Angst zu haben…
Rummelei Jürgen Rummel Berlin *Entertainer* – Ich war Dein „Zauberlehrling" und Du mein „Hollywood im Osten" – ohne Dich wäre ich doch nur ein Bauzeichner geworden – Danke für die Strumpfhosen, Grins…
Rita Calypso Berlin *Artist* – Schönheit, Charme und Anmut – wer das nicht in Dir sieht, der hat Dich nicht verdient – Danke für die Zeit im CHEZ NOUS…
Ricky Renee Amerika bei Nürnberg *Jahrhundert-Diva* – als Du schon ein Star warst, da hat noch nicht mal meine Mutter an mich gedacht – Du bist die fleischgewordene, aus tiefster Sehnsucht nach Vollkommenheit, beschworene Erfüllung unserer Träume - einzigartig, legendär und doch so verletzlich wie ein Soufflé…
Raimund Woschnik Berlin *Zeitzeuge* – Ich hätte gern ein Buch mit Dir geschrieben, aber „unsere" fünfzehn Jahre waren ja schon wie „Seidenstrumpf und Mauerwerk"…
Richard Weber Frankfurt am Main *der moderne Chamuel* – bevor ich Dich kennenlernte, wusste ich nicht, dass es Engel wirklich gibt – Deine Energie war für mich erhöhend, liebevoll, tragend, weich und kraftvoll zugleich – seitdem Du mich verlassen hast, fehlt ein Stück in meiner Seele – die Erinnerung bleibt für immer…

Rainer Pechmann Berlin *Lebenskünstler/Zeitzeuge* – wir waren wie Hänsel und Gretel im Großstadtdschungel, aber wer war was – eine prickelnde Zeit, die ich nie vergessen werde…
Ramona Bonini Nürnberg *die Welt an sich* – unser beider Leben reicht nicht aus, um über all das zu reden, was uns bewegt – mach Dich auf was gefasst, wenn wir uns im Himmel oder in der Hölle wiedersehn…
Sven Granzin Berlin *der dem Sensenmann die Nase zeigt* – Du bist wie eine Katze – verschmust, launisch, samtig, kratzbürstig, zurückgezogen, besitzergreifend, ungerecht und alles gebend, das Leben liebend, die dunklen Mächte der Nacht beschwörend, von Null auf Hundert und zurück – ich werde Dich nie verstehen, aber deswegen liebe ich Dich…
Seekrug Potsdam *Weihnachtsoratorium der besonderen Art* - Advent, Advent ein Lichtlein brennt – in Eurem Kerzenschein waren die vergangenen Weihnachten wundervoll…
Sven Bergau Berlin *Geschäftsmann* – ein Voyageur der Moderne, ein Reisender, vielleicht sogar ein Liebesreisender – leider waren Deine Reisen nie die meinen…
SOUND EDITION Neuruppin *Agentur* – das Beste und Umtriebigste aus dem Norden…
Schlabbi Berlin *Fahrlehrer* – sei froh, dass Du nur die obligatorischen zwölf Fahrstunden mit mir ableisten musstest – alle anderen nehmen dann doch lieber den Bus…
Stefan Schneegass Wittenberg *Kulturschaffender* – wie aus einem kleinen Entchen ein stolzer Schwan wurde…
Sylvia Swanson Hannover *Artist* – der Inbegriff von Lippenstift…
Schoppenstube Berlin *Szenelokal* – eine fünfzigjährige Ära der Ostberliner Gay-Nachtschwärmer…
Samson Berlin *Feuerwerker* – unser schönstes Hochzeitsgeschenk war von Dir…
Tante Regina und Katrin Berlin *Familie* – wenn Ihr mich damals nicht aufgenommen hättet, was wäre wohl aus mir geworden – Ihr habt immer an meiner Seite gestanden – ob ich das jemals zurück geben kann – Danke für alles…

Tante Monika Halle *Lieblingstante* – der Kindheit schönster Tage bleiben mir für immer in Erinnerung – Danke, dass ich noch Kind sein durfte…
Tino Less Berlin *Entertainer* – Du hast mich aus dem Dreck gezogen, hast immer zu mir gehalten – wir haben wunderbare Theatermomente erlebt – hast mich nie fallen gelassen – ich glaube, Du hast mich wirklich geliebt – Danke, dass Du mein Freund geblieben bist…
Tante Koe Berlin *Überlebenskünstler* – wenn die Mauer damals nicht aufgegangen wäre, Du hättest einen Weg gefunden…
Torsten Leddin Berlin *Medienmann* – Du hast mein erstes Buch gedruckt – vielleicht klappt es ja beim Dritten wieder…
Ute & Manon Berlin *Erzieherinnen* – ein Musterbeispiel von Gemeinsamkeit, Freundschaft und Vertrauen, grenzenlose Tierliebe und super Doggi-Mums…
Uwe Sandow Berlin *Exhotelier* – der schönste Kellner vom Ostberliner Grandhotel – leider gingen unsere Wege so weit auseinander…
Ursula Staack *Schauspielerin* – als ich Dich kennenlernte, warst Du halbnackt und ich ein kleiner Garderobier – auf der Bühne bist Du noch immer das Größte für mich – ich habe so viel von Deinem Spiel profitiert – Du hast den Osten umgekrempelt und uns allen die Leviten gelesen – und dass ich dann noch mit Dir auf einer Bühne stehen durfte – ich verneige mich in tiefer Verehrung vor Dir…
Ziggy Pruetz Berlin *Komponist/Texter/Pianist* – mit Dir Musik zu machen, war eine meiner schönsten und größten Herausforderungen – ich kann nicht eine Note lesen, Dir war das egal, Du hast mich behandelt, wie Deinesgleichen, das gab mir Mut und Kraft – mit Dir war es meine kreativste und musikalischste Horizonterweiterung…

Es kann schon sein, dass ich die Eine oder den Anderen vergessen habe, aber das nächste Buch ist schon in meinem Kopf. Vielleicht sollte ich mir die Sache mit dem Hotel in Monaco noch mal überlegen und stattdessen gleich einen ganzen Zirkus mieten
   Dann hätten alle Platz und es würde der Sache den richtigen Rahmen verleihen. Das ganze Leben ist doch irgendwie immer wie ein Zirkus. Meine Rolle stünde auch schon fest. Na, richtig gedacht. Der

Clown. Ein Herzenswunsch ginge dann in Erfüllung. Mit weiß getünchtem Gesicht und übergroßen. Schuhen.

Es ist noch Zeit dafür. Wenn ich alt bin, also älter, also wenn ich uralt bin.

Der fünfzigste Geburtstag mit Feinkostsalat

Um fünfzig Jahre alt zu werden, muss man lange genug leben und darf vorher nicht sterben. Das wissen wir. Aber um seinen Fünfzigsten gebührend zu feiern, da muss man auch was erlebt haben, um an diesem denkwürdigen Tag gemeinsam mit den anderen Nochvierzigern und Mitübriggebliebenen darüber zu lachen, zu quatschen, zu erinnern und vielleicht auch Rotz und Wasser zu heulen.

Bei mir sind es bis dahin ja noch schlappe einundzwanzig Jahre. Komisch, vor einigen Jahren begann mein verblüffendes Leiden – in einigen Dingen komme ich über eine Zählweise von Neunundzwanzig nicht mehr hinaus.

Meine heimliche Schwester Ramona Bonini hatte es nun geschafft. 30.Januar 2014. Ich wollte es immer noch nicht so recht glauben und zweifelte, wo die Zeit geblieben ist. Natürlich war ich eingeladen und setzte alles daran, mich frei zu schaufeln, um nach Nürnberg zu fahren. Die letzten Wochen und Monate waren ein Desaster gewesen. Die Aussicht auf zwei Tage Nürnberg – die Stadt in der ich vor acht Jahren das letzte Mal aufgetreten war, ließ mich aufatmen.

Mit jedem Tag, der sich dem 30.Januar näherte, wurde ich hippeliger. Und bis zur Abfahrt war noch gar nicht klar, ob Sven und ich überhaupt fahren konnten. Es klappte.

Die letzten Kilometer vor Nürnberg übertraf ich meine Hippeligkeit. Endlich, Bogenstraße 26, PARADIES Cabaret Nürnberg. Unsere beiden Hunde, Krümel – der ein alter Artistenhund war und das alles schon kannte und Kleinmacho – unser Neuzugang und das erste Mal auf großer Fahrt, huschten durch die angelehnte Tür zum Cabaret. Es gab ein herzliches Hallo. Gekläffe und Geknutsche ohne Ende. Fast wie vor acht Jahren. Im Cabaret stand ein etwas untersetzter, mitteljunger Mann mit leichtem Bauchansatz und Bart. Auf der Straße hätte ich ihn nicht erkannt. Nur die unverwechselbare, leicht heisere und abgesungene Stimme verriet mir, dass das KAY RAY war. Er war gerade beim Sound Check. Ein leichtes Lächeln durchzuckte sein Gesicht, als er mich sah.

Ja, wir waren alle ein paar Donnerstage reifer geworden. Thomas, der gute Geist vom PARADIES hatte sich kaum verändert. Immer noch rastlos und vielbeschäftigt. Ich glaube, er ist der Einzige, der Multitasking wirklich beherrscht. Er hatte immer noch sein erfrischendes Lachen. Thomas gab uns die Schlüssel zur Künstlerwohnung und wir versorgten erstmal die Hunde, dann eine kleine Gassirunde auf dem Vorplatz zum Bahnhof.

Krümel wusste gar nicht, wo er zuerst schnüffeln sollte. Ob er sich an damals erinnerte? Es sah jedenfalls so aus. Er hinterließ alle paar Zentimeter seine Marke: „Hey Nürnberg, ich bin es, der Krümel aus Berlin." Innerhalb einer Viertelstunde trafen wir auch noch die Stripmädels von einst – CLAUDIA und KITTY KRISTALL, die ebenfalls mit ihren Hunden spazieren gingen. Wie in alten Zeiten, als ob es gestern gewesen wäre. Mir wurde ein wenig warm ums Herz.

Zurück in der Künstlerwohnung, rumpelte es im anderen Zimmer. Ein kleiner, grauer Kopf lugte durch den Türspalt. Ein Bierbauch mit Schlüpfer unten dran zwängte sich durch die Tür und im feinsten Bayrisch begrüßte uns BABY BUBBLE aus München. Wir hatten uns eine Ewigkeit nicht gesehen.

Es hatte fast den Anschein, als ob das ein „Klassentreffen" der letzten noch aktiven Travestiedinosaurier werden sollte. Sven und ich gingen runter ins Cabaret, um die Kostüme auszupacken. Ramona hatte sich zum Geburtstag eine bunte Show gewünscht.

Wir alle ahnten noch nicht, dass es ein bombastischer Abend mit Showsuperlativen werden sollte. Aus der Garderobe hörte ich schon das so wichtige Geplappere meiner Freundin ELKE WINTER. ELLE-KE, wie sie liebevoll genannt wurde, hatte sich auch nicht verändert. Sie war genauso rund wie früher und lavierte sich, wie immer wild quasselnd, in den Mittelpunkt des Geschehens. Gott sei Dank, es hatte sich wirklich nichts geändert. Ich hatte auch nichts anderes erwartet.

Die kleine Künstlergarderobe wurde brechend voll. Ein Artistenaufgebot, wie vor zwanzig Jahren. TEKIN, der neue Haustänzer. Er sah aus, wie ein zu hübsch gewordener Taliban – der sich bestens ins Cabaret-Leben eingewöhnt hatte, wie sich später herausstellte. ELKE WINTER, die unheimliche Tochter von FRANCE DELON, der leider nicht da sein konnte. Sven und ich, als THE FIRST LADIES. KAY RAY mit eigener Frau und dem kleinen Töchterchen. CLAUDIA, BABY BUBBLE, VICKY BROWN – die natürlich ihr „dezentes" Make-up aufgelegt hatte und inständig hoffte, dass ihr der Fummel noch passt. Er passte. MICHELLE vom PARADIES- Hausensemble und womit keiner gerechnet hatte, der Herr Direktor Peter Schneider persönlich – PATRICK DUPONT.

Eine miese und heimtückische Krankheit hatte Peter ein paar Monate zuvor in die Knie gezwungen. Zwischenzeitlich stand es nicht sehr gut um ihn und ganz Nürnberg befürchtete das Schlimmste.

Ramona, ihre Vorgesetzten, die Ärzte und die vielen Freunde vom PARADIES hatten alles Menschenmögliche vollbracht, um Peter und Thomas in dieser schweren Zeit zu unterstützen.

Einen ganz besonderen Ehrengast hatte Ramona direkt aus Hamburg einfliegen lassen – worüber auch ich mich sehr, sehr freute. Die ungekrönte Kaiserin von Hamburg – inzwischen zur Grande Dame der Reeperbahn geadelt – PATRICIA CHIUWAWA.

Gott, wie viele Nächte wir miteinander durchgemacht hatten. Im PULVERFASS und im TUSCULUM, im FRISCH & FRESCH und im RUDI`S. War das wirklich schon so viele Monde her? PAT sah blendend aus – in Würde perfekt ergraut und nicht ein Fältchen um die so wachen Augen. Wenn da mal nicht einer nachgeholfen hatte. Um sie herum war immer ein Hauch von „CHANEL." Sie war wie aus einer anderen Epoche – noch vor meiner Zeit, aber immer noch da. So wie sie da saß, ein Glas Bier lässig in der Hand, kerzengerade, ihrem Blick nichts entgehend. Nur eine leise Andeutung von einem royalen Lächeln, das ihr um die gestrafften Augenwinkel flimmerte. Eine inszenierte Erscheinung. Man traute sich nicht, sie einfach so an zu sprechen. Man senkte huldvoll den Blick, in der Hoffnung einen kleinen Teil ihrer teuren Aufmerksamkeit zu erhaschen.

Selbst wenn sie hundert Jahre werden würde – also vielleicht in „fünfzig" Jahren, würde sie dieselbe erhabene Erscheinung abgeben. Ich hatte und habe immer noch eine riesige Portion Respekt vor ihr und weiß noch heute die vielen, kleinen Tricks, die sie mir verraten hatte. Darunter waren unbezahlbare Lebensweisheiten.

Ramona hatte – ob nun gewollt oder rein zufällig – die richtige Mischung ihrer vielen Gäste gefunden. Mehr ging nicht.

Aber so gut es bei uns ging, richteten wir uns in der engen Garderobe ein. Für Sven war es anfangs zu beengend, aber wir hatten alle einen Heidenspaß. Wir schwatzten, lachten und lästerten natürlich über die, die nicht da waren. Wie früher. BABY BUBBLE gönnte sich erstmal eine Pizza, weil sie befürchtete, später am Abend nichts mehr auf dem Buffet vorzufinden. Wie früher.

Ramona und ihre Freundin Ulli – die Gastgeberinnen – waren inzwischen eingetroffen und wir lagen uns alle in den Armen. Wie früher. Ramona sah toll aus. Es war kaum zu glauben, dass sie die Fünfzig geschafft hatte. Das Verblüffendste an ihrer so eleganten und jugendlichen Erscheinung waren die Absatzschuhe. Ich hatte Ramona noch so feminin erlebt. Es wirkte ein wenig absonderlich, aber es stand ihr gut.

Allmählich trudelten die geladenen Gäste ein. Wir verzogen uns in die Garderobe und malten uns een Ooge. Der Beginn der Geburtstagsrevue zog sich hin. Im Cabaret wurde begrüßt, beglückwünscht, gelacht, beschenkt und angestoßen. Endlich wurde auch das Buffet eröffnet. BABY BUBBLE, die inzwischen in ihrem zünftigen, bayrischen Ornat mit glitzerndem Dirndl, blauen Haaren und bunter Schminke mit viel Glitter eingetroffen war – hatte sich schon mal über die vielen deftigen Bestandteile des Buffets informiert. Sie teilte uns die frohe Kunde mit, dass die Feinkostsalate alle hausgemacht und äußerst schmackhaft waren. Gott sei Dank, der kulinarische Teil des Abends war gerettet.

Sven und ich sollten den Reigen der bunten Transvestiten eröffnen. Ich hatte mir für das Schminken viel Zeit gelassen. So kurz vor dem

Auftritt zitterten mir seit langem mal wieder die Hände. Als Sven und ich bereit waren, meinte EL-LE-KE nur schnippisch: „Na, ihr seht ja aus wie die Kessler-Zwillinge." Entweder war das ein Kompliment gewesen, weil die richtigen Kessler-Zwillinge gerade mit siebenundsiebzig Jahren in Berlin eine klasse Modenschau hingelegt hatten, oder... Aber da begann unsere Musik und wir mussten raus. Ramonas Augen funkelten und den anderen Gästen gefiel es auch. Für Nürnberger Verhältnisse waren wir recht seriös, aber es kam an. Das brachial Komische sollte ja noch kommen.

Da wir mit tänzerischen Raffinessen weniger ausgestattet waren, übernahm diesen Teil der gutgelaunte Softie, unser Balletttaliban TEKIN. Er überzeugte mit seinem Talent und seinem wirklich knackigen Popöchen nicht nur die vielen weiblichen Geburtstagsgäste. Und da Legenden länger leben als ihr guter Ruf, verwunderte es mich auch nicht, dass das Striptease-Urgestein CLAUDIA noch einmal einen ihrer Schönheitstänze Ramona als Geschenk zu Füßen legte. Sie war einfach nur bezaubernd und hatte an diesem Abend nichts von dem eingebüßt, das sie über die vielen Jahre so beliebt gemacht hatte. Das eine oder andere Fältchen – na klar. Aber die hatten wir ja alle und an denen erkennt man, dass wir gelebt haben.

Ramona saß am Pressetisch. Das ist traditionell der beste Tisch im Cabaret, meist sehr zentral platziert und mit der besten Aussicht auf die Bühne. Man sah es ihr an, sie amüsierte sich königlich und ausgelassen. Hin und wieder kullerten ihr ein paar Tränen über die Wangen. Jeder gönnte es ihr von Herzen und hätte ihr gern noch mehr geschenkt.

Das Fass zum Überlaufen brachte dann der Herr Direktor höchst persönlich. Keiner hätte es geglaubt. Nach einigen Monaten der Bühnenabstinenz hatte er sich in den Fummel geworfen und überraschte nicht nur Ramona damit. Etwas schmaler war er geworden, bedächtiger in seinen Bewegungen und stiller. Fast vergleichbar mit einem kunstvoll gearbeiteten FABERGÉ-Ei. Kostbar und zerbrechlich. Ich fand, er sah besser aus als früher – menschlicher – mehr Peter als PATRIC DUPONT. Das machte ihn mir umso sympathischer. Ein unausgesprochener Gedanke schwirrte bestimmt in jedem Kopf der

Anwesenden: „Wer weiß, wann wir uns in solch einer Runde wieder sehen würden." Die letzten Jahre hatten viele traurige Einschläge hinterlassen.

Unser bayrisches Madel BUBBLE zerplatzte diesen Gedanken für wenige Minuten. Mit ihrem komödiantischen und vom Feinkostsalat gestärkten, verbalen Glückwünschen – die teils aus tiefstem Herzen und teils aus ihren von der Gosse gebeutelten Erinnerungen gekramt – sorgte sie für zwerchfellerschütternde Lachsalven. Sie hielt sich nicht lange bei Vorreden auf und kam gleich zum Wesentlichen. Auch angesichts dessen, dass es sie wieder ans Buffet drängte, da sie noch nicht alle Feinkostsalate ausgiebig probiert hatte.

Die anschließende Pause benötigten wir alle dringend – ich zum Abschminken, BABY BUBBLE für die F…, ach – das wussten Sie schon und die anderen Gäste für eine Raucherpause vor dem PARADIES. Frau WINTER stand in all ihrer Pracht bereit, um die vielen tausend Zuschauer – die leider nicht kommen konnten – mit ihrem berühmten Girly-Image den Kopf zu verdrehen und ihr neuestes Kostüm zu präsentieren. Natürlich war es eine Kreation von MICKY TANAKA. Dieses Kostüm erinnerte mich an das vergangene Weihnachtsfest. Ich grübelte, ob ich meinen künstlichen Weihnachtsbaum schon abgeputzt hatte.

EL-LE-KE fand das nicht so lustig – sie war es aber auch nicht anders von gewohnt. Das Kostümchen war schon sehr gewagt. Sehr kurz gehalten, im giftigen Metallicgrün schimmernd, mit ausladender Oberweite und über und über mit weihnachtlichen Perlenketten besetzt. Thomas Lingl – ein sehr guter und langjähriger Freund von Ramona und für diesen Abend ihr persönlicher Kellner – brachte es auf den Punkt: „ELKE WINTER – der Kampfstern GALACTICA." Mit dieser Äußerung mental gestärkt und mit aufgestockter Conny-Froboess-Frisur, eröffnete sie stimmgewaltig den zweiten Teil der Ramona-Geburtstags-Gala. Sie donnerte ihre Conferencen durch das Cabaret und ich musste unweigerlich an MARIO BARTH denken. Er bedient sich ja auch des Öfteren am Gedankengut anderer. Aber es ging ja nicht um meine Empfindungen, den Leuten sollte es gefallen und das tat es. ELKE räumte ab wie immer und wir wussten endlich, wann wir einen Urlaub auf der AIDA machen sollten. Dann sollten wir vorher den bordeigenen Künstlerkatalog studieren, um heraus zu finden, ob ELKE gerade am Kapitän nagte oder es ein ruhiger Urlaub werden würde.

Weniger ruhig ließ es VICKY BROWN auch nicht werden. Sie hatte wirklich lange gezweifelt, ob sie überhaupt noch in ihr ohnehin schon sehr stretchiges Kostüm passen würde. BABY BUBBLE hatte sie doch allen Ernstes gefragt, ob ihre Frisur verdorben sei – nur weil VICKYs blonde Strähnen im Grau untergingen.

Aber ungeachtet all dessen, schmetterte sie IHR „Dromen" in flämischer Sprache. Es ist ein wunderschönes und kraftvolles Lied – im Original von Roland Kaiser gesungen.

So kannten wir unsere VICKY. In mir rief sie immer ein Bild hervor, das ich mir nicht genau erklären konnte: „Jeanne D`Arc" der Travestie. Vielleicht, weil es für sie nie ein Zurück, sondern nur ein Vorwärts gab – egal wie widrig die Umstände waren, oder sie mit ihrer Meinung allein stand und sie doch wusste, dass sie Recht hatte. Ich mochte sie von Anfang an und daran hat sich bis heute nichts geändert.

Die vielen Engagements, die wir zusammen hatten. VICKY hatte immer eine Vorbildfunktion für mich. In erster Linie als Artist, denn als Mensch – wir müssten tausend Jahre alt werden, um die annähernd perfekte Formel für das Menschsein zu finden.

Schon unser Bundespräsident Joachim Gauck hat Ähnliches an seinem Hund erkannt und behauptete von seinem vierbeinigen Freund in etwa: „Als Hund geht er gar nicht, aber als Mensch ist er einfach unersetzlich."

Einen hauseigenen Schmankerl vom PARADIES bot MICHELE mit einer sehr speziellen und dramatischen Tanzdarbietung, voller Leidenschaft und Hingabe bis zum endgültig Letzten.

Und dann – schon weit nach Mitternacht – kam der brachiale Kracher. KAY RAY.

Ich kannte ihn ja nur als einen „bunten Kaspar" – Salopp gesagt. Er war kein Travestiekünstler – viel zu bunt dafür. Kein Komiker oder Comedian – viel zu distinguiert dafür. Kein Tänzer – das sah man an seinem Bäuchlein. Kein Schauspieler – viel zu ungehorsam dafür. Kein Sänger – viel zu talentiert dafür. Er war einfach nur KAY RAY. Ein immer lodernder Schmelzofen kurz vor der Explosion. In seinem Kopf muss ständig ein Gewitter herrschen. Gedankenblitze von einer überschäumenden Flut.

Wenn er all das sagen würde, was ihm gerade im Kopf umher schwirrt und mit derselben Geschwindigkeit – wir würden wahrscheinlich nur ein unmissverständliches Surren wahrnehmen.

Er hat die fast teuflische Gabe – mit nur einem gesagten Wort, ein gerissener Schmeichler, ein verträumter Liebhaber, ein vergessenes Monster, ein gefallener Engel, ein zauberhafter Verführer, ein frauenfeindlicher Mistkerl, ein homosexuelles Abbild „Hitlers", ein zotiger Witzerzähler, ein heiserer Intonationsvisionär, ein schriller Bühnendiktator, ein liebevoller Familienvater, ein skurriler Geschichtenonkel, einfach KAY RAY zu sein.

Für ihn ist Schwarz gleich Weiß und doch nicht Grau. Unvergessen sind seine Sägeattacken auf der Bühne, bei denen er Schränke zerlegte oder jungen, frischfrisierten Mädels mit bloßen Fingern die Haare zur Tina-Turner-Mähne toupierte, oder mir in Hannover seine Band für nur ein Lied lieh und mir damit einen großen Wunsch erfüllte.

Über eine Stunde lang in Ramonas Nacht, verblüffte er, sang er, konferierte er, schockierte er, lockte er, verschmähte er, log er, offenbarte er, plauderte er, flirtete er, beleidigte er, besänftigte er und war ganz und gar nicht pathetisch.

Der Morgen schlich schon wieder durch die Lebkuchenstadt Nürnberg, als die letzten Gäste die Fuffziger-Fete verließen. Ich war meinem schon über zwölf Monate andauernden, freiwilligen Vorsatz der absoluten Alkoholabstinenz treu geblieben. Obwohl die Versuchung groß gewesen war, wenigstens einen traditionellen Wodka zu probieren. Ich ging noch einmal mit den Hunden über den Platz vor dem Bahnhof, traf wie zum Abschied CLAUDIA und KITTY und dachte nochmal an die Feinkostsalate, von denen mir BABY BUBBLE einen klitzekleinen Klecks übrig gelassen hatte. Ich schaute noch einmal zurück, tat einen tiefen Seufzer und war schon bald wieder zu Hause.

Und plötzlich ganz unten

Wahrscheinlich habe ich die erste Hälfte meines Lebens nun hinter mich gebracht und stehe jetzt am Anfang der zweiten Hälfte. Wie schnell doch die paar Jahre vergangen sind.

Vielleicht Zeit für ein Resümee. Oder ist es noch zu früh dafür? Die letzten Jahre waren die intensivsten für mich. Mit jedem Tag, an dem ich ein Stück mehr Weisheit erfahren darf, wird mir – manchmal sehr schmerzlich – bewusst, dass dieses Leben morgen schon vorbei sein kann. Ein Blick in den Spiegel genügt, da bin ich ehrlich zu mir. Die kleinen Falten, die gestern noch gar nicht da waren… An einigen Körperstellen hat sich die Schwerkraft mehr durchgesetzt als mir lieb ist. Und die „Neunundzwanzig" ist schon längst verblasst.

Obwohl ich stolz darauf bin, dass ich es bis hier her geschafft habe, hätte ich nichts dagegen, die Zeit noch einmal zurück zu drehen. Wenn ich durch die Straßen gehe und sehe die jungen Leute um mich herum, werde ich manchmal etwas wehmütig. Wenn die in meinem Alter sind, dann bin ich schon alt und runzlig oder gar nicht mehr da. Ich möchte schon ganz gerne sehr alt werden. Natürlich nur, wenn die Gesundheit mir keinen Strich durch die Rechnung macht und sich mein Verständnis gegenüber der zunehmenden Technisierung und Automatisierung im alltäglichen Leben auf ein gesundes Maß einpendelt. Ich bin kein Freund von allzu gegenwärtiger Elektronik, die den Menschen verdrängt.

Ich muss zugeben – es gibt einige, wirklich sehr praktische und notwendige Erfindungen, die unser Leben um einiges erleichtern oder gar erst möglich machen. Was mich jedoch stört, ist die Gier nach noch mehr. Es muss immer das modernste und teuerste sein. Jeder will jedem beweisen, dass er sich das leistet – obwohl er es nicht kann. Alles nur geliehen und geborgt. Das kann einem schnell das Genick brechen. Ich geriet selber in diese Zwick- und Zweckmühle und ließ mich mehr als einmal von einer neuen Anschaffung blenden, die ich überhaupt nicht brauchte. Sven und ich haben in den letzten Jahren mehr als gut verdient. Und wir haben es mit vollen Händen wieder ausgegeben. Aber mehr als wir verdient haben. Wozu gibt es denn Kreditkarten und Dispo? Wir haben uns alles geleistet, jeden Scheiß gekauft, die Knete in die Kneipen getragen und den Leuten das Geld nur so in den Rachen geworfen. Wir hätten es auch aus dem Fenster schmeißen können, dann hätten wir es wenigstens noch flattern sehen. Uns ging es gut, wir verdienten viel Geld und lebten doch auf Pump. Keiner von uns beiden hatte eine Ahnung, wie man mit Geld richtig umgeht.

Aber wem soll ich dafür einen Vorwurf machen? Unserer Irrsichtigkeit? Es ging immer irgendwie. Wieder ein neues Auto und noch eins und noch eins. Schlussendlich kauften wir uns ein Häuschen im Grünen mit fremdem Geld. Wieder so ein Schnellschuss und wir gingen sehr blauäugig an die Sache heran. Nicht die Spur einer Ahnung hatten wir, was da auf uns zu kam.

Die Vorstellung, endlich ein eigenes Heim zu besitzen, überwog alles. Wir waren wenig davon überzeugt, dass die Bank uns so viel Geld geben würde. Aber sie tat es. Wir kauften mitten in Blankenburg, auf knapp siebenhundert Quadratmeter Garten eine kleine Bruchhütte. Wir waren selig und alles musste sehr schnell gehen.

Wir waren wie im Rausch und zusammen wieder glücklich. Der Eifer hatte uns gepackt, aus dem herunter gekommenen Garten und dem verwohnten Häuschen ein kleines Paradies zu schaffen, das eventuell mal unser Altenteil sein würde.

Handwerklich waren wir beide ja nicht gerade die „Top Two" dieses Jahrhunderts. Wir erhielten grandiose Unterstützung von unseren „neuen" Nachbarn und lernten eine ganze Menge dazu.

Inzwischen könnten wir so ein kleines Haus auch alleine bauen, mit dem nötigen Kleingeld – versteht sich. Da war es wieder, das liebe Geld. Es rann uns wie feiner Sand durch die Finger. Wir hatten das Wort „Geld" noch nicht einmal ausgesprochen, da war es auch schon wieder weg.

Am Heiligen Abend 2009 bezogen wir unser neues Domizil. Alle Welt sitzt unterm Weihnachtsbaum und wir ziehen um. Einen Vorteil hatte das – alle Straßen waren leer. In aller Ruhe konnten wir unsere Blitzaktion über die Bühne bringen. Die erste Nacht war etwas gespenstisch. Stockfinster und eine Ruhe wie auf dem Friedhof. Inzwischen empfinde ich das als einen nicht zu missenden Luxus.

Max und Krümel erschnüffelten alles ganz genau. Sie schienen sich noch sicher zu sein, ob sie sich hier wohlfühlen konnten. In meinem Kopf spukte es, wenn ich meinen kleinen Max ansah. Ich wusste, dass seine Zeit bald ablaufen würde. Zu lange schon machte ihm sein großes Herz zu schaffen. Es schlug so schnell, dass man keinen konkreten Herzschlag mehr heraus hören konnte. Er bekam Tabletten, so dass es wenigstens etwas erträglicher für ihn war.

Die vielen Jahre, die er mich begleitet hatte – er sollte noch zwei wunderschöne Sommer verleben dürfen. Mit dem Tag, als er starb, wurde alles anders. Es war, als hätte er ein Stück meiner Seele mitgenommen. Kleinmäxchen musste sich nur eine Nacht quälen. Er hustete und röchelte. Er bekam schlecht Luft. Ich wusste, er hatte Wasser in der Lunge. Er schaffte es nicht mal mehr in mein Bett.

Dreizehn Jahre hatte er immer zwischen meinen Beinen gelegen und selig geschlafen. Er war wie ein Körperteil von mir. In diesen Jahren waren wir vielleicht vier Tage von einander getrennt gewesen. Er war immer da.

Am nächsten Morgen war Max ganz ruhig – seine Atmung war noch schwerer geworden. Seine kleinen, braunen Augen hatten ihren Glanz verloren. Sein müder Blick schien zu sagen, dass es Zeit wäre zu gehen. In der Hoffnung, dass es sich vielleicht doch nur um eine Lungenentzündung handelte, brachten wir Kleinmax zum Arzt.

Meine schlimmen Befürchtungen bewahrheiteten sich – also doch Wasser in der Lunge. Die Ärztin erklärte uns, dass Max daran in den nächsten Tagen ersticken würde. Dieses qualvolle Sterben wollten wir ihm ersparen und entschlossen uns, sehr schweren Herzens, ihn zu erlösen. Bislang war das die schwerste Entscheidung, die ich mit zutreffen hatte. Es ging um ein kleines Leben.

Kleinmäxchen, der immer großes Theater beim Tierarzt gemacht hatte, war die Ruhe selbst. Sven und ich waren emotional am tiefsten Punkt angelangt. Denken konnten wir nicht mehr. Mit zitternder Stimme bedeutete ich der Ärztin, dass sie ihm die Spritze geben könne. Sie führte uns in einen Nebenraum, damit wir Abschied nehmen konnten und erklärte uns, wie es ablaufen würde. Und so war es auch. Max bekam eine Beruhigungsspritze, die ihn in eine tiefe Sedation versetzte. Bevor er seine kleinen Äuglein für immer schloss, sah er mich noch einmal lange an und ich wusste, dass alles in Ordnung ist. Erst als er fest schlief und kein Schmerzempfinden mehr hatte, bekam er die Barbituratinjektion, die zum Atem- und Herzstillstand führte. Es dauerte ungefähr eine halbe Stunde. Ich hielt ihn die ganze Zeit in meinem Arm – in dem er auch seinen allerletzten Atemzug tat.

Er war tot. Die Welt stand wieder still. Er lag da, als ob er schlafen würde. Ganz warm war er. Ich wickelte ihn behutsam in seine Lieblingsdecke und legte ihn in das Körbchen auf den Beifahrersitz in meinem Auto. Sven und ich sprachen kein Wort. Stumm fuhren wir nach Hause und ließen unseren Tränen freien Lauf.

Es war das erste Mal, dass ich bewusst trauern konnte. In unserem Garten suchten wir ein schönes Plätzchen für Kleinmäxchens letzte Ruhestätte.

Sven hub das Grab aus und ließ mit seiner Buddelei seine ganze Wut und Trauer raus. Wie ein Berserker wütete er in der widerspenstigen Erde. Ich fuhr mit meinem kleinen Liebling noch einmal durch Berlin und kaufte Blumen für sein Grab. Das war meine Art, damit umzugehen. Für mich war er nicht tot.

Wir beerdigten unseren kleinen Max in aller Stille. Er bekam seinen Swimmingpool, sein Lieblingsspielzeug und eine Leberwurst für seinen langen Weg in den Hundehimmel mit. Es war endgültig.

Am Abend – wie in alter Gewohnheit – standen drei Futternäpfe bereit. Es war grausam. Uns fiel es sehr schwer, damit umzugehen. An essen und schlafen war nicht zu denken. Zu unserem Erstaunen trauerte die gesamte Nachbarschaft mit. Alle hatten sie Max - genauso wie er sie – ins Herz geschlossen. Das nahm uns zwar nicht den Schmerz, aber es war ein kleiner Trost. Wir waren nicht allein. Sven wühlte sich durch alle Fotoalben und Kartons und stellte ein wunderschönes Album mit den schönsten Fotos von Mäxchen zusammen. Am folgenden Sonntag veranstalteten wir einen Gedenktag. Jeder konnte kommen und Abschied nehmen. Natürlich flossen Tränen. Aber wir erinnerten uns auch an die sonnigen Momente, in denen uns der kleine Wurm zum Lachen gebracht hatte. Die schönsten Geschichten machten die Runde und uns das Abschiednehmen etwas leichter. Nur Krümel verstand die Welt nicht mehr. Er verstand nicht, warum sein kleiner, dicker Freund nicht mehr da war. Er fraß nicht mehr. Auch Tiere können trauern.

Es ist ein erbärmlicher Anblick. Man kann es ihnen ja nicht erklären und ist ohnmächtig. Der Schmerz verdoppelt sich.

Max und Krümel waren nie von einander getrennt gewesen. Monate vorher hatten wir uns schon Gedanken gemacht, was sein würde, wenn einer von beiden stirbt. Wir hatten uns entschieden, uns einen dritten Hund zu zulegen. Eine Hündin sollte es sein, denn weder Max noch Krümel mochten ihr Revier mit einem anderen Rüden teilen. Der „Zufall" brachte uns unsere Golden-Retriever-Hündin. Sven weiß bis heute nicht, warum sie ausgerechnet „Lucie" heißt. Ein kleines Geheimnis muss ich haben.

Da hielt ich nun diesen dicken, weichen, sandfarbenen Wollknäuel in meinem Arm. Ein Wonneproppen. Ein fettes Hundebaby. Sven hatte sich sofort in sie verliebt. Nach Krümel wurde nun Lucie auch „sein" Hund. Beide waren absolut auf ihn fixiert. Klar – füttern und Gassigehen durfte ich auch. Aber die drei waren auf einander eingeschworen, obwohl weder Krümel noch Max sonderlich großes Interesse an Lucie zeigten. Die Jungs akzeptierten sie in ihrem Rudel. Und damit Basta. Max war der Chef, Krümel der Vize und Lucie die Prinzessin. Insgeheim hoffte ich, dass nicht noch mehr Tiere bei uns ein Zuhause finden würden. Mir reichte mein kleiner Dicker mit dem großen Herz.

Wir Fünf führten ein wahres Familienleben. Anfangs schüttelten die Nachbarn nur mit den Köpfen. Aber inzwischen wussten sie, wer in ihre Nachbarschaft gezogen war und dass wir immer ein paar Überraschungen parat hatten.

Die Leute amüsierten sich, wenn wir unsere Spaziergänge machten. Ein Zirkus war nix dagegen. Vorne weg Krümel, dann Lucie und Sven. Max und ich ließen uns Zeit. Er hatte sowieso seinen eigenen Kopp und wackelte nach seiner Devise – es dauert eben so lange wie es dauert. Ich passte mich an und genoss den Anblick unserer kleinen

Karawane. Nur die Kacktüten wurden – Dank Lucie – von Monat zu Monat größer. Ich befürchtete schon, irgendwann zu „Netto"-Tüten greifen zu müssen. Sie glauben ja gar nicht, was drei Hunde so zusammen scheißen können. Und bei uns im Dorf wird peinlichst darauf geachtet, dass auch ja jeder sein Häufchen wieder weg macht. Anders als in der Stadt, da wird gekackt, dass die Heide wackelt und jeder lässt es liegen.

Lucie wuchs und wuchs. Sie wurde eine ausgesprochene Schönheit. Und heimlich verliebte ich mich auch in sie. Das erzählte ich aber niemand.

Und dann kam der Tag, an dem Kleinmäxchen sich auf seine Himmelsreise machte. Drei Näpfe standen wie immer bereit. Nur zwei wurden gefüllt. Unter Heulen stellte ich den dritten Napf zurück in den Schrank.

Nach gut zwei Wochen hielt es Sven nicht mehr aus und stöberte im Internet nach einem Bologneser-Rüden. Er wurde fündig und zeigte mir die Bilder von einer Handvoll Bolo. Ich ließ mich vorerst breitschlagen und telefonierte mit der Züchterin. Sven musste auf Dienstreise. Ich weiß nicht, ob er sich sicher war, dass ich auch diesen Hund kaufen würde. Ich war mir ja selber nicht sicher.

Ich fuhr nach Karow und schaute mir dieses kleine Wunder an. Natürlich hatte ich die Anzahlung in meiner Tasche. Ich ließ den kleinen Welpen noch eine Woche in der Obhut seiner Mutter. Am Tage von Svens Rückkehr konnten wir den Kleinen dann abholen. Sven hatte schon Hummeln im Hintern und konnte es kaum erwarten. Einen Namen hatte er auch schon für ihn – Macho.

Es war wirklich nur eine Handvoll Hund, die Sven da im Arm hielt. Schneeweiß und noch sichtlich verängstigt setzten wir ihn in unseren Garten. Als er Lucie sah – die ja nun schon um ein mehrfaches größer als er war – rettete er sich mit einem Sprung in die Hecke. Das war es dann auch – mit „schneeweiß." Nach einer halben Stunde war die neue Rangordnung auf unserem Grundstück hergestellt. Krümel hatte mit nur einem Knurren festgelegt wer der Chef ist. Von Stunde an waren Lucie und Macho unzertrennlich und lebten ihre Kinderstube im wahrsten Sinne des Wortes gründlich aus. Unser Quintett war wieder komplett. Haben Sie schon mal intensiv beobachtet – sollten Sie Hundebesitzer/in sein – wie es aussieht, wenn Sie ihren Hund nur von hinten sehen. Das Arschgewackel kennen wir alle. Aber jeder Hund hat einen anderen Gang.

Krümel sah so aus, als ob man einer Nähmaschine ein Fell übergezogen hatte. Lucie sah von hinten aus wie eine Ente. Eine Riesenente, die watschelnd durch Blankenburg streifte. Und der kleine Macho erinnerte mich immer an den „Benni" von der Olsenbande – dieses hüpfende Gestolpere von einem Fuß auf den anderen. Es wurde nicht langweilig und auch nicht ruhiger. Ruhe, nach der ich mich immer häufiger sehnte.

Für Sven konnte es nicht quirlig genug sein. Ich konnte es mir nicht erklären, warum es immer so aufgedreht war. War es die Angst, irgendwas zu verpassen? Midlife-Crisis? Er ist doch nur ein halbes Jahr jünger als ich. Irgendwie entfernten wir uns von einander. Wahrscheinlich veränderte uns die Zeit, wir können ja nicht ewig Zwanzig bleiben. Ich hatte ja auch meine Macken. Und obwohl Sven so lebenshungrig war, verschloss er sich mir gegenüber mehr und mehr. Ich kam nicht mehr ran an ihn. Seine Gedanken und Probleme vergrub er für sich.

In jeder Partnerschaft kriselt es. Die erste große Krise hatten wir schon hinter uns gebracht. Damals 2006. Danach hängte ich meine kleine Karriere an den Nagel und machte keine Tourneen mehr. Die Bühne wurde zur Nebensache. Es war nicht leicht für mich gewesen, da ich damals davon überzeugt war, dass es das Einzige sei, was ich beruflich wirklich gut gemacht hatte. Auf der anderen Seite dachte ich mir: „Ich habe die halbe Welt gesehen und die andere Hälfte kommt auch ohne mich aus." So ein großer Stern am Firmament der Travestie war ich ja nun auch nicht. Wollte ich auch nie werden. Mir reichte ein kleines Publikum, eines zum Anfassen und meine Liedchen.

Ich habe auf den größten Bühnen gestanden und mit großen Stars tolle Begegnungen gehabt. Ob auf CSD-Veranstaltungen, in Kneipen, auf riesigen Openairgeschichten, bei Laubenpieperfeten, in ausgesuchten Theatersälen, mit fantastischen Musikern, vor Rentnern und

Kindern, selbst auf eine Neonaziveranstaltung hat man mir das Fell nicht über die Ohren gezogen und ich habe auch nicht mein Gesicht verloren. Und das Fernsehen war nie mein Ding gewesen. Ich wusste, was ich künstlerisch kann und wovon ich – Gott sei Dank – die Finger gelassen habe.

Ich habe mich nie blamiert, bin mir treu geblieben und musste mich meiner Arbeit als Travestiekünstler nicht ein einziges Mal schämen. Mein Hunger nach Ruhm war gesättigt – aber nicht die Neugierde, etwas Neues auszuprobieren. Das Leben war bisher sehr großzügig zu mir gewesen. Zeit für neue Wege. Und Geld verdienen musste ich ja auch. Was blieb mir anderes übrig, ich verdingte mich als Kellner. Svens Bruder Raik arbeitete als Küchenchef in einer großen Hotelkette. Er besorgte mir dort einen Job. Ein düsteres Kapitel in meinem Leben begann.

Ich kannte die Hotelerie aus der DDR und hatte damals als „Zimmermädchen" gearbeitet und hatte alle Abteilungen kennengelernt. Aber in was ich dann geriet, ließ meinen gesunden Menschenverstand in dunkle Ecken verschwinden. Nichts mit heiler Weil und würdevoller Gästebetreuung.

Ich musste das erste Mal in meinem Leben die bittere Erfahrung machen, nur eine Sozialversicherungsnummer zu sein. Erst war ich verwundert, dann verstört und dann biss ich die Zähne zusammen. Aufgeben gab es für mich nicht. Es war ein steiniger Weg. Plötzlich hatte ich Vorgesetzte, die um einiges jünger waren als ich. Normen, Standards, Ungerechtigkeiten und sinnlose Anweisungen. Meine Logik geriet aus dem Gleichgewicht. Aber ich kämpfte mich durch. Ich sprach kein Wort Englisch, aber ich lächelte diesen Makel einfach weg und konnte mich trotzdem verständigen. Ich wusste zwar, wie man ein Tablett hielt und von welcher Seite man servierte, aber all das lag Jahrzehnte zurück. Fachbegriffe flogen mir um die Ohren und nicht selten stand ich da, wie ein begossener Pudel, der nur „Bahnhof" verstand. Mehr als einmal flog ich mit allem, was ich in den Händen hielt, auf die Fresse. Ich stand wieder auf und ging weiter. Ich wurde belächelt und nach Strich und Faden verarscht. Ich scheute mich nicht nach allem zu fragen, was ich nicht wusste und nicht konnte. Ich fragte sehr oft. Allmählich machte mir das – was ich da tat – sogar Spaß. Es gefiel mir, den Gästen die Wünsche von den Augen abzulesen, ohne mich als ihr Bediensteter zu sehen.

Ich entwickelte für mich ein neues Steckenpferd – allein durch das Beobachten von Gästen – heraus zu finden, wie sie ticken. Ich profilierte mich in allem, was ich tat. Ich machte sogar meinen Ausbilder-Schein und die Arbeit mit den Azubi gefiel mir. Ich war wohl bei ihnen beliebt. Manchmal kam ich mir wie eine Kummerkassentante vor. Sie erzählten mir alles – wirklich alles. Vielleicht, weil ich in vielen Dingen ihre Sprache verstand und sehr verschwiegen war.

Bei aller Arbeit verlor ich nie meinen ausgeprägten Gerechtigkeitssinn aus den Augen. Warum auch – ich hielt ihn für wichtig. Zunehmend wurde ich den Oberen unbequem und man versetzte mich. Ich ließ mich nicht verbiegen und rannte oft gegen Wände, die aus Dummheit und fehlender Logik gemauert waren. In diesen Jahren eignete ich mir fast alle Fähigkeiten an, die einen Restaurantfachmann ausmachen, vielleicht auch darüber hinaus. Nur, verlangen Sie nie von mir, Ihnen einen Cocktail zu mixen – darin bin ich eine absolute Null. Da ich dem Alkohol abgeschworen habe, stört mich das aber nicht im Geringsten.

In den letzten sieben Jahren habe ich eine Unmenge dazu gelernt. Einiges werde ich wohl nie wieder anwenden, da sich die Gästeklientel in ihrem Anspruch stark „vereinfacht" hat. Leider. Ein Großteil der Gäste hat so einfache Dinge wie: „Bitte, Danke, Guten Tag, Auf Wiedersehn" fast völlig aus dem Wortschatz gestrichen. Die Kellner sind durchsichtig geworden. Manchmal hatte ich arge Bedenken, dass hoffentlich niemand auf mich drauf treten würde. Über Trinkgelder brauchen wir erst gar nicht nachzudenken.

Jedes Hotel braucht jeden Gast nur einmal. Es ist egal geworden, ob er nochmal wieder kommt.

Es ist kein Beruf mehr – nur noch ein Job, den irgendeiner machen muss. Honoriert wird es auf keinen Fall. Vielleicht muss das auch so sein. Abfinden will ich mich damit aber nicht und orientiere mich neu, um nicht im Fahrwasser eines Hotels in die Schraube zu geraten. Und ebenfalls in diesen sieben Jahren, haben Sven und ich uns mehr als einmal aneinander gerieben. Jeder hatte seinen Dickkopp, mit dem er durch die Wand wollte. Wir mussten es wieder neu erlernen, uns gegenseitig zu vertrauen. Das war uns abhanden gekommen.

Wenn man ein Blümelein nicht gießt, dann geht es irgendwann ein. Ohne Tränen ging das nicht ab. Wir schafften es sogar, uns in die Nähe einer wirtschaftlichen Katastrophe zu katapultieren. Stolz sind wir darauf nicht. Es ist das Ergebnis, wenn man nicht genügend und regelmäßig miteinander spricht und hofft, die Zeit würde alle Wunden heilen.

Wenn Sie dieses Buch in den Händen halten – dann haben wir es geschafft.

Ich möchte allen danken, die mich bestärkt, ausgebremst, belächelt, ermutigt, überhaupt nicht mit mir geredet, sich gefreut, meine und ihre Neugierde geweckt, mir Anekdoten erzählt, mir vielleicht nicht die ganze Wahrheit verraten, an mich geglaubt, mir verziehen und mir die Augen geöffnet haben – dass ich mir diesen Lebenswunsch erfüllen konnte – eines Tages dieses Buch zu schreiben.

Winziges Schlusswörtlein

Wie sagte schon mehrmals einer der brillantesten Wortakrobaten und Sänger der Neuzeit JOY PETERS: „Geben Sie acht, wenn Sie irgendwann in die dunkle Nacht hinaus müssen, es sind viele böse Menschen unterwegs und wenn man Pech hat, trifft man keinen."

Meine sehr verehrten Leserinnen, Leser und andere Mitesser des sächlichen Geschlechts. Wenn Sie es bis hier her geschafft haben, dann kann das verschiedene Gründe haben.

Entweder haben Sie es nicht anders verdient oder sich gerade für Ihr Durchhaltevermögen das Bundesverdienstkreuz in allen edlen und metallischen Ausgaben verdient und können sich damit brüsten, endlich einen Kampf gegen den inneren Schweinehund gewonnen zu haben. Oder Sie haben eine Wette verloren und können sich jetzt über den versprochenen Kasten „Radeberger" freuen. Vielleicht haben Sie sich als gehörnter Ehemann aber auch über den außerehelichen Verkehr Ihrer Gattin derart geärgert, dass Sie verzweifelt versucht haben, in diesem Buch Antworten zu finden. Dann tut es mir für Sie leid. Wenn Sie gutaussehend und unter Vierzig sind, dann rufen Sie mich an und wir können in aller Ruhe – auch danach – darüber reden. Sollten Sie überhaupt nicht weiter wissen und das mit „gutaussehend und unter Vierzig" nicht zutreffend sein, dann melden Sie sich bitte unter www.bekifftficken.de und meine Freundin ELKE W. wird sich intensiv um Sie kümmern.

Sollte es der Umstand sein, dass Sie als Frau ein recht wortkarges Dasein fristen – bitte kontaktieren Sie MARCEL B. und erfahren, wie man vielen Worten fast nichts sagen kann.

Wenn Ihnen das Gelesene einfach nicht gefallen hat, dann war der Kauf des Buches trotzdem keine Fehlinvestition. Legen Sie es einfach unter einen wackelnden Tisch oder schenken es Ihrer Schwiegermutter. Das nächste Weihnachten wird dann garantiert „Schwiegermutter frei."

Vielleicht glauben Sie mir das hier Geschriebene auch einfach nicht, dann lesen Sie im Guinnessbuch der Rekorde von 2018 nach – unter der Rubrik: „Wer hat mit wem am meisten ohne Happy End geflirtet."

Wahrscheinlich sind Sie auch über Begriffe gestolpert wie: „heterosexuell, homosexuell und metrosexuell." Und konnten so gar nichts damit anfangen. Lassen Sie es mich mit einfachen Worten – wie immer ganz kurz – beschreiben. Die Heterosexualität ist eine Orientierung, die nicht grundlegend von Natur aus angeboren sein muss. Haben Sie deswegen keine Befürchtungen. Man kann sie in der Kindheit schon mit der Muttermilch erwerben. Oder sie wird einem während der ersten Weihnachtsfeste schon unter den Christbaum gelegt – in Form von Modelleisenbahnen, Fußballschuhen nebst dem echten, runden Leder, Legosteineditionen und anderem Kriegsspielzeug. Da sind der Fantasie von Mama und Papa keine ernsthaften Grenzen gesetzt. Aber auch durch körperliche Züchtigungen, wie mal ordentlich eine auf die Fresse – von Mama und Papa öfters anschaulich in Szene gesetzt – ist dieses Ziel in kürzester Zeit erreichbar. Die verbalen

Schulungsbeispiele möchte ich hier mal außer Acht lassen. Selbst die antiken Lebensweisheiten von Omma und Oppa wie: „na früher war das aber..." – sind ein Garant für den Erfolg dieser Erziehungsmaßnahmen.

Auch der Pausenschulhof ist ein vorzügliches und lehrreiches Pflaster, um sich auf das erste Gefecht in der Berufsausbildung vorzubereiten – wenn man denn eine Lehrstelle ergattert hat.

Wenn Sie allerdings das ganz große Los gezogen haben, dann beglückwünsche ich Sie dazu. Dann haben Sie mit größter Wahrscheinlichkeit eine sorgenfreie und glückliche Kindheit in einem offenen Elternhaus erfahren. Man hat Ihnen schon frühzeitig – recht behutsam und doch bestimmt – gewisse Werte mit auf den Weg gegeben, wie Achtung, Toleranz und Ehrlichkeit. Sie haben echte Liebe und Zuneigung erfahren, eine/n besondere/n Partner/in kennengelernt und freuen sich auf ihren ersten Nachkömmling.

Dann haben Sie alles richtig gemacht. Jetzt wollen Sie sich sicherlich Ihr Köpfchen zerbrechen, was das nun mit Homosexualität zu tun hat. Im Prinzip ist das nichts anderes, als Sie Ihr bisheriges Leben bestritten haben. Die Erfahrungswerte sind fast die gleichen.

Nur, dass der Bub eventuell mit Barbie spielt und das Mädel sich am Chemiebaukasten ausprobiert. Das ist nicht weiter Besorgnis erregend. Selbst wenn der Sohn Sie das erste Mal zu seiner Ballettstunde einlädt oder Sie Ihrer Tochter beim Fechtturnier die Daumen drücken – verschwenden bloß Sie keinen Gedanken daran, dass Sie irgendetwas falsch gemacht haben. Alles im grünen Bereich.

Auch wenn Sie beim Wäschewaschen keine ausgefransten Jeans und Holzfällerhemden finden, stattdessen Designerklamotten mit Strasssteinchen in der Hand halten, muss das nicht unbedingt Ihre Empfindungen trüben. Sollte die vermeintliche Schwiegertochter in spe doch ein Lover Ihres spätpubertierenden Sprösslings sein, freuen Sie sich mit ihm. Ihre Kochkünste macht Ihnen nun niemand mehr so leicht streitig. Und zum Muttertag bekommen Sie ja dann auch noch einen zweiten Blumenstrauß. Sollte Sie der vermeintlich schlimmste Alptraum einholen, weil Sie im Fernsehen bei der CSD-Parade plötzlich Ihren Sohn und Ihr geliebtes Töchterchen auf einem dieser bunten Wagen entdecken – grämen Sie sich nicht mit der Erkenntnis, dass Sie nie glückliche Großeltern werden könnten. Die heutigen Adoptionsbedingungen sind soweit gefächert – es müsste doch mit dem Teufel zu gehen, wenn nicht auch Sie einem armen, kleinen Waisenwürstchen Ihre grenzenlose Liebe schenken können.

Dann hat dieses Bündel Leben eben zwei Papas, zwei Omas oder zwei Mamas. Die Hauptsache ist doch, dass Sie Ihr Vertrauen und die Zuversicht für die Zukunft in verantwortungsbewusste Hände weiterreichen können.

Seien Sie sich gewiss, selbst wenn Ihr Kind am anderen Ende der Welt ist – Sie sind die ersten, die spüren, wenn Ihr Zögling auch nur den kleinsten Schnupfen hat. Und im goldenen Herbst des Lebens können Sie erleichtert und voller Stolz behaupten: „Gott lob habe ich auch die anderen fünfzig Prozent der Menschheit kennenlernen dürfen." Selbst so berühmte Schauspieler wie Robert de Niro, der seinem Vater Robert de Niro Senior – einem der führenden abstrakt-expressionistischen Maler der USA und noch dazu bekennend homosexuell – ein würdiges Denkmal setzte, machen da keine Ausnahme. Die letzten Skeptiker unter Ihnen lauern bestimmt schon darauf, was denn nun metrosexuell ist. Tipp von mir – schlagen Sie es nach. Der Begriff Metrosexualität setzt sich ganz einfach aus „metropolitan" und „heterosexual" zusammen und gibt keine Auskunft über eine sexuelle Orientierung oder sexuelle Präferenz ab.

Allein ein extravaganter Lebensstil wird damit bezeichnet, indem die traditionellen, femininen und maskulinen Rollenbilder miteinander verschwimmen.

Schon Marlene Dietrich prägte Ender der zwanziger Jahre des letzten Jahrhunderts diese befreiende Lebensart und räumte mit den Klischees auf – obwohl es den Begriff „Metrosexualität" noch gar nicht gab. Der wurde 1994 von dem britischen Journalisten Mark Simpson erstmals publiziert.

Der in unserer Zeit bekannteste Vertreter der „Metrosexualität" ist ein nicht ganz unbekannter, britischer Fußballspieler – mein Freund David B. Aber auch da ranken sich viele Gerüchte um ihn. Mit denen ich nicht aufräumen möchte. Versichern kann ich nur, dass er sich mir gegenüber immer als ein formvollendeter Gentleman benommen hat, auch wenn wir uns nicht immer einig waren, wer von uns beiden die Hosen an hatte. Ob nun Retro- oder Boxershorts. Am Ende waren wir froh, wenn wir überhaupt keine mehr an hatten. Aber bitte sagen Sie es nicht weiter.

Eine letzte Möglichkeit bleibt noch offen, weshalb Sie dieses Buch bis zu diesen Zeilen regelrecht verschlungen haben. Na, hab ich Recht? Es hat Ihnen gefallen. Da fällt mir ein Steinchen vom Herzen. Und ich muss nicht befürchten – dass bei nächster Gelegenheit – wenn wir uns wieder treffen, Sie mir dieses Druckerzeugnis um die Ohren hauen.

Dann wollen Sie vielleicht auch noch ein Autogramm. Quatschen Sie mich ruhig an und ich signiere – egal wohin Sie das Autogramm haben möchten. Zur Not gehen wir auch in ein Tattoo-Studio, wenn es für die Ewigkeit sein soll. Bedenken Sie aber, die passende Stelle zu finden, damit aus meinem kleinen Namen kein Pamphlet wird.

Wenn Sie ein sehr generöser Mensch sind – dann haben Sie gewiss liebe Menschen, denen Sie mit diesem Buch eine Freude bereiten möchten. JOY PETERS spricht mir da schon wieder aus der Seele: „Verändern Sie sich finanziell – Sie fühlen sich besser danach." Kaufen Sie dieses Büchlein und verschenken Sie es an Freunde oder Verwandte. Am besten gleich Zwei – zum Preis von Drei.

Was soll ich Ihnen noch sagen – was kann ich Ihnen noch mit auf den Weg geben?

Ich bin jetzt „Neunundzwanzig." Zwei Jahre habe ich – mit größeren Unterbrechungen – an diesem Buch geschrieben. Viele Erlebnisse von damals konnte ich so Revue passieren lassen und manchmal ging es nicht ohne eine heiße Träne ab. Dann wieder war es ein Aufräumen mit alten Geschichten. Wenn ich nicht mehr weiter wusste – weil meine Erinnerungen etwas verblasst waren – dann habe ich Leute angerufen, mit denen ich seit Jahren keinen Kontakt mehr hatte. Da kamen Erinnerungen hoch, die ich schon lange vergraben hatte. Einige meiner Wegbegleiter sind leider schon tot. Aber ich hielt es für wichtig – nicht nur für mich – an sie zu erinnern. Die ersten Aufzeichnungen waren von 1995. Handgeschrieben und teilweise kaum noch lesbar. Bei anderen habe ich mich über mich selber köstlich amüsiert. Einige Liebesbriefe – die ich, Gott sei Dank, nie abgeschickt habe – liegen jetzt wohlbehütet in einer Schublade für die nächsten „Neunundzwanzig" Jahre.

Als Resümee kann ich nur sagen, schreiben auch Sie Ihre Lebensgeschichte und Anekdoten auf. Ich möchte in nächster Zukunft auch etwas zum Lesen, Lachen, Schmunzeln und zum Nachdenken haben. Jede Erinnerung ist lesenswert. Denken Sie an die Worte des Dichters JEAN PAUL:

„Die Erinnerung ist das einzige Paradies, aus dem man nicht vertrieben werden kann."

In diesem Sinne – bleiben Sie hübsch, fröhlich und flirtend.

Ihr, Euer und Dein Rocco Techt

Berlin am 31.Oktober 2014

Bildteil

Weihnachtsautogrammkarte (Foto CAZAL, Kostüm MICKY TANAKA)

Foto Jens Wiemer

Foto Jens Wiemer

Foto Tom Leddin

Foto J. Wiemer u. R. Woschnick

Marcel Bijou, Cristina und Rocco im Pulverfass Hamburg

Rocco und Raimund

Rocco und Renata Ravell
im Pulverfass Hamburg

Vicky Brown und Rocco

Criselda und Rocco

Rocco und Kylian
im Alcazar Hannover

Rocco und Patricia Chiuwawa im
Pulverfass Hamburg

Rocco mit dem Babelsberger Filmorchester

Franca Sissy und Rocco im Paradies Nürnberg

Judy Winter und Rocco, Charity-Gala Berlin

Patric Dupont, Marc Sommer, Vicky Brown und Rocco im Paradies

Fernsehballett, Tänzerin, Jens Dolecki und Rocco

Marc Sommer, Foto Hans Hirschi    Autogrammkarte Marc Diavolo

Autogrammkarte Dyona Lorr    Autogrammkarte Kit Carter

MARY und Rocco, Charity-Gala in Berlin

Rocco, Sven und Donna la Belle im Pulverfass Hamburg

Barbara von Streusand, Ricky Renee und Rocco im Pulverfass Hamburg…

Ricky Renee und Sven im Pulverfass Hamburg

Jan Schlüssler Ballett im Varieté MOBIL

Hannelore Breiten und das Schlüssler Ballett im Varieté MOBIL

Walburga von Donnersberg im Paradies Nürnberg

…letztes Programmheft, Foto Horst Urbschat & Töchter Berlin

Showballett John Wildbrett, Foto Wolfgang Bringmaier

Starphonomimik aus Ostberlin

John Wildbrett, Rocco und Tänzerin    Jhonny Boy und Rocco
im Paradies Nürnberg

Sven, Gabi Decker und Rocco, Aids-Gala in Stralsund

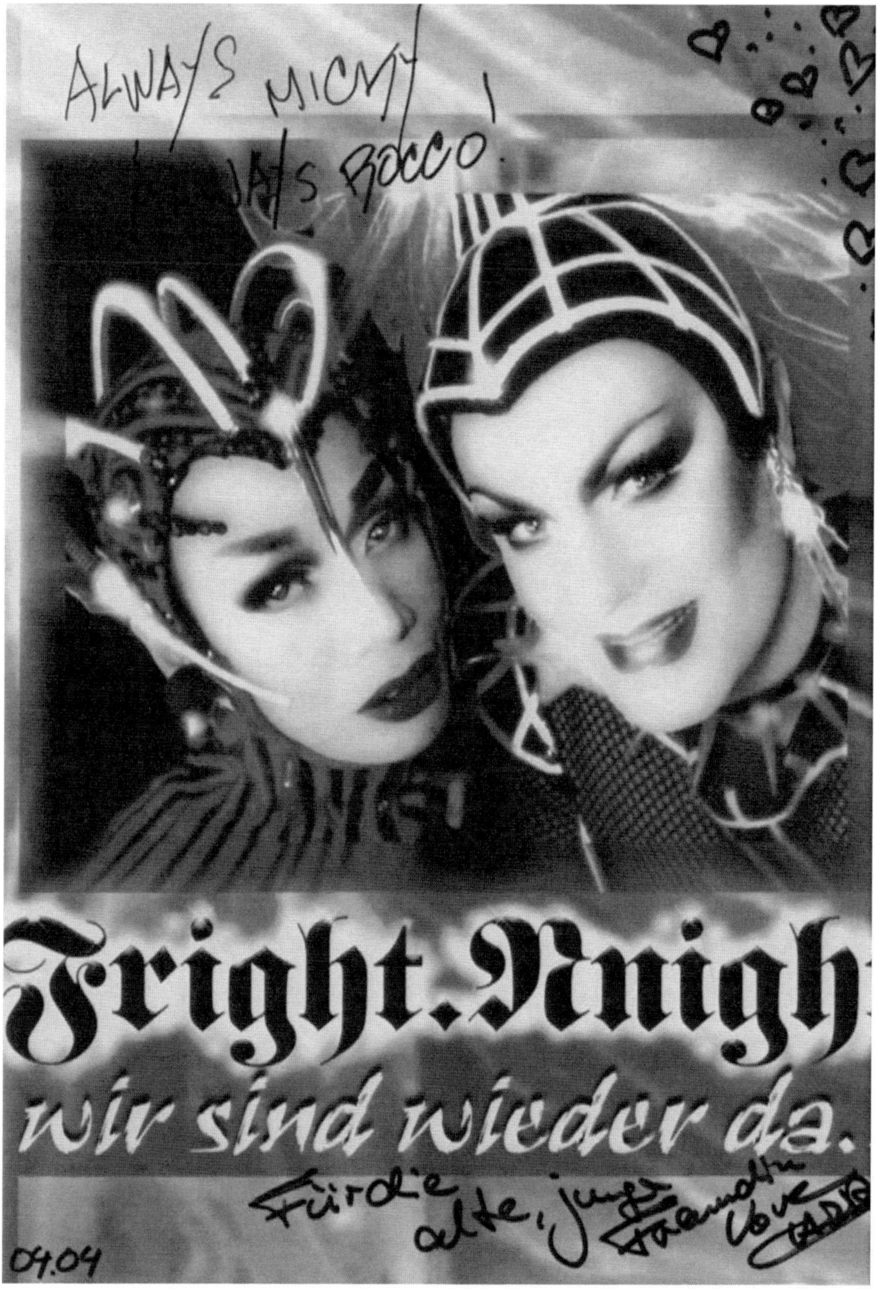
Fright.Nnigh
wir sind wieder da.
04.04

Sylvia Swanson

La Grande Olivia Revue

Jossy del Monte

Studio-Ballett Berlin
Tänzerin und Rainer Pechmann

Rocco und John Bergmann
im Alcazar Hannover

Rocco und Frank Schlemmer, CSD-Parade in Frankfurt am Main 2005

Markus Aschauer

Morten Schulz, Foto Studio Pelken Ibbendüren

Rocco und Grossi im Blauen Engel, Berlin Mitte

Rocco und Raimund im Blauen Engel, Berlin Mitte

Rocco und Sven im Blauen Engel, Berlin Mitte

Mario und Andrea Jung, Rocco, Sven und Kleinmäxchen

PALACE DE NOSTALGIE, Kati und Pedro Vertoupoulus

Rocco, Eva Schröder-Branske und Sven in der Arnimklause Berlin

Marcel Bijou, Sven und Georg Preuße, private Party

Angelika Ullrich, Georg Preuße, Rocco und Jack Amsler

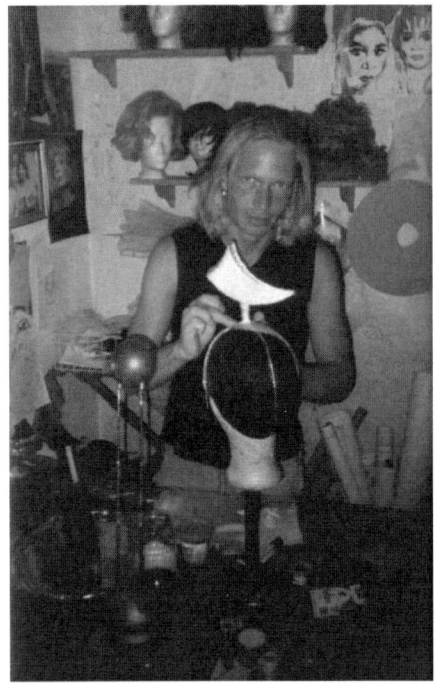

… bei Kostümarbeiten   Sven Granzin

Eveline Hannig

... Unsere Hochzeit 2003, Berlin Prenzlauer Berg

… mit meiner Schneiderin Gerti Westphal (mitte) und ihrem Enkel

Rocco, Sven, Taps (Hund) und Tino Less

… meine Schwester Ina Thierfelder

… meine Einschulung 1975

… mein erster Hund Felix